Schulte/Pohl

Joint-Venture-Gesellschaften

RWS-Skript 332

Joint-Venture-Gesellschaften

3. Auflage

2012

von

Rechtsanwalt Dr. Norbert Schulte, Düsseldorf
Rechtsanwalt/Steuerberater Dr. Dirk Pohl, München

RWS Verlag Kommunikationsforum GmbH · Köln

Die Deutsche Bibliothek verzeichnet diese Publikation in der Deutschen Nationalbibliografie; detaillierte bibliografische Daten sind im Internet über http://dnb.d-nb.de abrufbar.

© 2012 RWS Verlag Kommunikationsforum GmbH
Postfach 27 01 25, 50508 Köln
E-Mail: info@rws-verlag.de, Internet: http://www.rws-verlag.de

Alle Rechte vorbehalten. Ohne ausdrückliche Genehmigung des Verlages ist es auch nicht gestattet, das Werk oder Teile daraus in irgendeiner Form (durch Fotokopie, Mikrofilm oder ein anderes Verfahren) zu vervielfältigen.

Satz und Datenverarbeitung: SEUME Publishing Services GmbH, Erfurt
Druck und Verarbeitung: Hundt Druck GmbH, Köln

Vorwort

Es sind unterschiedliche Motive, die Unternehmen dazu veranlassen, die Errichtung einer Joint-Venture-Gesellschaft mit zumeist einem weiteren Partner zu erwägen und umzusetzen. Wegen der fast immer zu beobachtenden Komplexität solcher Joint-Venture-Investments müssen die beteiligten Unternehmen und ihre rechtlichen und steuerlichen Berater die notwendigen Transaktionsschritte kennen und exakt planen.

Wir legen nunmehr die 3. Auflage unserer komprimierten und praxisnahen Gesamtdarstellung der Thematik vor, also ein an den praktischen Fragen orientiertes Werk, in dem die regelmäßig zu berücksichtigenden Fragen des Gesellschafts- und Steuerrechts sowie, im Überblick, des Arbeits- und des Kartellrechts abgehandelt werden. Besondere Berücksichtigung haben die Steuerreformgesetze der letzten Jahre gefunden. Nach wie vor verfolgen wir nicht die Zielsetzung, ein alle Bereiche erschöpfend erfassendes Handbuch zu Joint-Venture-Gesellschaften vorzulegen. Vielmehr betonen wir ausdrücklich, dass für viele Spezialfragen auf die üblichen und im Text zitierten Handbücher zurückgegriffen werden muss. Wir wollen aber den Blick schärfen für die möglichen Fallstricke bei der Entscheidung für und bei der Umsetzung von Joint-Venture-Investments sowie für die steuerlichen Fragen der Begründung, des Lebens und der Beendigung einer Joint-Venture-Struktur.

Unseren Kollegen Dr. Sandra Urban-Crell, Martina Maier, Philipp Werner, Annette Keller, Dr. Florian Reichthalhammer und Christoph Florian danken wir für ihre wertvolle Unterstützung bei der Neuauflage.

Die Praxis und die Wissenschaft leben vom offenen Diskurs. Für entsprechende Kritik und jegliche andere Hinweise an die Autoren (*nschulte@mwe.com; dpohl@mwe.com*) sind wir stets dankbar.

Düsseldorf/München, im Juli 2012 *Norbert Schulte*
Dirk Pohl

Inhaltsverzeichnis

	Rz.	Seite

Vorwort V

Literaturverzeichnis XIX

A. Vorbemerkung 1 1

B. Vor- und Nachteile von inkorporierten Joint Ventures 1 3
   I. Begriff 1 3
   II. Vor- und Nachteile 7 4

C. Der Weg in ein Joint Venture 12 7
   I. Vorüberlegungen, Planung und Prozessverlauf 12 7
      1. Gestaltungsvarianten von Gemeinschaftsunternehmen ... 12 7
         a) Operative Joint Ventures 13 7
         b) Joint Venture als Holding 14 7
         c) Mischformen 15 8
      2. Doppelstufigkeit von inkorporierten Joint Ventures 16 8
      3. Ausrichtung von Inkorporierten Joint Ventures 17 8
      4. Planung und Prozessverlauf 23 9
         a) Einleitung 23 9
         b) Projektphasen 26 10
            aa) Planungsphase 31 11
               (1) Interne Strategie- und Strukturüberlegungen 31 11
               (2) Geheimhaltungsvereinbarung 32 11
               (3) Absichtserklärung 36 12
               (4) Due Diligence 40 13
            bb) Verhandlungsphase 41 13
               (1) Interne Reorganisation 42 13
               (2) Eigentliche Verhandlungen 45 15
            cc) Genehmigungsphase 47 15
            dd) Abschlussphase 59 16
               (1) Unterzeichnung der Verträge 59 16
               (2) Aufschiebende Bedingungen; Genehmigungen 60 17
               (3) Completion 62 17
   II. Gesellschaftsrecht (Errichtung der Joint-Venture-Gesellschaft) 63 17
      1. Rechtsform 64 17

		Rz.	Seite
a)	GmbH	66	18
b)	GmbH & Co. KG	67	18
c)	(Kleine) Aktiengesellschaft	71	18
d)	(Reine) Personengesellschaft	75	19
e)	SE (Societas Europaea)	76	19
f)	Rolle des Steuerrechts	77	19

2. Grundstrukturen der Vertragsgestaltung 79 20
   a) Grundlagenvereinbarung 80 20
      aa) Bedeutung 80 20
      bb) Inhalt 83 21
   b) Satzung/Gesellschaftsvertrag 90 23
      aa) Zwingende Regelungen (GmbH) 94 24
      bb) Vorrang der Grundlagenvereinbarung 96 24
      cc) Sonderfall GmbH & Co. KG und Personengesellschaften? 97 25
   c) Beteiligungsverträge 98 25
   d) Ergänzende Verträge 99 26
3. Formfragen 101 26
   a) Offensichtliche Formerfordernisse 102 27
      aa) Gründung der Joint-Venture-Gesellschaft 102 27
         (1) GmbH 102 27
         (2) GmbH & Co. KG 103 27
         (3) Entbehrlichkeit der Form 104 27
      bb) Veräußerung von Anteilen 105 27
         (1) GmbH-Geschäftsanteile 105 27
         (2) Anteile an GmbH & Co. KG 107 28
         (3) Heilung nach § 15 Abs. 3 GmbHG 110 28
      cc) Übertragung von Grundeigentum 111 29
   b) „Versteckte" Formerfordernisse 112 29
   c) Rechtsfolgen 115 29
   d) Beurkundung im Ausland 119 30
   e) Exkurs: Änderung von beurkundeten Verträgen 121 30
      aa) Grundsatz 122 30
      bb) Rechtsgrundlagen 123 31
         (1) Formzwang des obligatorischen Rechtsgeschäftes nach § 15 Abs. 4 GmbHG 123 31
         (2) Wirksamkeit nicht formgerechter Nebenabreden aufgrund § 139 BGB 129 32
         (3) Formzwang des dinglichen Geschäftes nach § 15 Abs. 3 GmbHG 131 33
4. Einbringung von Wirtschaftsgütern/Beteiligungen 136 33
   a) Hintergrund 136 33
   b) Einbringung durch Sacheinlage bzw. Sachkapitalerhöhung 139 34

			Rz.	Seite

c) Regelungsbedürftige Bereiche/Typische Fallstricke 140 34
   aa) Bestimmheitsgrundsatz 141 34
   bb) Interne Restrukturierung 145 35
   cc) Formvorschriften 146 36
   dd) Übertragung von geistigem Eigentum 148 36
      (1) Vorüberlegungen 149 36
      (2) Einbringung von geistigem Eigentum 151 37
         (a) Eigentum oder Lizenz 151 37
         (b) Rücklizenz 152 37
         (c) Pflege 154 37
         (d) „Neue" IP-Rechte 155 38
         (e) Beendigung des Joint Ventures und IP-Rechte 156 38
         (f) Kartellrechtliche Fragen 158 38
   ee) Einbringung von Verträgen 159 39
      (1) Unmittelbare Einbringung 160 39
      (2) „Mittelbare" Einbringung 164 39
   ff) Sonderfall Vertriebs-Joint Venture 165 40
      (1) Andienungs- und Abnahmepflichten 166 40
      (2) Preisfindung und Nachprüfungsrechte 168 40
      (3) Interessenausgleich 169 41
      (4) Rechtsfolgen bei Verletzung 170 41

5. Absicherung der Partner: Due Diligence – Bewertung – Garantien 171 41
  a) Due Diligence 171 41
   aa) Einleitung 171 41
   bb) Funktionen der Due Diligence 173 41
      (1) Fortsetzung oder Abbruch der Gespräche 174 42
      (2) Blaupause der Garantie- und Gewährleistungskataloge 175 42
      (3) Bewertung 177 43
      (4) Übrige Vertragsgestaltung und Transaktionsstruktur 178 43
      (5) Finanzierung 180 43
      (6) Exkulpation 182 44
   cc) Zeitpunkt der Due Diligence 183 44
      (1) Regelfall: Vorher 183 44
      (2) Nachträgliche Due Diligence 188 45
   dd) Reichweite 190 45
   ee) Rechtsfragen im Zusammenhang mit der Due Diligence 192 46
      (1) Allgemein 192 46
      (2) Geheimhaltung 193 46

	Rz.	Seite
(a) Vertragliche Schranken	194	47
(b) Gesetzliche Schranken	197	47
(aa) Kartellrechtliche Vorschriften	198	47
(bb) Datenschutz	199	47
(cc) Rechtsformspezifische Anforderungen	201	48
(3) Haftung	209	49
ff) Vorbereitung und Durchführung	210	50
b) Bewertung	214	50
c) Gewährleistungen; Garantien; Freistellungen	220	52
aa) Gesetzliche Gewährleistungen oder Garantien und Freistellungen?	222	52
bb) Doppelstufigkeit der inkorporierten Joint Ventures	226	53
cc) Ausgestaltung der Garantien	227	53
(1) Adressat	227	53
(2) Inhalte	229	54
(3) Sonderproblem § 444 BGB	230	55
6. Sonderfragen bei Aktiengesellschaften	235	57
a) „Holzmüller"-Problematik	236	57
aa) Tatbestand	236	57
bb) Rechtsfolgen	244	59
cc) Folgerungen: Zustimmung der Hauptversammlung	245	59
b) Wertpapiererwerbs- und Übernahmegesetz und Joint Ventures	246	59
c) Meldepflichten	249	60
III. Steuerrecht	255	61
1. Rechtsformwahl einer inländischen Joint-Venture-Gesellschaft	255	61
a) Gewinnbesteuerung bei Vollausschüttung	260	63
aa) Natürliche Person als Joint-Venture-Partner	261	63
bb) Kapitalgesellschaft als Joint-Venture-Partner	267	66
b) Thesaurierung von Gewinnen	274	69
c) Entstehung von Verlusten	278	70
d) Veräußerung der Beteiligung	282	71
e) Steuerliche Behandlung der Finanzierungskosten des operativen Geschäfts und des Beteiligungserwerbs	291	73
aa) Zinsschranke	291	73
(1) Freigrenze	293	73
(2) Keine Konzernzugehörigkeit	294	74
(3) Escape bei Konzernzugehörigkeit	302	76
(4) EBITDA-Vortrag	305	77
(5) Zinsvortrag	306	78

				Rz.	Seite

- bb) Überentnahmen bei Personengesellschaften 307 78
- cc) Finanzierungskosten für den Beteiligungserwerb 308 78
- dd) Gewerbesteuer 313 79
- f) Umstrukturierungen bei Begründung des Joint Ventures 314 79
- g) Erbschaft- und Schenkungsteuer 318 80
- h) Zusammenfassung 321 80
- 2. Besteuerung der Begründung des Joint Ventures 325 82
  - a) Ertragsbesteuerung 333 84
    - aa) Joint-Venture-Gesellschaft in der Rechtsform einer GmbH & Co. KG 336 85
      - (1) § 6 Abs. 5 EStG (Einbringung von Einzelwirtschaftsgütern) 338 86
      - (2) § 16 Abs. 3 EStG (Realteilung, Spaltung einer Personengesellschaft) 352 89
      - (3) §§ 3 ff UmwStG (Verschmelzung einer Kapital- auf eine Personengesellschaft) ... 359 91
      - (4) § 16 Abs. 1 UmwStG (Spaltung einer Kapital- auf eine Personengesellschaft) ... 370 93
      - (5) § 24 UmwStG (Einbringung, Verschmelzung) 371 93
    - bb) Joint-Venture-Gesellschaft in der Rechtsform einer GmbH 386 98
      - (1) § 8b Abs. 2 KStG (Anteilsübertragung) 387 98
      - (2) § 20 UmwStG (Einbringung, Verschmelzung einer PersG auf eine KapG) ... 388 98
      - (3) § 11 UmwStG (Verschmelzung einer KapG auf eine KapG) 404 102
      - (4) § 15 UmwStG (Spaltung einer KapG auf eine KapG) 410 104
    - cc) Zusammenfassende Übersicht zur steuerlichen Behandlung der Übertragungen von inländischem Betriebsvermögen 411 104
  - b) Umsatzsteuer 412 105
  - c) Grunderwerbsteuer 422 107
- IV. Arbeitsrecht 428 108
- 1. Einleitung 428 108
- 2. Übergang von Arbeitsverhältnissen 431 109
  - a) Einbringung/Übertragung von Betriebsmitteln oder Betrieben 433 109
  - b) Einbringung/Übertragung von Anteilen 435 110
  - c) Umwandlung 437 110
  - d) § 613a Abs. 5 und Abs. 6 BGB 441 111

	Rz.	Seite

3. Inhaltsschutz übergehender Arbeitsverhältnisse 442 111
   a) Fortgeltung einzelvertraglich vereinbarter
       Rechte und Pflichten 443 111
   b) Fortgeltung von Betriebsvereinbarungen 446 112
       aa) Kollektivrechtliche Fortgeltung 447 112
       bb) Individualrechtliche Fortgeltung
            (§ 613a BGB) 451 113
   c) Fortgeltung von Verbandstarifverträgen 454 114
       aa) Kollektivrechtliche Fortgeltung 455 114
       bb) Individualrechtliche Fortgeltung 457 115
   d) Fortgeltung von Firmentarifverträgen 465 116
       aa) Kollektivrechtliche Fortgeltung 466 116
       bb) Individualrechtliche Fortgeltung 469 117
4. Kündigungsschutz 470 117
5. Unternehmensmitbestimmung 476 118

V. Gemeinschaftsunternehmen und Kartellrecht 477 119
   1. Beurteilung nach europäischem Wettbewerbsrecht 478 119
       a) EU-Fusionskontrollverordnung 478 119
           aa) Formelle Fusionskontrolle 480 119
               (1) Begriff des Gemeinschaftsunternehmens –
                   Gemeinsame Kontrolle 481 119
               (2) Vollfunktions-Gemeinschaftsunter-
                   nehmen 485 120
               (3) Gemeinschaftsweite Bedeutung 489 121
                   (a) Art. 1 Abs. 2 FKVO 491 121
                   (b) Art. 1 Abs. 3 FKVO 492 121
           bb) Materielle Fusionskontrolle 493 122
               (1) Vereinbarkeit der Gründung des Voll-
                   funktions-Gemeinschaftsunternehmens
                   mit dem Gemeinsamen Markt 494 122
               (2) Keine koordinierenden Effekte auf die
                   das Gemeinschaftsunternehmen
                   gründenden Unternehmen 498 123
           cc) Verfahren 500 124
       b) Art. 101 AEUV 506 125
   2. Beurteilung nach deutschem Recht 511 126
       a) Fusionskontrolle, §§ 35 ff GWB 514 126
           aa) Formelle Fusionskontrolle 515 126
               (1) Zusammenschlusstatbestand 515 126
               (2) Schwellenwerte 517 127
           bb) Materielle Fusionskontrolle 520 127
           cc) Verfahren 521 128
       b) § 1 GWB, Art. 101 AEUV 527 129

	Rz.	Seite
D. Das Leben des Joint Ventures	531	131
I. Gesellschaftsrecht	532	131
1. Gesellschaftsorgane und Zuständigkeiten	532	131
a) Gesellschafterversammlung	534	131
aa) Zuständigkeit	536	132
bb) Willensbildung, insbesondere Stimmbindungsvereinbarungen	537	132
(1) Vorwegeinigung durch Stimmbindungsvereinbarungen	539	132
(2) Stimmverbote	544	133
(a) Recht der GmbH	544	133
(b) Recht der Personengesellschaften	549	134
(c) Gestaltungsvorschlag	555	135
b) Geschäftsführung	557	135
aa) (Doppel-)Geschäftsführer und Entsendungsrechte	558	136
bb) „Sympathieklauseln"	561	136
c) Aufsichtsrat	562	137
aa) Fakultativer Aufsichtsrat	562	137
bb) Obligatorischer Aufsichtsrat	567	137
(1) GmbH	567	137
(2) GmbH & Co. KG	577	139
(3) Exkurs: „Ausländische Kapitalgesellschaft" & Co. KG	582	140
d) Beirat	583	140
2. Minderheitenschutz	586	140
a) Benennung von Mitgliedern der Unternehmensführung	590	141
b) Qualifizierte Mehrheitserfordernisse	593	142
c) Mindestdividende	594	142
d) Verwässerungsschutz	595	142
e) Ausstieg aus dem Joint Venture	596	143
3. Finanzierung	599	143
a) Einführung	599	143
b) Ausgestaltung	604	144
c) Sicherung	606	145
4. Haftung	608	145
a) Konzernrechtliche Durchgriffshaftung	610	146
aa) GmbH	611	146
(1) Vertragskonzern	611	146
(2) Faktischer Konzern	612	146
(3) Qualifiziert faktischer Konzern	613	147
(4) Beschränkung auf oder Entzug von Teilfunktionen	619	148
bb) GmbH & Co. KG	622	148

XIII

	Rz.	Seite

b) Kapitalerhaltungs- und Kapitalersatzrecht 624 149
    aa) Kapitalerhaltung 625 149
    bb) Eigenkapitalersetzende Gesellschafter-
        leistungen 629 149
        (1) Sog. Novellenregelungen vor MoMiG 629 149
        (2) „BGH-Regeln" vor MoMiG 631 150
    cc) Erstreckung auf GmbH & Co. KG 632 150
5. Wettbewerbsverbot 634 150
   a) Wettbewerbsverbot und Unternehmens-
      gegenstand 635 151
   b) Ungeschriebenes Wettbewerbsverbot aus
      Treuepflicht 636 151
   c) Vorteile eines ausdrücklichen Wettbewerbs-
      verbotes 640 152
   d) Inhalt eines Wettbewerbsverbotes 643 152
   e) Grenzen von Wettbewerbsverboten 645 153
      aa) Kartellrechtliche Schranken 646 153
      bb) Schranke des § 138 BGB 653 154
   f) Nachvertragliche Wettbewerbsverbote 657 155
   g) Befreiung bzw. Öffnungsklausel 663 156
   h) Gesellschaftsvertrag oder Grundlagen-
      vereinbarung 668 157
   i) Steuerrecht (GmbH) 671 157
6. Patt-Situationen („Deadlock") 676 158
   a) Ad-hoc-Lösung 678 159
   b) Vorab-Regelung 679 159
      aa) Mehrheitsentscheidung 680 160
      bb) Letztentscheidungsrecht (Casting Vote) 682 160
   c) Einschaltung Dritter 686 161
   d) Verlagerung auf eine höhere Instanz 688 161
   e) Beendigungsmechanismen 690 161

II. Bilanzierung und Steuerrecht 692 162
  1. Handelsrechtliche Bilanzierung der
     Joint-Venture-Beteiligung 692 162
  2. Laufende Besteuerung 698 163
   a) Besteuerung von Gewinnen 700 164
   b) Verlustnutzung 704 165
   c) Finanzierung des Joint Ventures 717 168
   d) Kosten der Finanzierung der
      Joint-Venture-Beteiligung 722 170
   e) Gewinnausschüttungen 724 170

E. Beendigung von Joint Ventures 727 173

I. Gesellschaftsrecht 728 173

			Rz.	Seite
1.	Überblick über Beendigungsszenarien		728	173
2.	Folgen		731	174
3.	Doppelstufigkeit		732	174
	a) Beendigung der Grundlagenvereinbarung		734	174
		aa) Kündigungsrecht	735	175
		bb) Konsortiales Andienungsrecht	738	175
		cc) Verzahnung Grundlagenvereinbarung und Gesellschaftsvertrag	739	175
	b) Beendigung der Joint-Venture-Gesellschaft		741	176
4.	Beendigungsmechanismen		742	176
	a) „Klassische" Beendigungsmechanismen		742	176
		aa) Kündigung	742	176
		bb) Verkauf des Geschäftsbetriebs/der Anteile	744	177
		cc) Spaltung	745	177
		dd) Realteilung	753	178
		ee) Liquidation	754	178
	b) Optionen und Vorerwerbsrechte		755	179
		aa) Optionen	756	179
		(1) Put- und Call-Optionen	756	179
		(2) Gekreuzte Put- und Call-Optionen	759	179
		(3) Regelungsgegenstände/Fallstricke	760	179
		(a) Garantien	761	180
		(b) Know-how und Markenrechte	762	180
		(c) Wettbewerbsverbot	763	180
		(d) Darlehen/Finanzierung	764	180
		(e) Steueroptimierung	766	181
		(f) Fusionskontrolle	767	181
		(g) Kostentragung	769	182
		bb) Vorerwerbsrechte	770	182
		(1) Andienungspflichten	771	182
		(2) Vorkaufsrechte	773	182
		(3) Gestuftes Vorerwerbsverfahren	775	183
		cc) Spezielle Regelungen	776	183
		(1) Tag Along	776	183
		(2) Drag Along	778	183
	c) Exitklauseln („Russian Roulette" und „Texan Shoot Out")		779	184
		aa) Grundidee	780	184
		bb) Mechanismus von „Russian Roulette" und „Texan Shoot Out"	782	184
		(1) Russian Roulette	782	184
		(2) Texan Shoot Out	784	185
		cc) Regelungsgegenstände von Ausstiegsklauseln	786	186

	Rz.	Seite

- (1) Initiierung des Russian-Roulette-Verfahrens ... 786 ... 186
- (2) Abkühlungsphase und Bestätigungsmitteilung ... 787 ... 186
- (3) Wirksames Angebot ... 789 ... 186
- (4) Ausübung des Wahlrechtes ... 790 ... 186
- (5) Umsetzung (Abtretung der Anteile) ... 792 ... 187
- (6) Weitere regelungsbedürftige Fragen ... 793 ... 187
- dd) Wirksamkeit nach deutschem Recht ... 794 ... 187
  - (1) Zustandekommen eines Kaufvertrages ... 795 ... 188
  - (2) Formfragen ... 797 ... 188
  - (3) Einschränkung des Kündigungs- bzw. Austrittsrechts ... 808 ... 190
  - (4) Wertgerechter Ausstiegspreis ... 812 ... 191
  - (5) Kein „Spiel" i. S. v. § 762 BGB ... 817 ... 192
- ee) Ausblick: Vorteile und Nachteile von Ausstiegsklauseln ... 818 ... 192
  - (1) Vorteile ... 819 ... 192
  - (2) Nachteile ... 821 ... 193
  - (3) Variante: Russian Roulette mit Schiedsverfahren ... 825 ... 194
- 5. Wertung ... 826 ... 194

II. Steuerrecht ... 827 ... 194
 1. Steuerliche Behandlung von Optionen und Vorkaufsrechten ... 830 ... 195
 2. Die Besteuerung der Veräußerung von Einzelwirtschaftsgütern, Betrieben, Teilbetrieben und Anteilen ... 838 ... 196
   a) Einzelwirtschaftsgüter, Teilbetrieb und Betrieb ... 838 ... 196
   b) Anteile an Kapital- und Personengesellschaften ... 841 ... 197
 3. Spaltung ... 853 ... 199
   a) Spaltung einer Personengesellschaft ... 857 ... 200
     aa) Spaltung auf Personengesellschaften ... 857 ... 200
     bb) Spaltung auf Kapitalgesellschaften ... 860 ... 200
   b) Spaltung einer Kapitalgesellschaft ... 864 ... 201
     aa) Spaltung auf Kapitalgesellschaften ... 865 ... 201
     bb) Spaltung auf Personengesellschaften ... 872 ... 203
 4. Realteilung ... 879 ... 204
 5. Liquidation ... 884 ... 205
   a) Personengesellschaften ... 885 ... 205
   b) Kapitalgesellschaften ... 887 ... 206

F. Länderstandortwahl ... 889 ... 207

I. Allgemeines ... 892 ... 207

II. Aus rechtlicher Sicht ... 896 ... 208

	Rz.	Seite
III. Aus steuerlicher Sicht	898	209
1. Steuerliche Einordnung ausländischer Rechtsformen	900	209
a) Allgemeines zur US LLC	903	210
b) Qualifikation nach BMF-Schreiben vom 19. März 2004	905	210
2. Gründung des ausländischen Joint Ventures	911	211
3. Laufende Besteuerung des Joint Ventures	914	212
4. Beendigung des Joint Ventures	922	214
Stichwortverzeichnis		215

Literaturverzeichnis

Monographien, Handbücher und Kommentare

Assmann/Pötzsch/Schneider
Wertpapiererwerbs- und Übernahmegesetz, 2005

Assmann/Schneider
Wertpapierhandelsgesetz, 6. Aufl., 2012

Bader
Steuergestaltung mit Holding-Gesellschaften, 2. Aufl., 2007

Bartl/Bartl/Fichtelmann/Koch/Schlarb (Hrsg.)
Heidelberger Kommentar zum GmbH-Recht, 6. Aufl., 2009
(zit.: *Bearbeiter*, in: HK-GmbHG)

Baumbach/Hopt
Handelsgesetzbuch, Kommentar, 35. Aufl., 2012
(zit.: *Baumbach/Hopt*, HGB)

Baumbach/Hueck
GmbH-Gesetz, Kommentar, 19. Aufl., 2010
(zit.: Baumbach/Hueck/*Bearbeiter*, GmbHG)

Bechtold
GWB, 6. Aufl., 2010

Berens/Brauner/Strauch (Hrsg.)
Due Diligence bei Unternehmensakquisitionen, 6. Aufl., 2011
(zit.: *Bearbeiter*, in: Berens/Brauner/Strauch)

Blumenberg/Benz
Die Unternehmensteuerreform 2008, 2007

Boecken
Unternehmensumwandlungen und Arbeitsrecht, 1996

Breithecker/Förster/Förster/Klapdor
Unternehmensteuerreformgesetz 2008, 2007

Dötsch/Jost/Pung/Witt
Die Körperschaftsteuer, Kommentar zum Körperschaftsteuergesetz, Umwandlungssteuergesetz und zu den einkommensteuerrechtlichen Vorschriften der Anteilseignerbesteuerung, Loseblattsammlung, Stand: November 2011

Eilers/Sieger/Wienands
Die Finanzierung der GmbH durch ihre Gesellschafter, 2. Aufl., 2001

Erfurter Kommentar zum Arbeitsrecht
12. Aufl., 2012
(zit.: Erfk/*Bearbeiter*)

Erman
Bürgerliches Gesetzbuch, 13. Aufl., 2011
(zit.: Erman/*Bearbeiter*, BGB)

Fett/Spiering
Handbuch Joint Venture, 2010
(zit.: *Bearbeiter*, in: Fett/Spiering)

Großfeld
Recht der Unternehmensbewertung, 6. Aufl., 2011

Hachenburg
Gesetz betreffend die Gesellschaften mit beschränkter Haftung, Bd. 1 (§§ 1–34), 8. Aufl., 1992, Bd. 2 (§§ 35–52), 8. Aufl., 1997, Bd. 3 (§§ 53–85), 8. Aufl., 1997
(zit.: Hachenburg/*Bearbeiter*, GmbHG)

Harit/Menner
Umwandlungssteuergesetz, 3. Aufl., 2010

Heidel
Aktienrecht und Kapitalmarktrecht, 3. Aufl., 2011
(zit.: *Bearbeiter*, in: Heidel, Aktienrecht)

Heidel/Pauly/Amend
AnwaltFormulare, 7. Aufl., 2012
(zit.: *Bearbeiter*, in: Heidel/Pauly/Amend, AnwaltFormulare)

Henze
Konzernrecht, 2001
(zit.: *Henze*, Konzernrecht)

Herrmann/Heuer/Raupach
Einkommensteuer und Körperschaftsteuergesetz, Kommentar, Loseblattsammlung, Stand: September 2011
(zit.: *Bearbeiter*, in: Herrmann/Heuer/Raupach, EStG/KStG)

Hesselmann/Tillmann
Handbuch der GmbH & Co. KG, 20. Aufl., 2009

Hewitt
Joint Ventures, 5. Aufl., 2011

Heymann
Handelsgesetzbuch (ohne Seerecht), Kommentar, Bd. 2: §§ 105–237, 2. Aufl., 1996
(zit.: Heymann/*Bearbeiter*, HGB)

Holzapfel/Pöllath
Unternehmenskauf in Recht und Praxis, 14. Aufl., 2010

Hörger/Stephan/Pohl
Unternehmens- und Vermögensnachfolge, Steuerorientierte Gestaltungen, 2. Aufl., 2002

Immenga/Mestmäcker
Wettbewerbsrecht, Bd. 1, EG,Kommentar zum Europäischen Kartellrecht, 4. Aufl., 2007
(zit.: *Bearbeiter*, in: Immenga/Mestmäcker, EG-WbR)

dies.
Wettbewerbsrecht, Bd. 2, Gesetz gegen Wettbewerbsbeschränkungen, Kommentar zum Deutschen Kartellrecht, 4. Aufl., 2007
(zit.: *Bearbeiter*, in: Immenga/Mestmäcker, GWB)

Jacobs
Internationale Unternehmensbesteuerung, 7. Aufl., 2011

Jahn
Der Letter of Intent, 2000

Jahrbuch der Fachanwälte für Steuerrecht 2004/2005
55. Steuerliche Jahresarbeitstagung 2004/2005

Jahrbuch der Fachanwälte für Steuerrecht 2005/2006
56. Steuerliche Jahresarbeitstagung 2005/2006

Jahrbuch der Fachanwälte für Steuerrecht 2006/2007
57. Steuerliche Jahresarbeitstagung 2006/2007

Jahrbuch der Fachanwälte für Steuerrecht 2007/2008
58. Steuerliche Jahresarbeitstagung 2007/2008

Jahrbuch der Fachanwälte für Steuerrecht 2008/2009
59. Steuerliche Jahresarbeitstagung 2008/2009

Jansen
Mergers & Acquisitions, 5. Aufl., 2008

Kallmeyer
Umwandlungsgesetz (UmwG), Kommentar, 4. Aufl., 2010

Kessler
Die Euro-Holding, Steuerplanung, Standortwahl, Länderprofile, 1996

Knott/Mielke (Hrsg.)
Unternehmenskauf, 4. Aufl., 2012

Korn
Einkommensteuerrecht, Kommentar, Loseblattsammlung, Stand: August 2011
(zit.: Korn/*Bearbeiter*, EStG)

Langefeld-Wirth (Hrsg.)
Joint Ventures im internationalen Wirtschaftsverkehr, 1990

Loewenheim/Meessen/Riesenkampff
Kartellrecht, Kommentar, 2. Aufl., 2009
(zit.: *Bearbeiter*, in: Loewenheim/Meessen/Riesenkampf)

Lüdicke/Arndt
Geschlossene Fonds, 5. Aufl., 2009

Lüdicke/Sistermann
Unternehmensteuerrecht, 2008

Lutter
Der Letter of Intent, 3. Aufl., 1998

Lutter/Hommelhoff
GmbH-Gesetz, 17. Aufl., 2009

Lutter/Winter
Umwandlungsgesetz, Kommentar, 4. Aufl., 2009
(zit.: *Bearbeiter*, in: Lutter/Winter, UmwG)

Meier-Schatz (Hrsg.)
Kooperations- und Joint-Venture-Verträge, 1994
(zit.: *Bearbeiter*, in: Meier-Schatz)

Micheler/Prentice
Joint Ventures in English and German Law, 2000
(zit.: *Bearbeiter*, in: Micheler/Prentice)

Müller/Winkeljohann (Hrsg.)
Beck'sches Handbuch der GmbH, 4. Aufl., 2009
(zit.: *Bearbeiter*, in: Beck'sches Handbuch der GmbH)

Müller/Hoffmann (Hrsg.)
Beck'sches Handbuch der Personengesellschaften, 3. Aufl., 2009
(zit.: *Bearbeiter*, in: Beck'sches Handbuch der Personengesellschaften)

Münchener Handbuch des Gesellschaftsrechts
Bd. 1: BGB-Gesellschaft, Offene Handelsgesellschaft, Partnerschaftsgesellschaft, EWIV, 3. Aufl., 2009, Bd. 3: Gesellschaft mit beschränkter Haftung, 3. Aufl., 2009
(zit.: *Bearbeiter*, in: Münchener Handbuch des Gesellschaftsrechts)

Münchener Kommentar zum Bürgerlichen Gesetzbuch
Bd. 4 (§§ 611–704), 5. Aufl., 2009, Bd. 5 (§§ 705–853), 5. Aufl., 2009,
(zit.: MünchKomm-*Bearbeiter*, BGB)

Münchener Kommentar zum Europäischen und Deutschen Wettbewerbsrecht (Kartellrecht)
Bd. 1 (Europäisches Wettbewerbsrecht), 2007
(zit.: MünchKomm-*Bearbeiter*, EU-WbR, FKVO)

Münchener Kommentar zum Europäischen und Deutschen Wettbewerbsrecht (Kartellrecht)
Bd. 2 (GWB), 2008
(zit.: MünchKomm-*Bearbeiter*, EU-WbR, GWB)

Palandt
Bürgerliches Gesetzbuch, 71. Aufl., 2012
(zit.: Palandt/*Bearbeiter*, BGB)

Picot
Unternehmenskauf und Restrukturierung, 3. Aufl., 2004

Philipp
Steuersubjektqualifikation einer Delaware Limited Partnership nach dem Rechtstypenvergleich im Sinne des BMF-Schreibens vom 19.3.2004

PriceWaterhouseCoopers
Steuern in den USA, 2001

Raiser/Veil
Mitbestimmungsgesetz und Drittelbeteiligungsgesetz, Kommentar, 5. Aufl., 2009

Rödder/Herlinghaus/van Lishaut
Umwandlungssteuergesetz, 2008

Roth/Altmeppen
Gesetz betreffend die Gesellschaften mit beschränkter Haftung (GmbHG), Kommentar, 7. Aufl., 2012
(zit.: *Roth/Altmeppen*, GmbHG)

Rowedder/Schmidt-Leithoff
Gesetz betreffend die Gesellschaft mit beschränkter Haftung (GmbHG), 4. Aufl., 2002
(zit.: Rowedder/*Bearbeiter*, GmbHG)

Sagasser/Bula/Brünger
Umwandlungen, 4. Aufl., 2011
(zit.: *Bearbeiter*, in: Sagasser/Bula/Brünger)

Schaumburg (Hrsg.)
Internationale Joint Ventures, 1999
(zit.: *Bearbeiter*, in: Schaumburg, Internationale Joint Ventures)

Schaumburg (Hrsg.)
Unternehmenskauf im Steuerrecht, 3. Aufl., 2004
(zit.: *Bearbeiter*, in: Schaumburg, Unternehmenskauf im Steuerrecht)

Schaumburg/Piltz (Hrsg.)
Holdinggesellschaften im internationalen Steuerrecht, 2002
(zit.: *Bearbeiter*, in: Schaumburg/Piltz, Holdinggesellschaften)

Schawilye/Gaugler/Keese
Die kleine AG in der betrieblichen Praxis, 2. Aufl., 2000

Schlegelberger
Handelsgesetzbuch, Kommentar, Bd. 3/I: §§ 105–160, 5. Aufl., 1992
(zit.: Schlegelberger/*Bearbeiter*, HGB)

Schmidt, Ludwig
  Einkommensteuergesetz, Kommentar, 31. Aufl., 2012
  (zit.: L. Schmidt/*Bearbeiter*, EStG)
Schmidt, Karsten
  Gesellschaftsrecht, 4. Aufl., 2002
Schmolke, Klaus Ulrich
  Kapitalerhaltung in der GmbH nach dem MoMiG, 2009
Scholz
  Kommentar zum GmbH-Gesetz, Bd. I, §§ 1–34, Anh. 13 Konzernrecht, Anh. 34 Austritt und Ausschließung eines Gesellschafters, 10. Aufl., 2006, Bd. II, §§ 35–52, 10. Aufl., 2007
  (zit.: Scholz/*Bearbeiter*, GmbHG)
Schwedhelm
  Die Unternehmensumwandlung, 7. Aufl., 2012
Seibert/Kiem (Hrsg.)
  Handbuch der kleinen AG, 5. Aufl., 2008
  (zit.: *Bearbeiter*, in: Seibert/Kiem)
Sudhoff
  GmbH & Co. KG, 5. Aufl., 6. Aufl., 2005
Staudinger
  Kommentar zum Bürgerlichen Gesetzbuch, Buch I: Allgemeiner Teil 4a, §§ 134 – 138, ProstG, 2011
  (zit.: Staudinger/*Bearbeiter*)
Steinmeyer/Häger
  Wertpapierübernahmegesetz, 2. Aufl., 2007
Ulmer/Habersack/Henssler
  Mitbestimmungsrecht, Kommentierung des MitbestG, der DrittelbG und der §§34 bis 38 SEBG, 2. Aufl., 2006
  (zit.: *Ulmer/Habersack/Henssler*, Drittelbeteiligungsgesetz)
Vogel/Lehner
  Doppelbesteuerungsabkommen, Kommentar, 5. Aufl., 2008
Willemsen/Hohenstatt/Schweibert/Seibt
  Umstrukturierung und Übertragung von Unternehmen, Arbeitsrechtliches Handbuch, 4. Aufl., 2011

Aufsätze

Armbrüster
  Wettbewerbsverbote im Kapitalgesellschaftsrecht, ZIP 1997, 1269
Balmes/Grammel/Sedemund
  Berücksichtigung von Betriebsstättenverlusten trotz Freistellungsmethode, BB 2006, 1474

Binz/Mayer
Beurkundungserfordernisse bei der GmbH & Co. KG, NJW 2002, 3054

Bodden
Übertragung eines Mitunternehmeranteils und Überführung von wesentlichen Wirtschaftsgütern des Sonderbetriebsvermögens ins Privatvermögen, FR 1997, 757

Breuninger
Debt-Push-Down-Gestaltungen und § 8a Abs. 6 KStG, in: Festschrift Raupach, 2006, S. 437

Däubler
Das Arbeitsrecht im neuen Umwandlungsgesetz, RdA 1995, 136

Dautzenberg
BB-Kommentar zu EuGH-Urteil C 324/00 v. 12.12.2002, BB 2003, 193

Diller/Deutsch
Arbeitnehmer-Datenschutz contra Due Diligence, K&R 1998, 16

Dörfler/Graf/Reichel
Die geplante Besteuerung von Personenunternehmen ab 2008 – Ausgewählte Problembereiche des § 34a EStG im Regierungsentwurf, DStR 2007, 645

Drüen/Heek
Die Kommanditgesellschaft auf Aktien zwischen Trennungs- und Transparenzprinzip – Eine steuersystematische Bestandsaufnahme, DStR 2012, 541

Düll/Fuhrmann/Eberhardt
Umsatzsteuerreform 2001: Die Neuregelung des § 6 Abs. 5 Satz 3 EStG – sog. Wiedereinführung des Mitunternehmererlasses, DStR 2000, 1713

Eilers/Schmidt
Der Holdingstandort Deutschland nach der Steuerreform, FR 2001, 8

Fahrenberg/Henke
Das BMF-Schreiben zur steuerlichen Einordnung der US-LLC aus Beratersicht, IStR 2004, 485

Fleischer/Körber
Due Diligence und Gewährleistung beim Unternehmenskauf, BB 2001, 841

Förster
Anwendungsregelungen beim Systemwechsel zum neuen Körperschaftsteuerrecht, DStR 2001, 1273

Gaul
Schuldrechtsmodernisierung und Unternehmenskauf, ZHR 166 (2002), 35

ders.
Das Schicksal von Tarifverträgen und Betriebsvereinbarungen bei der Umwandlung von Unternehmen, NZA 1995, 717

Gätsch/Schulte
Notarielle Beurkundung bei der Veräußerung von Anteilen an ausländischen Gesellschaften mbH in Deutschland, ZIP 1999, 1909

Göthel
Internationales Privatrecht des Joint Ventures, RIW 1999, 566

Götze
Auskunftserteilung durch GmbH-Geschäftsführer im Rahmen der Due Diligence beim Beteiligungserwerb, ZGR 1999, 202

Grimm/Böker
Die arbeits- und sozialversicherungsrechtliche Due Diligence, NZA 2002, 193

Groh
Teilwerteinbringung von betrieblichen Einzelwirtschaftsgütern in Personengesellschaften, DB 2003, 1403

Gronstedt/Jörgens
Die Gewährleistungshaftung bei Unternehmensverkäufen nach dem neuen Schuldrecht, ZIP 2002, 52

Haun/Winkler
Vertragsgestaltungen zur Verlagerung des Zeitpunkts der Besteuerung bei Anteilsveräußerungen, DStR 2001, 1195

Heidenhain
Zum Umfang der notariellen Beurkundung bei der Veräußerung von Geschäftsanteilen, NJW 1999, 3073

ders.
Spaltungsvertrag und Spaltungsplan, NJW 1995, 2873

Herrmann/Neufang
Übertragung von einzelnen Wirtschaftsgütern zwischen Gesellschafterbetriebsvermögen und Mitunternehmerschaften, BB 2000, 2599

Hey
Stellung der US (Delaware) Limited Liability Company im internationalen Steuerrecht, in: Festschrift Debatin, 1997, S. 121

Hoffmann-Becking
Nachvertragliche Wettbewerbsverbote für Vorstandsmitglieder und Geschäftsführer, in: Festschrift Quack, 1991, S. 273

Houben
Das Zusammenwirken von Fünftelregelung nach § 34 Abs. 1 EStG und ermäßigtem Steuersatz nach Abs. § 34 Abs. 3 EStG bei außerordentlichen Einkünften, DStR 2006, 200

Kapp
   Der geplatzte Unternehmenskauf: Schadensersatz aus culpa in contrahendo bei formbedürftigen Verträgen (§ 15 Abs. 4 GmbHG)?, DB 1989, 1224

Kemper/Konold
   Übertragung von Wirtschaftsgütern zwischen beteiligungsidentischen Schwesterpersonengesellschaften zum Buchwert, DStR 2000, 2119

Knott
   Unternehmenskauf nach der Schuldrechtsreform, NZG 2002, 249

Kölbl
   Besteuerung eines Joint Ventures zwischen USA und Deutschland in Form einer Kapitalgesellschaftsholding, StuB 2007, 211

dies.
   Besteuerung eines Joint Ventures zwischen USA und Deutschland in Form einer Personengesellschaftsholding, StuB 2007, 416

Ley
   Rechtsnatur und Abgrenzung aktivischer Gesellschafterkonten, DStR 2003, 957

dies.
   Ergänzungsbilanzen beim Erwerb von Personengesellschaftsanteilen, bei Einbringung nach § 24 UmwStG und bei Übertragungen nach § 6 Abs. 5 Satz 3 EStG, KÖSDI 2001, 12982

dies.
   Brennpunkte zu Einbringungen in und Umwandlungen auf Personengesellschaften, KÖSDI 1999, 12155

dies.
   Personengesellschaften nach der Unternehmensteuerreform 2008 unter besonderer Berücksichtigung der Thesaurierungsbegünstigung, KÖSDI 2007, 15737

Lutter
   Due Diligence des Erwerbers beim Kauf einer Beteiligung, ZIP 1997, 613

ders.
   Theorie der Mitgliedschaft. Prolegomena zu einem Allgemeinen Teil des Korporationsrechts, AcP 180 (1980), 84

Märkle
   Die Übertragung eines Bruchteils eines Gesellschaftsanteils bei vorhandenem Sonderbetriebsvermögen, DStR 2001, 685

Mülsch/Nohlen
   Die ausländische Kapitalgesellschaft und Co. KG mit Verwaltungssitz im EG-Ausland, ZIP 2008, 1358

Müller
Gestattung der Due Diligence durch den Vorstand der Aktiengesellschaft, NJW 2000, 3452

Patt/Rasche
Veräußerung des Bruchteils eines Mitunternehmeranteils unter Zurückbehaltung des wesentlichen Sonderbetriebsvermögens als begünstigter Vorgang gem. § 16 Abs. 1 Nr. 2, § 34 EStG?, DStR 1996, 645

Picot/Russenschuck
Unternehmenskaufverträge: Gibt es noch selbständige Garantien?, M&A Review 2002, 64

Pohl/Raupach
Verluste aus eigenkapitalersetzenden Darlehen im Gesellschafts- und Steuerrecht, in: Festschrift Reiß, 2008, S. 375

Priester
Die klassische Ausgliederung – ein Opfer des Umwandlungsgesetzes 1994?, ZHR 163 (1999), 187

Rödder/Wochinger
Veräußerungen von Kapitalgesellschaftsanteilen durch Kapitalgesellschaften. Gestaltungsüberlegungen im Hinblick auf § 8b Abs. 2 KStG, FR 2001, 1254

Ropohl/Schulz
Gestaltungsmöglichkeiten zur Strukturierung eines Joint Venture Unternehmens, GmbHR 2008, 561

Scharfenberg
Überführung und Übertragung einzelner Wirtschaftsgüter nach § 6 Abs. 5 EStG, DB 2012, 193

Scheunemann/Socher
Die Zinsschranke beim Leveraged Buyout, BB 2007, 1144

Schulze zur Wiesche
Die Überführung und Übertragung von einzelnen Wirtschaftsgütern nach dem BMF-Schreiben vom 8.12.2011, DStZ 2012, 12

Seibt/Raschke/Reiche
Rechtsfragen der Haftungsbegrenzung bei Garantien (§ 444 BGB n. F.) und M&A-Transaktionen, NZG 2002, 256

Seibt/Reiche
Unternehmens- und Beteiligungskauf nach der Schuldrechtsreform, DStR 2002, 1181

Sieger/Hasselbach
Notarielle Beurkundung von Joint-Venture-Verträgen, NZG 1999, 485

Sieger/Schulte
Vereinbarungen über Satzungsänderungen, GmbHR 2002, 1050

Siepe/Dörschell/Schulte
Der neue IDW-Standard: Grundsätze zur Durchführung von Unternehmensbewertungen (IDW S. 1), WPg 2000, 946

Sina
Zum nachvertraglichen Wettbewerbsverbot für Vorstandsmitglieder und GmbH-Geschäftsführer, DB 1985, 902

Stahl
Eingeschränkte Wiedereinführung des „halben Steuersatzes" nach § 34 Abs. 3 EStG ab 2001, KÖSDI 2001, 12838

Stoffels
Grenzen der Informationswiedergabe durch den Vorstand einer Aktiengesellschaft im Rahmen einer „Due Diligence", ZHR 165 (2001), 362

Triebel/Hölzle
Schuldrechtsreform und Unternehmenskaufverträge, BB 2002, 521

Vogt
Die Due Diligence – ein zentrales Element bei der Durchführung von Mergers & Acquisitions, DStR 2001, 2027

Wacker
§ 15a EStG: Vorgezogene Einlagen und JStG 2009 – Ganzschluss, Halbschluss oder Trugschluss?, DStR 2009, 403

Weber
Rechtsformwahl, Auswirkungen der Unternehmensteuerreform 2008, NWB (2007), Fach 18, 4509

Wegmann/Koch
Due Diligence – Unternehmensanalyse durch externe Gutachter – Ablauf und Technik, Folge – Due Diligence als neuer Analysestandard –, DStR 2000, 1027

Wittneben
Joint Venture-Verträge in der Immobilien-Projektentwicklung, ZfIR 2009, 846

A. Vorbemerkung

Die Darstellung folgt dem Lebenszyklus eines Joint Ventures. Nach einer kurzen Begriffsbestimmung und Klärung der Vor- und Nachteile eines inkorporierten Joint Ventures (siehe unter B.) wird zunächst der Weg bis zur **Gründung** eines Joint Ventures (siehe unter C.), dann das **Leben** eines Joint Ventures (siehe unter D.) und daran anschließend die **Beendigung** eines Joint Ventures dargestellt (siehe unter E.). Diese drei Phasen sind bereits bei der Planung eines Joint Ventures im Vorfeld zu berücksichtigen. In den jeweiligen Kapiteln wird auch die Steuerplanung behandelt, d. h.,

- die Vermeidung von Steuern bei der Errichtung eines Joint Ventures (insbesondere keine Auflösung von stillen Reserven);
- eine möglichst niedrige laufende Besteuerung bzw. optimale Ausnutzung von (Anlauf-)Verlusten und
- ein steueroptimaler Exit bei Veräußerung oder Beendigung.

In unserer Praxis hat es sich dabei bewährt, das operative Geschäft des geplanten Joint Ventures zum Ausgangspunkt aller Steuerplanungen zu machen. Es gibt zwar sehr exotische **Steueroasen**. Das ändert aber nichts daran, dass Steuern im Grundsatz zunächst dort zu zahlen sind oder Verluste dort entstehen, wo das **operative Ergebnis** erwirtschaftet wird. In den entsprechenden Kapiteln wird aus diesem Grund zunächst jeweils davon ausgegangen, dass die unternehmerischen Aktivitäten im **Inland** ausgeübt werden. Soweit einer der Joint-Venture-Partner im Ausland ansässig ist, werden die steuerlichen Besonderheiten für dessen **Inbound-Investition** mitbehandelt. Abschließend werden in einem besonderen Kapital die Interessen eines deutschen Joint-Venture-Partners bei einer **Outbound-Investition** und die Frage des Standorts einer von den Partnern aus mehreren Ländern angestrebten Gründung einer **Holding-Kapitalgesellschaft** behandelt (siehe unter F.).

B. Vor- und Nachteile von inkorporierten Joint Ventures

I. Begriff

Zu Recht wird darauf verwiesen, dass sich schon der Begriff „Joint Venture" nur mit Mühe präzise abgrenzen lässt.

> Siehe nur *Stephan*, in: Schaumburg, Internationale Joint Ventures, 97, 99.

Als erster Ansatz kann bei der Begriffsbildung die Überlegung dienen, dass sich bei einem Joint Venture mindestens zwei Personen oder Unternehmen gemeinschaftlich und gleichgerichtet bemühen, ein bestimmtes unternehmerisches Ziel auf der Grundlage von vertraglichen Absprachen zu erreichen. Diese Zusammenarbeit der Partner kann sich freilich auf die bloße Kooperation im Rahmen einer BGB-Gesellschaft beschränken. *Baumanns/Wirbel* nennen als typisches Beispiel die Abgabe eines gemeinsamen Angebots, beispielsweise bei Großprojekten.

> *Baumanns/Wirbel*, in: Münchener Handbuch des Gesellschaftsrechts, Bd. 1, § 28 Rz. 2.

Solche rein schuldrechtlichen Absprachen zwischen den beteiligten Partnern werden im neueren Schrifttum häufig als sog. **Contractual Joint Ventures** bezeichnet. Sofern die Partner ihre gemeinschaftlichen Interessen in einer weiteren gesonderten Gesellschaft zusammenführen, wird demgegenüber häufig der Begriff des sog. **Equity Joint Ventures** gebraucht.

> *Baumanns/Wirbel*, in: Münchener Handbuch des Gesellschaftsrechts, Bd. 1, § 28 Rz. 2;
> *Langefeld-Wirth*, 35, 123.

Ein Gemeinschaftsunternehmen in Form des Equity Joint Venture ist bei erster Betrachtung kaum von der schlichten Personen- oder Kapitalgesellschaft zu unterscheiden. Besonderes und typisierendes Merkmal eines Joint Venture im hier gebrauchten Sinn ist das Vorliegen einer **gemeinsam beherrschten** Gesellschaft, in der die Gesellschafter ihre gemeinsamen Interessen an der Förderung eines bestimmten unternehmerischen Zwecks poolen. Bei einem typischen Equity Joint Venture werden regelmäßig zwei Gesellschaften gebildet, und zwar eine BGB-Innengesellschaft zwischen den Partnern auf der Gesellschafterebene sowie die eigentliche Projekt- oder Joint-Venture-Gesellschaft.

> Vgl. auch *Stengel*, in: Beck'sches Handbuch der Personengesellschaften, § 21 Rz. 7.

Die Entscheidung darüber, ob die Zusammenarbeit der Partner in Form eines Equity oder eines Contractual Joint Venture erfolgen soll, hängt von den im Einzelfall abzuwägenden Interessen und unternehmerischen Zielen der Partner ab. Als **Faustregel** kann jedoch dienen, dass die Errichtung eines inkorporierten Joint Ventures regelmäßig dann in Frage kommt, wenn die

Partner eine echte und dauerhafte Zusammenführung, eine Haftungsbeschränkung auf die Joint-Venture-Gesellschaft und deren eigenständigen Marktauftritt wollen.

> *Stengel*, in: Beck'sches Handbuch der Personengesellschaften, § 21 Rz. 10.

6 Wenn wir von inkorporierten Joint Ventures sprechen, meinen wir die sonst als **Equity Joint Venture** bezeichneten Gemeinschaftsunternehmen. Zwar sind Personengesellschaften nicht Korporationen im engeren Sinne. Da Joint Ventures nach deutschem Recht jedoch zumeist in der Rechtsform der GmbH & Co. KG oder GmbH errichtet werden, ist der Begriff des inkorporierten Joint Ventures mindestens so sinnstiftend wie der des Equity Joint Ventures.

II. Vor- und Nachteile

7 Im Vergleich zu einer aus eigener Kraft entfalteten unternehmerischen Aktivität weisen inkorporierte Joint Ventures in der Regel spezifische Vor- und Nachteile auf.

> Siehe etwa
> *Probst/Rüling*, in: Schaumburg, Internationale Joint Ventures, 1 ff;
> *Träm/Müllers-Patel*, in: Schaumburg, Internationale Joint Ventures, 35 ff;
> *Baumanns/Wirbel*, in: Münchener Handbuch des Gesellschaftsrechts, Bd. 1, § 28 Rz. 3;
> *Hewitt*, 3 ff.

8 Unabhängig von in Einzelfällen bestehenden besonderen Interessenlagen lassen sich eine Reihe von **Vorteilen** nennen: Bei geschickter Wahl des Partners kann durch ein solches Gemeinschaftsunternehmen das eigene Waren-, Marken- und/oder Dienstleistungsportfolio ideal ergänzt werden. Die Finanz- und Eigenkapitalkraft zweier Partner lässt sich kombinieren und das geschäftliche Risiko auf mehreren Schultern verteilen. Im Produktionsbereich sind vielfach bedeutende Synergieeffekte und hinsichtlich des Einkaufs signifikante Preisnachlässe zu erzielen. Durch gezielte Kombination des jeweiligen Know-how können die beteiligten Partner ihre Produkt- und Warenströme optimieren. Management- oder Nachfolgeprobleme können bei sorgfältiger Planung beispielsweise auch durch Joint-Venture-Gestaltungen abgefangen werden.

> *Probst/Rüling*, in: Schaumburg, Internationale Joint Ventures, 1, 7.

9 Eine sorgfältig vorbereitete und sachlich ausgewogene unternehmerische Entscheidung für eine Joint-Venture-Beteiligung muss immer auch mögliche **Nachteile** eines Gemeinschaftsunternehmens im Vergleich etwa zu einem Unternehmenskauf einbeziehen. Untersuchungen haben bestätigt, dass die erhöhte Komplexität bei der Führung von Joint Ventures (Entscheidungsfin-

dung und Entscheidungswiderstreit) auf der Geschäftsleitungs- und der Gesellschafterebene eines Gemeinschaftsunternehmens eine der wesentlichen Ursachen für ihr mögliches Scheitern oder ihre vorzeitige Auflösung ist.

Jansen, 184 f m. w. N.

Unabhängig von den Führungsschwierigkeiten sind jedoch eine Reihe anderer Faktoren zu berücksichtigen. So kann für einen der Neugesellschafter insbesondere die Gefahr bestehen, dass er einen gesunden Geschäftsbereich opfert, ohne dass das Gemeinschaftsunternehmen die erwarteten Synergien hervorbringt oder neue Märkte erschließt, der Geschäftspartner jedoch durch Zugang zu bestimmtem Know-how gestärkt aus der gemeinsamen Aktivität hervorgeht. Jedes Unternehmen muss sich verdeutlichen, dass Joint Ventures nur funktionieren, wenn und soweit das Verhältnis der Gesellschafter von gegenseitigem Vertrauen bestimmt wird und unternehmerische Entscheidungen selbst dann mitgetragen werden, wenn diese den einen Partner vermeintlich besser stellen. Denn jedes „typische" Joint Venture zeichnet sich dadurch aus, dass bei Beginn oder im weiteren Verlauf tatsächliche oder nur vermutete Schieflagen entstehen. 10

Als letzter Nachteil ist das mögliche unternehmerische Desinteresse eines Partners zu nennen. Gehört die Joint-Venture-Aktivität nicht mehr zum Kerngeschäft eines Partners, kann sich ein solcher Partner zu einem Hemmschuh entwickeln, ohne dass das abnehmende Engagement durch vertragliche Mechanismen ausreichend sanktioniert werden kann. 11

C. Der Weg in ein Joint Venture

I. Vorüberlegungen, Planung und Prozessverlauf

1. Gestaltungsvarianten von Gemeinschaftsunternehmen

Bei Errichtung und Gestaltung von inkorporierten Gemeinschaftsunternehmen sind eine Reihe von Varianten denkbar. Dabei kann für die Zwecke der folgenden Darstellung von drei Grundmodellen ausgegangen werden.

a) Operative Joint Ventures

Die Begründung des Joint Ventures kann dazu führen, dass die Partner Betriebe, Teilbetriebe und/oder einzelne Wirtschaftsgüter in einem operativen, von beiden Partnern beherrschten Gemeinschaftsunternehmen zusammenführen. Es entsteht dann, grob vereinfacht, die folgende Struktur:

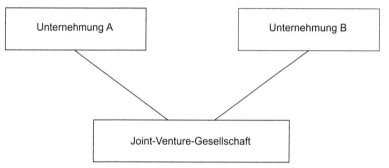

b) Joint Venture als Holding

Die Joint-Venture-Gesellschaft kann jedoch auch als Holding fungieren, in die die Joint-Venture-Partner Beteiligungen an diversen Gesellschaften einbringen, so dass folgendes Bild entsteht:

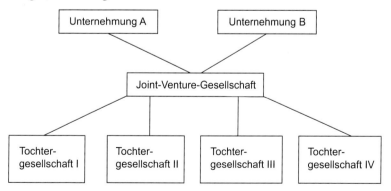

c) Mischformen

15 Durchaus nicht unüblich sind Mischformen, also Joint-Venture-Gesellschaften, die selbst operative Aufgaben wahrnehmen, zugleich aber über diverse Tochtergesellschaften verfügen. Für diese Mischformen gelten keine besonderen Regelungen. Vielmehr finden die für operative Joint Ventures einerseits und reine Holdinggesellschaften andererseits geltenden Regelungen, soweit einschlägig, entsprechende Anwendung.

2. Doppelstufigkeit von inkorporierten Joint Ventures

16 Nahezu in allen Fällen, in denen sich zwei Unternehmen zur Errichtung eines inkorporierten Gemeinschaftsunternehmens entscheiden, verbleiben die Anteile an der von ihnen errichteten (operativen) Joint-Venture-Gesellschaft im jeweiligen Eigentum der Joint-Venture-Partner. Durch den Abschluss der Grundlagenvereinbarung (dazu Rz. 80 ff) wiederum errichten die Partner regelmäßig (und häufig ebenso unbewusst) eine BGB-Innengesellschaft zwischen den Joint-Venture-Partnern einerseits und die Joint-Venture-Gesellschaft (GmbH, GmbH & Co. KG o.a.) als operative Außengesellschaft andererseits. Diese Doppelstufigkeit ist bei der Abfassung der Verträge zu beachten, um Widersprüche zwischen den vertraglichen Regelungen nach Möglichkeit zu vermeiden.

> *Baumanns/Wirbel*, in: Münchener Handbuch des Gesellschaftsrechts, Bd. 1, § 28 Rz. 2.

3. Ausrichtung von Inkorporierten Joint Ventures

17 Die strategische Ausrichtung inkorporierter Joint Ventures kann höchst unterschiedlich ausgestaltet sein.

> Siehe nur *Probst/Rüling*, in: Schaumburg, Internationale Joint Ventures, 1, 8 ff.

18 Die jeweilige Ausrichtung kann unmittelbare Konsequenzen hinsichtlich der von den Unternehmensleitungen und ihren Beratern zu beachtenden rechtlichen Regelungen haben, spielt jedenfalls aber für die Ausgestaltung der zwischen den Partnern abzuschließenden Verträge eine entscheidende Rolle.

19 Als hilfreich hat sich zunächst eine eher formale Differenzierung nach den sog. „Vollfunktions-Gemeinschaftsunternehmen" einerseits und den „Teilfunktions-Gemeinschaftsunternehmen" andererseits erwiesen.

> Zu diesen Begriffen *Immenga/Körber*, in: Immenga/Mestmäcker, EG-WbR, Teil 2, Art. 3 FKVO, Rz. 112.

20 Ein Gemeinschaftsunternehmen mit Vollfunktion ist dadurch gekennzeichnet, dass dieses Unternehmen als Tochtergesellschaft der Joint-Venture-Partner auf Dauer alle Aufgaben einer selbstständigen wirtschaftlichen Einheit erfüllen kann.

> *Baumanns/Wirbel*, in: Münchener Handbuch des Gesellschaftsrechts, Bd. 1, § 28 Rz. 8;
> vgl. auch Art. 3 Abs. 1 der EG-Fusionskontrollverordnung (FKVO).

Insbesondere im Rahmen der FKVO werden weitere Differenzierungen in konzentrative und kooperative Gemeinschaftsunternehmen vorgenommen. Unterscheidungskriterium ist das Wettbewerbsverhalten der Joint-Venture-Partner: dient das Gemeinschaftsunternehmen dazu, das Wettbewerbsverhalten der voneinander unabhängigen Joint-Venture-Partner zu koordinieren, sprechen wir von einem kooperativen Gemeinschaftsunternehmen. Ein konzentratives Gemeinschaftsunternehmen liegt demgegenüber vor, wenn ein Vollfunktions-Gemeinschaftsunternehmen weder im Verhältnis der Joint-Venture-Partner zueinander noch im Verhältnis des Gemeinschaftsunternehmens zu seinen Müttern zu einer Koordinierung des Wettbewerbsverhaltens führt. 21

> *Baumanns/Wirbel*, in: Münchener Handbuch des Gesellschaftsrechts, Bd. 1, § 28 Rz. 10.

Im Hinblick auf die inhaltlich-strategische Ausrichtung sind eine Vielzahl unterschiedlicher Modelle denkbar, ohne dass eine Kategorisierung unmittelbare rechtliche Konsequenzen hat. Dennoch kann eine Differenzierung bei der Planung eines Joint Ventures helfen. Am Markt zu beobachten sind bei den Teilfunktions-Gemeinschaftsunternehmen insbesondere Vertriebs-, Einkaufs-, Produktions-, Forschungs- und Immobilien-Joint-Ventures. 22

> Zu Immobilien-Joint-Ventures etwa *Wittneben*, ZfIR 2009, 846.

4. Planung und Prozessverlauf

a) Einleitung

Inkorporierte Joint Ventures sind zumeist – in Errichtung und Begleitung – hochkomplexe Gebilde. In der Komplexität, die letztlich Ausdruck der partiell gegenläufigen Interessen der Partner ist, gründet sich ein weiteres Charakteristikum zahlreicher Joint Ventures: ihre Streitanfälligkeit. 23

Aus den genannten Gründen setzt die Etablierung eines Joint Ventures, mehr noch als ein gewöhnlicher Unternehmenskauf, die exakte Planung der beabsichtigten Transaktion voraus; denn die beteiligten Parteien müssen auf lange Sicht (erfolgreich) zusammen arbeiten. Folgerichtig sollten sich die Unternehmensleitungen und ihre Berater zu einem frühen Zeitpunkt auf einen maßgeschneiderten Ablauf- und Projektierungsplan einigen, der – je nach Erfolg der einzelnen Teilschritte – im weiteren Prozessverlauf detaillierter auszugestalten ist. 24

> Beispiel einer *route map* bei *Hewitt*, 21–25.

Um zeit- und kostenintensive „Hängepartien" zu vermeiden, müssen sich alle Beteiligten frühzeitig darüber klar werden, welchen zeitlichen und orga- 25 nisatorischen Aufwand die einzelnen Transaktionsschritte voraussichtlich bedeuten werden. Als hilfreich hat es sich dabei erwiesen, vier Phasen (Planungs-, Verhandlungs-, Genehmigungs- und Abschlussphase) bei der Etablierung eines inkorporierten Joint Ventures zu unterscheiden, die teils nacheinander, teils jedoch zeitlich parallel zueinander ablaufen und im Folgenden abrissartig dargestellt werden.

b) Projektphasen

26 Für die am Beginn stehende **Planungsphase** ist kennzeichnend, dass die Parteien nach Unterzeichnung einer Geheimhaltungsvereinbarung erste Informationen über das angestrebte Projekt austauschen und sich über die kaufmännischen Ziele einer Zusammenarbeit klar werden. Sofern diese Vorüberlegungen erfolgreich sind, kann, je nach Größe des Projekts, bereits eine erste Absichtserklärung unterzeichnet werden. Vor oder nach Unterzeichnung einer solchen, rechtlich zumeist noch unverbindlichen Absichtserklärung werden die Parteien ggf. in den Prozess einer intensiveren Unternehmensprüfung (**Due Diligence**) eintreten und parallel dazu erste Strukturfragen einer künftigen Zusammenarbeit besprechen.

27 Sobald diese Planungsphase für die beteiligten Parteien erfolgreich durchlaufen ist, schließt sich zumeist die **Verhandlungsphase** an. In der Verhandlungsphase werden die Strukturdaten der Absichtserklärung in konkrete Verträge gegossen, die die Parteien im Einzelnen aushandeln müssen.

28 Parallel dazu ist zumeist die **interne Reorganisation** der beteiligten Gesellschaften anzugehen. Insbesondere bei größeren Joint-Venture-Transaktionen sind mehrere Wochen wenn nicht Monate erforderlich, um die notwendigen internen Reorganisationen durchzuführen, so dass Umstrukturierungen selbst auf die Gefahr hin vorgenommen werden müssen, dass das Projekt letztlich – aus welchen Gründen auch immer – scheitert. Erfahrungsgemäß setzt das in vielen Fällen eine präzise Steuerplanung voraus, die u. U. im Wege von verbindlichen Auskünften abzusichern ist.

29 Spätestens nach Abschluss der Verhandlungsphase, meist jedoch bereits vor Abschluss der Verhandlungsphase müssen diverse **Genehmigungen** eingeholt werden. Darunter fallen insbesondere die kartellrechtlichen Freigaben sowie weitere behördliche Auskünfte und Genehmigungen. Zu nennen sind hier z. B. Genehmigungen nach AWG/AWVO, aber auch Genehmigungen etwa ausländischer Stellen. Überdies müssen ggf. Gremien der beteiligten Unternehmen um Zustimmung gebeten werden.

30 Sodann folgt die **Abschlussphase**, die durch die Unterzeichnung und Umsetzung der Verträge gekennzeichnet ist und in der es häufig noch abzuwarten gilt, ob bestimmte Genehmigungen erteilt werden.

aa) Planungsphase

(1) Interne Strategie- und Strukturüberlegungen

Ausgangspunkt jedes Joint-Venture-Investments ist die strategische Grundentscheidung der Unternehmensleitungen, den Weg für ein angestrebtes unternehmerisches Ziel zu bereiten. Der bunte Strauß von Motiven bei einer möglichen Etablierung eines Gemeinschaftsunternehmens – dazu bereits unter (Rz. 7 ff) – verbietet eine schematische Vorgabe der im Rahmen erster interner Strategie- und Strukturgespräche anzustellenden Überlegungen. Hilfreich ist jedoch, die eigenen kurz-, mittel- und langfristigen Zielsetzungen zu identifizieren, um ein Gemeinschaftsunternehmen als das für das eigene Unternehmen „richtige" Vehikel festzulegen. Dazu gehört insbesondere auch die sorgfältige Auswahl des zukünftigen Partners. 31

(2) Geheimhaltungsvereinbarung

Wie bei anderen Unternehmenstransaktionen auch, ist es üblich, dass die Parteien in einer sehr frühen Phase ihrer Gespräche eine Geheimhaltungsvereinbarung unterzeichnen (z.T. heute – selbst bei lediglich deutsche Unternehmen betreffenden Projekten – auch als „NDA" = Non-Disclosure Agreement bezeichnet). 32

Die Parteien und ihre Berater müssen entscheiden, wie detailliert eine solche Geheimhaltungsvereinbarung ausgestaltet werden soll. Zum Teil reicht es aus, Regelungen über die Geheimhaltung der ausgetauschten Informationen aufzunehmen. Auf der anderen Seite können es die strategischen Interessen der Parteien erfordern, detaillierte Regelungen zur Geheimhaltung jeglicher Gespräche über die Eingehung eines Joint Ventures, zur Rückgabe aller ausgetauschten Unterlagen beim Scheitern der Gespräche und zur ausdrücklichen Beschränkung des Kreises der an den Gesprächen beteiligten Personen zu treffen. In bestimmten Fällen notwendig und empfehlenswert sind darüber hinaus Regelungen, die den Partnern die Offenlegung der Gespräche über die Etablierung eines Joint Ventures gegenüber bestimmten Vertragspartnern gestatten, um deren Erlaubnis zur Offenlegung von mit diesen Unternehmen geschlossenen Verträgen zu ermöglichen. Eine solche Klausel sollte offen formuliert werden, d. h. den Parteien eine bloße Verpflichtung auferlegen, im Falle des erforderlichen Verlaufs der ersten Gespräche alles Notwendige zu veranlassen, die Zustimmung der Vertragspartner zur Offenlegung der mit ihnen geschlossenen Verträge zu erwirken. 33

> Näher zu Geheimhaltungsvereinbarungen *Picot*, Rz. 39 ff;
> *Stephan*, in: Schaumburg, Internationale Joint Ventures, 97, 119.

Um einer Geheimhaltungsvereinbarung das nötige Drohpotenzial zu verleihen, sollte die Aufnahme einer **Vertragsstrafenregelung** in Erwägung gezogen werden. Das gilt in besonderem Maße für solche Joint Ventures, in denen die Bündelung von Know-how im Vordergrund steht. 34

35 Es liegt auf der Hand, dass auch der Abschluss einer wie immer ausgestalteten Geheimhaltungsvereinbarung nur in beschränktem Maße vor einem **Missbrauch** der Gespräche, insbesondere vor einer Ausforschung eines Partners durch einen vorgeblich an einer Kooperation interessierten Wettbewerber schützen kann. Mit diesem Risiko muss jedoch auch dasjenige Unternehmen leben, das sich zum Verkauf einer Beteiligung bzw. eines Unternehmensteils entschließt.

(3) Absichtserklärung

36 Vor allem bei komplexeren Joint-Venture-Projekten ist es üblich und ratsam, unmittelbar nach Abschluss einer Geheimhaltungsvereinbarung, eine Absichtserklärung (auch Letter of Intent, Memorandum of Understanding, Letter of Understanding etc.) zu verhandeln und zu unterzeichnen.

> Ausführlich zur Absichtserklärung
> *Lutter*, Der Letter of Intent, 1998;
> *Jahn*, Der Letter of Intent, 2000.

37 Eine solche Absichtserklärung zwingt die Parteien, sich über die Struktur des künftigen Gemeinschaftsunternehmens und über den Weg, auf dem sie das Projekt etablieren wollen, konkret zu verständigen. Eine sorgfältig, nicht notwendigerweise detailliert ausformulierte Absichtserklärung ist ein gutes Fundament für die weiteren Gespräche und kann in vielen Fällen die Funktion eines **Katalysators** übernehmen, sofern die weiteren Verhandlungen von ursprünglich besprochenen Konzepten abzurücken drohen. Die Erfahrung zeigt, dass solche Absichtserklärungen, die die Kernpunkte der beabsichtigten Kooperation abarbeiten, den späteren Vertrag bereits abbilden, ohne die Detailregelungen vorwegzunehmen.

38 Die Parteien und ihre Berater müssen sich darüber klar werden, ob die Absichtserklärung bindend ist bzw. bindend sein soll. Im Allgemeinen gehen die Rechtsprechung und die Literatur davon aus, dass eine Absichtserklärung keinen vertraglichen Charakter besitzt, also regelmäßig keine unmittelbaren vertraglichen Verpflichtungen begründet.

> *Holzapfel/Pöllath*, Rz. 12 m. w. N.

39 Dennoch, oder gerade deshalb, muss jedoch auf drei Gesichtspunkte besonderes Augenmerk gelegt werden:

- Unter Umständen wünschen die Parteien ausdrücklich, dass **bestimmte Klauseln** der Absichtserklärung **bindenden Charakter** haben sollen. Das gilt beispielsweise dann, wenn keine gesonderte Geheimhaltungsvereinbarung unterzeichnet wird, sondern die Geheimhaltungsverpflichtung erst in der Absichtserklärung niedergelegt wird. Entsprechendes gilt für Regelungen über die Kostentragung, das anwendbare Recht oder eine mögliche Exklusivitätsvereinbarung. Eine Absichtserklärung muss, sollen diese Regelungen bindenden Charakter haben, entsprechend formuliert sein und sei es nur für die als bindend gewollten Regelungen.

Holzapfel/Pöllath, Rz. 14 und 15.

- Eine vertragliche Bindung für ausgesuchte Regelungen der Absichtserklärung kann selbst dann erreicht werden, wenn sich die Absichtserklärung auf Sachverhalte bezieht, die im Falle einer echten Verpflichtung einer strengeren Form bedürfen. Dies gilt insbesondere, aber nicht ausschließlich, für solche Absichtserklärungen, die für den Fall des erfolgreichen Abschlusses einer Transaktion die Einbringung von Grundstücken und/oder Beteiligungen an Gesellschaften mit beschränkter Haftung vorsehen. Auch in diesem Fall ist die Absichtserklärung regelmäßig nicht notariell zu beurkunden. Denn die Beurkundungserfordernisse aus § 311b Abs. 1 BGB bzw. § 15 Abs. 3 und Abs. 4 GmbHG schlagen, von Ausnahmefällen abgesehen, nicht auf die als bindend gewollten Vereinbarungen durch.

    Vgl. *Wolf*, DNotZ 1995, 179;
    Kapp, DB 1989, 1224;

- Schließlich ist darauf hinzuweisen, dass selbst unverbindliche Absichtserklärungen u. U. eine Haftung der Parteien auslösen. Dies gilt insbesondere für den Fall des willkürlichen Abbruchs der Vertragsverhandlungen, aber auch für die Verletzung von Aufklärungspflichten im Rahmen der Vorgespräche. In diesem Fall kann eine Partei unter bestimmten Umständen aus **culpa in contrahendo** haftbar gemacht werden (vgl. §§ 311 Abs. 2, 241 Abs. 2, 280 BGB sowie die Rechtsprechungsgrundsätze zur culpa in contrahendo nach altem Recht).

    BGH NJW 1979, 1983;
    Holzapfel/Pöllath, Rz. 12 m. w. N.

(4) Due Diligence

In der Planungsphase ist schlussendlich zu entscheiden, ob und wann eine detaillierte Überprüfung der von den Partnern in das Joint Venture einzubringenden bzw. eingebrachten Unternehmungen erfolgen soll. **40**

Dazu ausführlich unter Rz. 171 ff.

bb) Verhandlungsphase

Die Verhandlungsphase markiert diejenige Phase bei der Etablierung eines Joint Venture, in der regelmäßig eine Vielzahl von Aktionsschritten parallel ablaufen, so etwa die interne Reorganisation und die Verhandlungen über die Grundlagenvereinbarung. **41**

(1) Interne Reorganisation

Sobald sich im Rahmen der ersten Verhandlungen abzeichnet, dass das Gemeinschaftsunternehmen von den beteiligten Partnern ernstlich gewollt ist **42** und nach Vorabprüfung der kaufmännischen, rechtlichen und steuerlichen Rahmenbedingungen tatsächlich realisiert werden kann, muss die interne Reorganisation und Vorbereitung in den beteiligten Unternehmen unter Vorgabe von festen Zeit- und Terminplänen angegangen werden.

43 Dabei gilt als Faustregel, dass für alle durchzuführenden Maßnahmen ein gewisser **zeitlicher Sicherheitszuschlag** eingeplant werden sollte. Denn die Erfahrung zeigt, dass beteiligte Dritte, seien es Marken- oder Handelsregister, Steuerbehörden und Rentenversicherungsträger, nicht mit Priorität diejenigen Gesichtspunkte abarbeiten, die in dem konkreten Gemeinschaftsunternehmen von Belang sind. Mitunter sind mehrere Folgeschritte im Rahmen einer internen Reorganisation zu vollziehen, etwa Einbringungsvorgänge und umwandlungsrechtliche Maßnahmen, die in großvolumigen Transaktionen durchaus mehrere Monate dauern können. Deshalb müssen vor allem die Berater darauf hinwirken, dass etwa Behörden frühzeitig eingeschaltet und um bevorzugte Bearbeitung bestimmter Sachverhalte gebeten werden. Dabei müssen so profane Gesichtspunkte wie Hauptferienzeiten und mangelnde Literaturausstattung in den Handelsregistern kleiner Gerichte von Anfang an im Auge behalten werden. Mitunter müssen verbindliche Auskünfte mehrerer Steuerbehörden eingeholt werden, die selbst bei großvolumigen Gemeinschaftsunternehmen nicht „auf Zuruf" arbeiten können.

44 Ohne Anspruch auf Vollständigkeit haben sich die Unternehmen und ihre Berater Klarheit über die folgenden Gesichtspunkte zu verschaffen, wobei diese in Form eines **Masterplanes** (Welche Reorganisationsmaßnahmen sind für das eigene Unternehmen notwendig und wie viel Zeit wird für die einzelnen Schritte benötigt?) abgearbeitet werden sollten:

- Welche Wirtschaftsgüter werden von welcher Gesellschaft in das Gemeinschaftsunternehmen eingebracht?
- Müssen aus einzubringenden Tochter- oder Beteiligungsgesellschaften noch Wirtschaftsgüter abgezogen werden?
- Sind noch Formwechsel oder andere umwandlungsrechtliche Vorgänge notwendig?
- Gibt es Verträge, deren Einbringung die Zustimmung Dritter erfordert? Kann diese Zustimmung sichergestellt werden und, wenn ja, zu welchem Preis?
- Welche Regelungen sind hinsichtlich der Übertragung und Nutzung von geistigem Eigentum nützlich und sinnvoll? Bedarf es noch einer internen Übertragung von solchen Rechten?
- Sind besondere Zustimmungen von Fremdkapitalgebern notwendig?
- Arbeitsrechtliche Gesichtspunkte einschließlich Altersversorgung.
- Steuerrechtliche Themen, insbesondere verbindliche Auskünfte.

Vgl. hierzu auch *Hewitt*, 21 ff.

(2) Eigentliche Verhandlungen

Wie beim gewöhnlichen Unternehmenskauf auch, ist eigentliches Kernstück des Weges in ein inkorporiertes Joint Venture die Verhandlung der wesentlichen wirtschaftlichen und rechtlichen Rahmenbedingungen des künftigen Gemeinschaftsunternehmens. Die verschiedentlich gegebenen Empfehlungen zum Ablauf der Verhandlungen, Größe und Zusammensetzung des Verhandlungsteams sowie zum Informationsfluss bei Unternehmenskäufen besitzen auch für die Verhandlung eines Joint Ventures uneingeschränkte Gültigkeit. 45

> Vgl. zum Ganzen *Holzapfel/Pöllath*, Rz. 3 ff.

Besondere Beachtung sollten die beteiligten Partner bei der Verhandlung eines Joint Ventures dem Umstand widmen, dass die ausgehandelten Regelungen regelmäßig **für und gegen beide Partner** wirken können. Von den Verhandlungsführern und ihren Beratern ist folglich Fingerspitzengefühl gefragt, um die eigenen Interessen bestmöglich zu entfalten. 46

cc) Genehmigungsphase

Die Gründung eines Gemeinschaftsunternehmens bedarf regelmäßig einer Reihe von Genehmigungen. 47

Im Bereich der **internen Zustimmungen** sind insbesondere die Gremienvorbehalte (Zustimmungen von Aufsichtsgremien) und Gesellschafterzustimmungen zu nennen, deren Versagung schon manches Gemeinschaftsunternehmen trotz intensiver Vorverhandlungen nicht hat aktiv werden lassen. Bestehen derartige Gremienvorbehalte im Konzern, ist schon in einer sehr frühen Phase der andere Vertragspartner darüber aufzuklären. Spätestens in einer Absichtserklärung sollte deutlich gemacht werden, dass der Abschluss der Verträge von der Zustimmung bestimmter Gremien abhängt. 48

Insbesondere bei (börsennotierten) **Aktiengesellschaften** ist frühzeitig zu klären, ob die Transaktion einer Zustimmung der Hauptversammlung bedarf. Zudem kann unter bestimmten Voraussetzungen das Übernahmerecht eingreifen. 49

> Vgl. hierzu auch Rz. 246 f.

Im Hinblick auf die **externen Zustimmungen** ist zu differenzieren zwischen behördlichen Zustimmungen/Erlaubnissen einerseits und den Genehmigungen von Vertragspartnern andererseits. 50

Hinsichtlich der externen Zustimmungen/Erlaubnisse regelmäßig zu beachten sind die fusionskontrollrechtlichen Genehmigungserfordernisse. 51

> Dazu unter Rz. 477 ff.

Nicht minder entscheidend können jedoch auch industriespezifische Erlaubnisse sein. Dies gilt in besonderem Maße für die regulierten Märkte wie Banken/Versicherungen, Wasser/Energie, Telekommunikation oder sensible Bereiche wie die Verteidigungsindustrie. 52

53 Von besonderer Bedeutung und mitunter schwierig zu handhaben sind Fragen, die sich im Zusammenhang mit der Zustimmung von Vertragspartnern stellen. Die notwendige Zustimmung von Vertragspartnern ist nämlich regelmäßig nicht nur eine rechtliche, sondern auch eine aus kaufmännischer Sicht zu beantwortende Frage über die Konsequenzen der Errichtung des Gemeinschaftsunternehmens für bestehende vertragliche Vereinbarungen.

Hierzu *Hewitt*, 38 ff.

54 Enthalten betroffene Verträge sog. **Change of Control-Klauseln**, die den Übergang dieser Verträge an die Zustimmung des Vertragspartners koppeln, dann wird dieser Vertragspartner seine Zustimmung häufig an die Bedingung knüpfen, dass die Konditionen des jeweiligen Vertrages nachverhandelt werden.

55 Nicht selten übersehen wird auch die Tatsache, dass finanzierende Banken allein die Errichtung eines Joint Ventures bei Übertragung bestimmter Wirtschaftsgüter zum Anlass nehmen können, einzelne Kreditverträge zu kündigen.

56 Zu berücksichtigen ist ferner die rechtzeitige Abstimmung mit den Arbeitnehmervertretungen (vgl. hierzu die Verschärfung des Betriebsverfassungsgesetzes durch das „Risikobegrenzungsgesetz", insbesondere § 106 Abs. 3 Nr. 9a BetrVG).

57 Sind natürliche Personen als künftige Gesellschafter an der Errichtung des Gemeinschaftsunternehmens beteiligt, so sind zusätzlich die familien- und erbrechtlichen Sonderregelungen zu beachten, insbesondere die Zustimmungserfordernisse aus § 1365 BGB, sowie, bei Beteiligung Minderjähriger, die §§ 1821–1823 BGB.

58 Allen Zustimmungspflichten ist unter dem Gesichtspunkt der Transaktionsplanung gemein, dass sich die Beteiligten möglichst frühzeitig auf eine **realistische Einschätzung** der für die Einholung der Zustimmungen notwendigen Zeitpläne einigen.

dd) Abschlussphase

(1) Unterzeichnung der Verträge

59 Sobald die Verträge ausverhandelt sind und die betroffenen Gremien der beteiligten Unternehmen ihre Zustimmung zur Errichtung des Gemeinschaftsunternehmens erteilt haben, kann der „Hauptvertrag", also die Grundlagenvereinbarung (dazu im Detail unter Rz. 80 ff), unterzeichnet werden. Üblicherweise werden die übrigen vertraglichen Vereinbarungen als Anlagen zum Hauptvertrag genommen und jedenfalls paraphiert. Damit nehmen die Parteien ihren Inhalt bestätigend zur Kenntnis und stellen die Unterschrift unter diese Verträge lediglich noch unter die aufschiebende Bedingung des Wirksamwerdens des Hauptvertrages.

Zu den Fragen der Joint-Venture-Vertragsdokumentation näher unter Rz. 80 ff.

(2) Aufschiebende Bedingungen; Genehmigungen

Spätestens im Anschluss an die Unterzeichnung des Hauptvertrages sind, soweit noch nicht geschehen, die maßgeblichen Genehmigungen der betroffenen Behörden einzuholen. 60

In der verbleibenden Zeitspanne zwischen der Unterzeichnung des Hauptvertrages und dem Tag, an dem das Joint Venture in Kraft gesetzt wird, haben die Unternehmensleitungen und ihre Berater sicherzustellen, dass alle (aufschiebenden) Bedingungen erfüllt werden. Diese können umfassen: Zustimmungen Dritter (etwa Banken und Hauptkunden), Reorganisationsmaßnahmen, Kündigung bestimmter Verträge, Einbringung von Beteiligungen und anderes mehr. 61

(3) Completion

Der mit dem angelsächsischen Begriff der „Completion" recht treffend wiedergegebene Zeitpunkt, zu dem das Joint Venture im Innen- und Außenverhältnis rechtswirksam seine Tätigkeit aufnehmen kann, markiert zugleich den Schlussstein der rechtlichen Hauptdokumentation. Je nach Strukturierung werden am „Completion Date" in Anwesenheit der Joint-Venture-Partner und ihrer rechtlichen Berater die zur Ingangsetzung des Gemeinschaftsunternehmens notwendigen Verfahrensschritte vollzogen. Dazu können insbesondere gehören die Unterzeichnung der Zusatzverträge, Bestellung der neuen Geschäftsführung, Freigabe von Finanzierungsmitteln und Presseerklärungen. 62

II. Gesellschaftsrecht (Errichtung der Joint-Venture-Gesellschaft)

In den folgenden Unterabschnitten werden wir uns mit den wesentlichen rechtlichen Implikationen bei der Errichtung eines Gemeinschaftsunternehmens beschäftigen und dabei vor allem den gesellschafts-, arbeits-, kartell- und steuerrechtlichen Fragen nachgehen. 63

1. Rechtsform

Ausgangspunkt der rechtlichen Überlegungen zur Gestaltung eines inkorporierten Joint Ventures ist die Wahl der „richtigen" Rechtsform für die Joint-Venture-Gesellschaft, also die „eigentliche" Unternehmung eines Joint-Venture (vgl. zur Doppelstufigkeit oben Rz. 16). Das deutsche Gesellschaftsrecht stellt eine Reihe von Rechtsformen zur Verfügung, aber nicht jede bietet sich auch für inkorporierte Gemeinschaftsunternehmen an. 64

Die aus den nachstehenden Gründen am besten geeigneten Gestaltungsalternativen sind die GmbH einerseits und die GmbH & Co. KG andererseits. 65

Beide Gesellschaftsformen bieten den Vorteil einer vergleichsweise großen Gestaltungsfreiheit und können ausgeprägte Mitspracherechte der jeweiligen Gesellschafter garantieren.

a) GmbH

66 Die Rechtsform der GmbH vereint die für ein inkorporiertes Joint Venture regelmäßig erstrebte Weisungsmacht der Gesellschafter mit der ihnen grundsätzlich möglichen Haftungsbeschränkung. Überdies haben die Gesellschafter weitestgehende Gestaltungsfreiheit und damit Flexibilität im Hinblick auf die Binnenverfassung der Gesellschaft. Als nachteilig wird empfunden, insbesondere von ausländischen Joint-Venture-Partnern, dass die Formvorschriften von § 15 GmbHG und § 125 BGB in ihrer Tragweite nur schlecht nachvollziehbar sind.

b) GmbH & Co. KG

67 Die GmbH & Co. KG wird häufig für rein inländische Gemeinschaftsunternehmen bevorzugt. Sie ist zwar Personenhandelsgesellschaft und nicht Kapitalgesellschaft, vereint jedoch die gesellschafts- und haftungsrechtlichen Vorzüge der GmbH mit der steuerrechtlichen Flexibilität der Personengesellschaft.

Baumbach/Hopt, HGB, Anh. § 177a Rz. 1–3.

68 Die GmbH & Co. KG eignet sich insbesondere zur Bildung einer geschlossenen Fondsgesellschaft.

Lüdicke/Arndt, 11.

69 Eine Fortentwicklung der „klassischen" GmbH & Co. KG ist die sog. „Einheitsgesellschaft". Bei dieser Form der Personengesellschaft hält die KG alle Geschäftsanteile ihrer einzigen Komplementär-GmbH. Vorteil der Einheitsgesellschaft ist, dass die Kommanditisten stets (mittelbar) im gleichen Verhältnis an der Komplementär-GmbH beteiligt sind, in dem sie Anteile an der KG selbst halten. Überdies können regelmäßig die Probleme vermieden werden, die sich aus dem Beurkundungserfordernis von § 15 GmbHG ergeben.

Zu (weiteren) Vor- und Nachteilen *Riegger*, in: Münchener Vertragshandbuch, Bd. 1, Abschnitt III.9.

70 Eine weitere Sonderform ist die „Ausländische Kapitalgesellschaft" & Co. KG, die wir unter Rz. 582 behandeln.

c) (Kleine) Aktiengesellschaft

71 Die Aktiengesellschaft wird demgegenüber allenfalls in Ausnahmefällen als Joint-Venture-Gesellschaft in Betracht kommen. Sie wird wegen ihrer Strukturmerkmale (z. B. Komplexität der aktienrechtlichen Regelungen, Satzungsstrenge und Weisungsunabhängigkeit des Vorstands) zu Recht als untauglich

angesehen, um die notwendige Flexibilität eines Gemeinschaftsunternehmens umzusetzen.

> Vgl. dazu *Stengel*, in: Beck'sches Handbuch der Personengesellschaften, § 21 Rz. 92.

Die Motive zur Gründung einer Aktiengesellschaft (Vergrößerung des Kreises von Anteilseignern, Entflechtung bzw. Trennung von Geschäftsführung und Anteilseignerkreis etc.) sprechen regelmäßig gegen die AG als Rechtsform der Joint-Venture-Gesellschaft. 72

> Siehe nur *Seibert*, in: Seibert/Kiem, Rz. 30 ff.

Wenn dennoch inkorporierte Gemeinschaftsunternehmen in der Rechtsform der AG errichtet werden, geschieht dies in nicht wenigen Fällen mit der Überlegung, das Gemeinschaftsunternehmen baldmöglichst an die Börse zu bringen. Diese Motivationslage sollte u. E. jedoch, von Ausnahmefällen abgesehen, nicht den Ausschlag für die Rechtsformwahl geben. Sollte ein Börsengang von Anfang an geplant oder zu einem späteren Zeitpunkt beschlossen werden, können sich die Gesellschafter noch immer auf einen Formwechsel verständigen oder einen solchen Formwechsel bereits in der anfänglichen Vertragsdokumentation vorsehen. 73

Nicht selten wird die Rechtsform der AG auch deshalb angestrebt, weil sich die beteiligten Unternehmen bzw. die für sie handelnden Personen einen Imagegewinn für das künftige Unternehmen versprechen. 74

> *Schawilye/Gaugler/Keese*, 71.

d) (Reine) Personengesellschaft

Eher selten sind Joint-Venture-Gesellschaften in Form der reinen Personengesellschaften, also offene Handelsgesellschaft oder reine Kommanditgesellschaft. Diese Rechtsformen gewährleisten den Partnern nicht die zumeist angestrebte Haftungsbegrenzung. In Einzelfällen kann freilich die Stille Gesellschaft eine Alternative zur GmbH oder GmbH & Co. KG darstellen. Überdies sind in besonderen Konstellationen auch Gestaltungen über atypisch stille Beteiligungen denkbar. 75

e) SE (Societas Europaea)

Des Weiteren bietet die SE (Societas Europaea) interessante Gestaltungsvarianten unter arbeitsrechtlichen Gesichtspunkten. Allerdings wird sich die SE vermutlich, wie bereits die Aktiengesellschaft, nicht als Joint-Venture-Vehikel durchsetzen. 76

f) Rolle des Steuerrechts

Bei der Suche nach der für die betroffenen Gesellschafter am besten geeigneten Rechtsform des Joint Ventures, insbesondere aber bei der Wahl zwi- 77 schen Personengesellschaft (z. B. GmbH & Co. KG) und Kapitalgesellschaft (z. B. GmbH) spielen insbesondere steuerliche Gesichtspunkte eine Rolle. Die maßgeblichen steuerlichen Fragen werden unter Rz. 255 ff näher behandelt.

78 In der weiteren Darstellung gehen wir zur besseren Übersichtlichkeit von den typischen Joint-Venture-Gestaltungen in der Rechtsform der GmbH und GmbH & Co. KG aus.

2. Grundstrukturen der Vertragsgestaltung

79 Für die meisten inkorporierten Joint-Venture-Unternehmen in Form der GmbH bzw. der GmbH & Co. KG ist ein Drei- oder Vierschritt vertraglicher Dokumentation typisch. Neben die Grundlagenvereinbarung (auch Konsortialvertrag, Grundsatzvereinbarung, Shareholders' Agreement o. Ä. genannt) kann eine Vereinbarung über die Beteiligung an dem Gemeinschaftsunternehmen treten. Die Regelungen dieses Beteiligungsvertrages können und werden allerdings zumeist bereits Gegenstand der Grundlagenvereinbarung. Daneben ist bei der Kapitalgesellschaft GmbH zwingend eine Satzung aufzustellen. Je nach Art des Joint Ventures sind ergänzende Verträge notwendig, wobei das Spektrum von Finanzierungsvereinbarungen mit Gesellschaftern oder Dritten über Lizenz- und Know-how-Verträge bis hin zu Liefer- und Abnahmeverträgen reicht. Wegen des Nebeneinanders verschiedener vertraglicher Absprachen ist, darauf wird schon jetzt hingewiesen, das **Verhältnis** der einzelnen Absprachen zueinander sorgfältig zu regeln.

a) Grundlagenvereinbarung

aa) Bedeutung

80 Die Grundlagenvereinbarung ist regelmäßig der zentrale Baustein eines Joint Ventures. Bei sorgfältiger Ausarbeitung kann die Grundlagenvereinbarung zum „rechtlichen Logbuch" des künftigen Unternehmens werden. Dementsprechend sollte große Sorgfalt auf eine Darstellung aller wesentlichen Eckpunkte der Errichtung des Joint Ventures, der zukünftigen Zusammenarbeit der Partner und einer Beendigung der gemeinsamen Aktivitäten gelegt werden.

81 Da bei der **GmbH** auch eine Satzung erstellt werden muss, verwundert es zunächst, warum die wesentlichen Eckpunkte in der Praxis üblicherweise in einer Grundlagenvereinbarung abgefasst werden. Dafür gibt es jedoch gute, wenngleich keine zwingenden Gründe. So ist die Satzung aufgrund der **Publizität** der Handelsregister für jedermann einsehbar. Viele vertragliche Absprachen, etwa über Einbringungswerte und Sanktions- oder Beendigungsmechanismen, sollen aber regelmäßig der Öffentlichkeit, insbesondere also den Konkurrenten am Markt, nicht offen gelegt werden. Überdies sind Änderungen einer Satzung stets nur durch notariell beurkundeten Beschluss mit

nachfolgender Einreichung der geänderten Satzung zum Handelsregister möglich, während eine Grundlagenvereinbarung unter Umständen formfrei, also zeit- und kostensparend, geändert werden kann. Bei sorgfältiger Beratung ist jedoch immer darauf hinzuweisen, dass die Aufnahme entsprechender Regelungen (allein) in die Satzung auch große Vorteile hat bzw. haben kann: So entfällt etwa die Kündigungsmöglichkeit gem. § 723 BGB. Später hinzutretende Gesellschafter werden, ohne dass es zusätzlicher Vereinbarungen bedarf, an die Satzungsbestimmungen gebunden. Schließlich werden Diskussionen und damit Auseinandersetzungen über Vorrang und Nachrang bestimmter Vereinbarungen vermieden.

Ein weiterer Grund für den gesonderten Abschluss einer Grundlagenvereinbarung liegt in der zuvor (Rz. 16) beschriebenen Doppelstufigkeit des inkorporierten Gemeinschaftsunternehmens. So ist die Grundlagenvereinbarung teilweise „Vorvertrag" für die noch zu schließenden Gesellschaftsverträge bzw. Satzungen der Joint-Venture-Gesellschaft und gleichzeitig Gesellschaftsvertrag der Innengesellschaft zwischen den Partnern. 82

> So auch *Stengel*, in: Beck'sches Handbuch der Personengesellschaften, § 21 Rz. 100.

bb) Inhalt

Die Grundlagenvereinbarung ist Rückgrat und Steuerungsinstrument des Joint Ventures. Die Vereinbarung muss mit großer Sorgfalt entworfen werden und sollte strukturell dreistufig aufgebaut sein, d. h. Regelungen über (i) die Errichtung der Joint-Venture-Gesellschaft, (ii) das Konsortialverhältnis einschließlich seiner Beendigung und (iii) allgemeine Bestimmungen enthalten. 83

Eine typische Grundlagenvereinbarung kann in der Übersicht wie folgt aufgebaut sein: 84

Grundlagenvereinbarung

(Grobskizze)

Präambel

Teil I: Errichtung der Joint-Venture-Gesellschaft

§ 1 Errichtung und Kapitalisierung des Gemeinschaftsunternehmens

§ 2 Wertausgleich

§ 3 Garantien; Gewährleistungen; Freistellungen

§ 4 Steuern; Historisch verursachte Verbindlichkeiten

§ 5 Umwelthaftung

Teil II:	Konsortialverhältnis

§ 6 Führung der Joint-Venture-Gesellschaft
§ 7 Finanzierung der Joint-Venture-Gesellschaft
§ 8 Berichte und Informationen
§ 9 Dividendenpolitik/Ergebnisabführung
§ 10 Börseneinführung, Verkauf von Anteilen
§ 11 Wechsel der Beteiligungsverhältnisse; Erwerbsrecht
§ 12 Auflösung eines Patt
§ 13 Konzerndienstleistungen
§ 14 Wettbewerbsverbot
§ 15 Rechtsnachfolger

Teil III:	Gemeinsame Bestimmungen

§ 16 Bekanntmachungen
§ 17 Pflichten der Konzernspitzen
§ 18 Kartellrechtlicher Vorbehalt; Gremienvorbehalte
§ 19 Laufzeit
§ 20 Rechtswahl; Gerichtsstand
§ 21 Verhältnis Grundlagenvereinbarung/Gesellschaftsvertrag
§ 22 Schiedsvereinbarung
§ 23 Salvatorische Klausel

85 Diese Grobskizze dient lediglich der Veranschaulichung und passt, wie jedes Muster, nicht ohne deutliche Modifizierungen und eine einzelfallbezogene Beratung auf einen konkreten Sachverhalt. Die in der Grobskizze angerissenen Rechtsfragen werden, in unterschiedlichen Schwerpunkten, unter den jeweils einschlägigen Gliederungspunkten der Abschnitte C.–E. detaillierter analysiert. Erläuternd sind hier lediglich die folgenden Gesichtspunkte herauszugreifen.

86 In die **Präambel** ist ein kurzer Abriss der Entstehungsgeschichte und des Zwecks des Joint Ventures aufzunehmen. Empfehlenswert ist dabei eine Gestaltung, die die Situation der beteiligten Unternehmen bzw. Geschäftsbereiche vor Errichtung des Joint Ventures, die grundlegende Strukturüberlegung zur Schaffung des Gemeinschaftsunternehmens und, im Wege eines Ausblicks, die zukünftige Positionierung des Joint Ventures umfasst. Eine entsprechend formulierte, schlaglichtartige Zusammenfassung erleichtert denjenigen Personen, die nicht unmittelbar mit der Verhandlung und Etablierung des Joint Ventures befasst sind, das Verständnis der ausgehandelten

II. Gesellschaftsrecht (Errichtung der Joint-Venture-Gesellschaft)

Verträge. Dies gilt im besonderen Maße für zukünftige Geschäftsführer und/oder Aufsichtsratsmitglieder der Joint-Venture-Gesellschaft und ihrer Gesellschafter. Trotz ihrer rechtlich eingeschränkten Bindungswirkung kann eine sorgfältig formulierte Präambel zur Auslegung sonstiger vertraglicher Bestimmungen herangezogen werden, und sei es im Rahmen späterer gerichtlicher bzw. schiedsgerichtlicher Auseinandersetzungen.

Der 1. Teil der Grundlagenvereinbarung beinhaltet regelmäßig die rechtlichen Grundlagen über die Errichtung des Gemeinschaftsunternehmens. Dabei gilt es, den **Unternehmensgegenstand** klar zu umreißen. Gerade bei den hier zu behandelnden Gemeinschaftsunternehmen bedarf dieser Gesichtspunkt besonderer Beachtung, da – anders als bei rein schuldrechtlichen, projektbezogenen Joint Ventures – der Unternehmensgegenstand zumeist nur abstrakt festgelegt werden kann. Als hilfreich haben sich Bestimmungen erwiesen, welche die Tätigkeitsbereiche des Gemeinschaftsunternehmens von der eigenen Geschäftstätigkeit der Parteien abgrenzen. 87

Sofern Vermögenswerte eingebracht werden, sind Regelungen über gegenseitig eingeräumte Garantien zu treffen, wobei der letztgenannte Bereich bei wertmäßig umfangreichen Joint Ventures ein Kernstück der Grundlagenvereinbarung darstellen wird. Die wesentlichen Fragen zu Einbringung, Garantien und Wertausgleich werden ausführlicher unter Rz. 220 ff abgehandelt. 88

Im 2. Teil einer typischen Grundlagenvereinbarung sind Fragen des Konsortialverhältnisses im weiteren Sinne, also die Rechtsbeziehungen der Konsorten zueinander einerseits sowie das Verhältnis des Konsortiums zur Joint-Venture-Gesellschaft andererseits, zu regeln. Die wesentlich detaillierteren Regelungen werden regelmäßig, wie in der Grobskizze veranschaulicht, für die Führung der Joint-Venture-Gesellschaft, also der operativen Gesellschaft, getroffen. Diese ist, trotz der Doppelstufigkeit eines typischen inkorporierten Joint Ventures, Motor der gemeinsamen Unternehmung. 89

b) Satzung/Gesellschaftsvertrag

Die Doppelstufigkeit der inkorporierten Joint Ventures bringt es mit sich, dass regelmäßig neben die Grundlagenvereinbarung ein Gesellschaftsvertrag (Satzung) für die Joint-Venture-Gesellschaft tritt. 90

Wenn man ein weiteres Dokument erstellt bzw. erstellen muss, empfiehlt sich schon in einem frühen Stadium zu entscheiden, welche schuldrechtlichen Absprachen in der Satzung einerseits oder der Grundlagenvereinbarung andererseits abgehandelt werden. Generell sollten dabei Widersprüche zwischen beiden Verträgen vermieden werden. Dazu gehört auch, den Vorrang eines der beiden Dokumente – in der Regel wird dies die Grundlagenvereinbarung sein – ausdrücklich vertraglich zu verankern und die Parteien zu einer angemessenen Vertragsanpassung im Konfliktfall zu verpflichten. 91

92 Zumindest für die **GmbH** ist nach § 3 GmbHG zwingend der Abschluss einer Satzung vorgesehen. Dies wirft die Frage danach auf, welche Regelungen (bei Errichtung einer Joint-Venture-Gesellschaft in der Rechtsform der **GmbH**) in die Satzung und welche in die Grundlagenvereinbarung Eingang finden sollen.

93 Im Falle der **GmbH & Co. KG** ist jedenfalls für die Komplementär-GmbH eine Satzung zu errichten. Im Übrigen scheinen die Gesellschafter bei der GmbH & Co. KG frei, in welchem Dokument sie ihre Rechtsbeziehungen ordnen. Es ist somit zu entscheiden, ob für bestimmte Gesellschaftsformen, wie die Personengesellschaften einschließlich GmbH & Co. KG, nicht allein der Abschluss eines Gesellschaftsvertrages bzw. einer Grundlagenvereinbarung ausreicht, um die vertraglichen Absprachen zu erfassen. Im Einzelnen gilt:

aa) **Zwingende Regelungen (GmbH)**

94 Das GmbH-Gesetz schreibt vor, dass in einem Gesellschaftsvertrag einer GmbH jedenfalls die Firma, der Sitz, der Gegenstand des Unternehmens, der Betrag des Stammkapitals und der Betrag der von jedem Gesellschafter auf das Stammkapital zu leistenden Einlage enthalten sein muss, vgl. § 3 Abs. 1 GmbHG (sog. notwendiger Inhalt). Daneben gibt es nach § 3 Abs. 2 GmbH eine Reihe von fakultativen, jedoch formbedürftigen Regelungen. Mit besonderer Sorgfalt ist bei der Errichtung der Satzung einer Joint-Venture-Gesellschaft auf die insoweit zwingenden Regelungen in § 5 Abs. 4 i. V. m. § 19 Abs. 5 GmbHG (Verpflichtung zur Sacheinlage), § 15 Abs. 5 GmbHG (Vinkulierung), § 26 Abs. 1 GmbHG (Nachschusspflicht), § 34 Abs. 1 (Einziehung von Geschäftsanteilen), § 52 Abs. 1 GmbHG (Aufsichtsrat) und § 60 GmbHG (Auflösung) zu achten. Zwar ist richtig, dass den Partnern ein relativ weiter Entscheidungsspielraum zur Verfügung steht, Satzungsregelungen **auch** in die Grundlagenvereinbarung aufzunehmen.

> Vgl. *Stengel*, in: Beck'sches Handbuch der Personengesellschaften, § 21 Rz. 115.

95 Dies darf jedoch nicht zu der Vermutung Anlass geben, eine Regelung der genannten Gesichtspunkte **allein** in der Grundlagenvereinbarung reiche stets aus, um den entsprechenden Absprachen im Streitfall zur Durchsetzung zu verhelfen. Hier ist in besonderem Maße das wache Auge des Beraters gefragt, um von den Parteien gewünschte Regelungen im „richtigen" Dokument und formwirksam zu formulieren.

bb) **Vorrang der Grundlagenvereinbarung**

96 Wie an früherer Stelle geschildert, legen die Joint-Venture-Partner regelmäßig großen Wert darauf, dass die zwischen ihnen verabredeten kaufmännischen Rahmendaten eines Gemeinschaftsunternehmens lediglich in einer der Öffentlichkeit nicht zugänglichen Grundlagenvereinbarung niedergelegt werden. Zudem haben wir jedoch gesehen, dass aus zwingenden gesetzlichen

Erfordernissen bestimmte Regelungen jedenfalls auch in der Satzung (der GmbH) vereinbart werden müssen. Vorbehaltlich solcher zwingenden Regelungen streben die Partner zumeist den Vorrang ihrer Abreden in der Grundlagenvereinbarung gegenüber den Regelungen in der Satzung bzw. im Gesellschaftsvertrag an. Zumindest für den Fall von eindeutigen Widersprüchen zwischen der Grundlagenvereinbarung und der Satzung ist also eine Verpflichtung der Partner zu regeln, dass die Satzung entsprechend anzupassen ist, um der Grundlagenvereinbarung zur Durchsetzung zu verhelfen.

Stengel, in: Beck'sches Handbuch der Personengesellschaften, § 21 Rz. 144.

cc) Sonderfall GmbH & Co. KG und Personengesellschaften?

Abgesehen von der Satzung der Komplementärin bestehen im Hinblick auf den Gesellschaftsvertrag bei der GmbH & Co. KG (oder den anderen denkbaren Personengesellschaften) keine zwingenden Regelungen dergestalt, dass bestimmte Abreden in den Gesellschaftsvertrag, andere hingegen (auch) in die Grundlagenvereinbarung aufgenommen werden können bzw. müssen. Dieser Umstand veranlasst manche Partner dazu, nur ein Dokument als kombinierten „Joint Venture- und Gesellschaftsvertrag" abzuschließen. Von einer derartigen Gestaltung muss u. E. wegen der Doppelstufigkeit der inkorporierten Gemeinschaftsunternehmen regelmäßig abgeraten werden. Zudem sind – abgesehen von dem Sonderfall der Einheitsgesellschaft – die Gesellschafterkreise etwa bei der GmbH & Co. KG nicht identisch, da auch die Komplementärin Gesellschafterin der Joint-Venture-Gesellschaft ist. Überdies birgt ein integriertes Dokument regelmäßig die Gefahr größerer Komplexität und Unübersichtlichkeit. Und nicht zuletzt kann es Fälle geben, in denen der Geschäftsleitung der Joint-Venture-Gesellschaft zwar der Gesellschaftsvertrag, nicht jedoch die Grundlagenvereinbarung zugänglich gemacht werden soll.

c) Beteiligungsverträge

Inkorporierte Joint Ventures werden in der Mehrzahl dadurch errichtet, dass die künftigen Partner eine neue Gesellschaft gründen und, sofern vorhanden, ihre jeweiligen Aktivitäten aus dem entsprechenden Geschäftsfeld in das neue Unternehmen einbringen. Nicht ganz unüblich ist eine Gestaltung, wonach sich ein Partner an dem bereits in einer Tochtergesellschaft gebündelten oder in eine solche ausgegliederten Geschäftsbereich beteiligt, indem er Anteile an dieser Gesellschaft gegen Sacheinlage seiner Aktivitäten oder gegen Barkapitalerhöhung erhält. Gerade die Barkapitalerhöhung etwa von Finanzinvestoren geschieht zumeist im Wege von Beteiligungsverträgen, die dem Umstand Rechnung tragen, dass die Errichtung des Joint Ventures in dieser Form weitaus stärker den Charakter eines Unternehmens- bzw. Beteiligungskaufs hat.

d) Ergänzende Verträge

99 Beinahe jedes Gemeinschaftsunternehmen ist dadurch gekennzeichnet, dass die jeweiligen Partner spezifische Nebenleistungen erbringen. Angesichts der Vielfältigkeit inkorporierter Gemeinschaftsunternehmen in der betrieblichen und rechtlichen Praxis lässt sich zwar kein allgemein gültiger Katalog solcher Nebenverträge aufstellen. Typisierend sind aber jedenfalls zu nennen Finanzierungs-, Lizenz-, Dienstleistungs-, Liefer- und Abnahmeverträge. Die Bedeutung und Brisanz solcher „Nebenverträge" sollte nicht unterschätzt werden. Nicht selten ist die Ausgestaltung und Durchführung dieser ergänzenden Vereinbarungen entscheidend für den wirtschaftlichen Erfolg der Partner eines Joint Ventures. Ist das Joint Venture einmal „ins Leben" gesetzt, stellen sich zudem häufig Fragen im Zusammenhang mit dem sog. „Stimmverboten", vgl. dazu unter Rz. 544 ff.

100 Besondere Aufmerksamkeit verlangen regelmäßig die folgenden Gesichtspunkte:

- Die Verträge sollten durch Verweise in der Grundlagenvereinbarung bzw. im Gesellschaftsvertrag zum integralen Bestandteil des Gesamtvertragswerkes gemacht werden. Dies bedingt insbesondere die Einhaltung der einschlägigen Formvorschriften (ggf. notarielle Beurkundung).

- Daneben ist auf eine sorgfältige Verhandlung und Abstimmung der Kündigungs-, Sanktions- und Streitbeilegungsvorschriften zu achten.

- Es empfiehlt sich regelmäßig eine Klausel für die Grundlagenvereinbarung, wonach die Partner ihren Einfluss auf das Gemeinschaftsunternehmen, insbesondere die Joint-Venture-Gesellschaft dergestalt auszuüben haben, dass die Nebenverträge mit dem festgelegten Inhalt abgeschlossen und tatsächlich eingehalten werden.

  Baumanns/Wirbel, in: Münchener Handbuch des Gesellschaftsrechts, Bd. 1, § 28 Rz. 41.

- Die Partner sollten sich vor Etablierung des Joint Ventures Klarheit darüber verschaffen, welche (wirtschaftlichen) Folgen eine Kündigung, Aufhebung oder Schlechterfüllung eines Nebenvertrags für die Joint-Venture-Gesellschaft haben kann und welche Rechtsfolgen sich daraus für die Partner und/oder die Joint-Venture-Gesellschaft ergeben sollen.

- Bei der Formulierung der Nebenverträge, die mit der Joint-Venture-Gesellschaft geschlossen werden, ist von Anfang an darauf zu achten, **wer** die Rechte der Joint-Venture-Gesellschaft im Streitfall **wie** durchsetzen können soll.

3. Formfragen

101 Bei der Errichtung von inkorporierten Gemeinschaftsunternehmen können eine Reihe von Formvorschriften Anwendung finden. Wegen der langen

II. Gesellschaftsrecht (Errichtung der Joint-Venture-Gesellschaft)

Dauer von Joint-Venture-Investments muss auf die Einhaltung dieser Vorschriften besonderes Augenmerk gelegt werden.

a) Offensichtliche Formerfordernisse
aa) Gründung der Joint-Venture-Gesellschaft
(1) GmbH

Verpflichten sich die Partner in der Grundlagenvereinbarung zur Gründung einer Joint-Venture-Gesellschaft in der Rechtsform einer GmbH, dann ist die Grundlagenvereinbarung in entsprechender Anwendung von § 2 Abs. 1 GmbHG zu beurkunden. 102

> So auch *Baumanns/Wirbel*, in: Münchener Handbuch des Gesellschaftsrechts, Bd. 1, § 28 Rz. 31.

(2) GmbH & Co. KG

Ein entsprechendes Beurkundungserfordernis dürfte auch dann bestehen, wenn die Joint-Venture-Gesellschaft in Form der GmbH & Co. KG errichtet werden soll, weil die Partner immerhin die Verpflichtung zur Gründung der Komplementär-GmbH übernehmen. Soweit ersichtlich, wurde diese Frage aber von der Rechtsprechung bislang noch nicht behandelt. 103

> Vgl. *Binz/Mayer*, NJW 2002, 3054 ff.

(3) Entbehrlichkeit der Form

Eine aus § 2 Abs. 1 GmbHG folgende Beurkundungspflicht kann unter Umständen dadurch vermieden werden, dass die Partner die Wirksamkeit der Grundlagenvereinbarung unter die aufschiebende Bedingung stellen, dass die Joint-Venture-Gesellschaft tatsächlich gegründet wird. 104

> Vgl. auch *Baumanns/Wirbel*, in: Münchener Handbuch des Gesellschaftsrechts, Bd. 1, § 28 Rz. 31.

bb) Veräußerung von Anteilen
(1) GmbH-Geschäftsanteile

Ein weiteres wichtiges gesellschaftsrechtliches Formerfordernis kann sich für die Grundlagenvereinbarung aus § 15 Abs. 3 und Abs. 4 GmbHG ergeben. Übernimmt beispielsweise ein Partner in der Grundlagenvereinbarung die Verpflichtung, den anderen Partner an einem bereits gegründeten Unternehmen in der Rechtsform der GmbH zu beteiligen, dann ist die Grundlagenvereinbarung nach § 15 Abs. 4 GmbHG zu beurkunden. 105

> Vgl. auch *Baumanns/Wirbel*, in: Münchener Handbuch des Gesellschaftsrechts, Bd. 1, § 28 Rz. 33.

106 Ebenfalls § 15 Abs. 4 GmbHG ist einschlägig, wenn sich mindestens ein Partner verpflichtet, GmbH-Beteiligungen in das Gemeinschaftsunternehmen im Wege der Sacheinlage einzubringen. Dies kann bei Joint Ventures auch dergestalt praktisch werden, dass ausländische Beteiligungen eingebracht werden. Auch insoweit ist den Formvorschriften größte Aufmerksamkeit zu widmen.

> Vgl. zu den Formfragen bei der Abtretung von Anteilen an ausländischen GmbH in Deutschland nur
> *Gätsch/Schulte*, ZIP 1999, 1909.

(2) Anteile an GmbH & Co. KG

107 Für die GmbH & Co. KG gilt zunächst, dass eine Verpflichtung zur Übertragung von Geschäftsanteilen an der Komplementär-GmbH gem. § 15 Abs. 4 GmbHG der notariellen Beurkundungspflicht unterliegt. Fraglich ist allein, ob sich die Beurkundungspflicht auf die Kommanditanteile erstreckt, die – für sich genommen – formlos (also sogar mündlich) übertragen werden können. Der BGH hat hierzu entschieden, dass eine formlose Abtretung der Kommanditanteile nur dann rechtswirksam ist, wenn (i) diese auch ohne die Verpflichtung zur Übertragung der Geschäftsanteile an der GmbH vorgenommen worden wäre und (ii) sich die Parteien der aus der Verknüpfung mit der Verpflichtung zur Abtretung des Geschäftsanteils folgenden Formbedürftigkeit bewusst gewesen wären.

> BGHZ 97, 298 = NJW 1986, 2642, 2643;
> BGH ZIP 1986, 1046 = BB 1986, 1251, 1252 = DNotZ 1986, 687, 688,
> dazu EWiR 1986, 687 *(Günther)*.

108 Dieser Nachweis wird regelmäßig nur mit Schwierigkeiten zu führen sein. Der vorsichtige anwaltliche Berater wird deshalb vorsorglich zur notariellen Beurkundung raten.

109 Eine Ausnutzung der Heilungsmöglichkeiten in § 15 Abs. 4 GmbHG für die GmbH & Co KG schlagen für den gewöhnlichen Unternehmenskauf

> *Holzapfel/Pöllath*, Rz. 1012

vor.

(3) Heilung nach § 15 Abs. 3 GmbHG

110 Zwar ist in § 15 Abs. 3 GmbHG eine Heilungsmöglichkeit für den Fall vorgesehen, dass die Anteilsabtretung beurkundet wird (also Abschluss der Grundlagenvereinbarung in privatschriftlicher Form bei späterer Beurkundung der Anteilsabtretung). Jedoch ist sorgfältig zu prüfen, ob die Partner für eine entsprechende Zwischenzeit die mit der unterlassenen Beurkundung der Grundlagenvereinbarung verbundenen Rechtsunsicherheiten in Kauf nehmen wollen.

cc) Übertragung von Grundeigentum

Offensichtlich beurkundungsbedürftig ist eine Grundlagenvereinbarung auch dann, wenn in ihr die Verpflichtung eines Partners zur Einbringung vom Grundeigentum vorgesehen ist (§ 311b Abs. 1 BGB). 111

b) „Versteckte" Formerfordernisse

Grundlagenvereinbarungen enthalten zumeist umfassende Regelungen zu Vorerwerbs- und Optionsrechten bzw. die Verpflichtung der Partner, ihre Geschäftsanteile an der Joint-Venture-Gesellschaft (bzw. – im Falle der „klassischen" GmbH & Co. KG – auch ihre Anteile an der Komplementärin) dem anderen Partner anzudienen bzw. zu verkaufen und zu übertragen (dazu im Einzelnen unter Rz. 755 ff). Derartige Verpflichtungen dürften zur Beurkundungspflicht der Grundlagenvereinbarung führen. 112

Sieger/Hasselbach, NZG 1999, 485 ff.

Während diese Rechtsfolge bei der Verpflichtung zur Anteilsübertragung noch recht deutlich wird, gibt es eine Reihe anderer Fallgestaltungen, in denen die Frage einer möglichen Formbedürftigkeit genauestens zu prüfen ist. Dies gilt in besonderem Maße für die Verpflichtung der Gesellschafter, die Joint-Venture-Gesellschaft zu einem bestimmten Zeitpunkt nach dem Umwandlungsgesetz in eine andere Rechtsform umzugestalten. Nach unserer Auffassung dürfte sich allein aus § 193 UmwG allerdings keine Verpflichtung zur notariellen Beurkundung einer ansonsten formlos wirksamen Grundlagenvereinbarung ergeben. 113

Sieger/Schulte, GmbHR 2002, 1050.

Daneben können, je nach Fallgestaltung, eine Reihe weiterer Formvorschriften einschlägig sein. 114

Holzapfel/Pöllath, Rz. 1014.

c) Rechtsfolgen

Ist die Grundlagenvereinbarung wegen eines Formerfordernisses notariell zu beurkunden, dann ergibt sich aus § 125 BGB die Verpflichtung, alle Nebenvereinbarungen ebenfalls zu beurkunden. Jedenfalls gilt diese Verpflichtung für Vereinbarungen, die nach dem mutmaßlichen Willen der Parteien zwingend mit der Verpflichtung zur Abtretung der Geschäftsanteile verbunden sein sollten. 115

BGH NJW 1986, 2642, 2643;
BGH ZIP 1986, 1046.

Wird gegen die Pflicht zur Beurkundung verstoßen, dann ist Rechtsfolge regelmäßig die Nichtigkeit aller Vereinbarungen. Ob noch eine Heilung er- 116 reicht werden kann, ist dann zumeist eine akademische Frage: Formmängel werden weit überwiegend erst virulent, wenn Streit zwischen den Partnern entstanden ist und sich eine Seite auf Formmängel beruft.

117 Das in jüngerer Zeit heftig diskutierte, jedoch nach wie vor gültige „Vollständigkeitsgebot" ist – gerade für die Errichtung von inkorporierten Gemeinschaftsunternehmen – misslich und Anlass für eine Reihe von Auslegungs- und Abwicklungsschwierigkeiten.

> Siehe – wenngleich ohne ausdrückliche Ausführungen zu Joint Ventures – *Heidenhain*, NJW 1999, 3073 ff.

118 Der vorsichtige Berater wird deshalb im Zweifel zur Beurkundung der Gesamtdokumentation raten, wenn in der Grundlagenvereinbarung eine beurkundungspflichtige Vereinbarung enthalten sein sollte.

d) Beurkundung im Ausland

119 Sofern wegen offensichtlichen Formerfordernisses oder bei verbleibenden Rechtsunsicherheiten eine Beurkundung der Vertragsdokumentation erfolgen soll, kann zur Kostenersparnis ggf. eine Beurkundung vor einem ausländischen Notar (regelmäßig in Notariaten in Basel) vorgenommen werden, der jedoch sorgfältig auszuwählen ist.

> Vgl. den guten Überblick bei *Holzapfel/Pöllath*, Rz. 1015 ff.

120 Im Übrigen ist zu prüfen, ob für die konkreten Maßnahmen tatsächlich eine Auslandsbeurkundung statthaft ist. Eine Beurkundung der Auflassung von deutschen Grundstücken durch einen ausländischen Notar etwa kommt wegen der expliziten Regelung in Art. 11 Abs. 5 EGBGB nicht in Betracht.

e) Exkurs: Änderung von beurkundeten Verträgen

121 Eine für Joint Ventures besonders diffizile Formfrage kann sich stellen, wenn nach einer etwa wegen § 15 Abs. 4 GmbHG vorgenommenen Beurkundung der ursprünglichen Vertragsdokumentation Änderungen einzelner Abreden – sei es in der Grundlagenvereinbarung, sei es in Nebenverträgen (z. B. Prolongation laufender Lizenzverträge) – vorgenommen werden sollen. Für diese Fälle ist zu fragen, ob die Änderungen nunmehr wegen § 15 Abs. 4 oder Abs. 3 GmbHG beurkundungspflichtig sind. Ähnliche Fragen können sich in Ausnahmefällen unter § 311b Abs. 1 BGB stellen.

aa) Grundsatz

122 Ob Änderungen einzelner Nebenabreden der Joint-Venture-Dokumentation nach der Beurkundung der Verträge einer nochmaligen Beurkundung nach § 15 Abs. 4 GmbHG bedürfen, hängt maßgeblich davon ab, zu welchem Zeitpunkt die Änderung der Nebenabreden vorgenommen wird:

II. Gesellschaftsrecht (Errichtung der Joint-Venture-Gesellschaft)

- Sofern die Änderungen von Nebenabreden der Vertragsdokumentation zeitlich nach der formgerechten Abwicklung des dinglichen Geschäfts (also der gem. § 15 Abs. 3 GmbHG zu beurkundenden Abtretung der Geschäftsanteile) vorgenommen werden sollen, unterliegen diese Änderungen in der Regel nicht dem Formzwang des § 15 Abs. 4 GmbHG und sind somit auch formlos gültig.

- Werden die Änderungen der Nebenabreden nach Abschluss der Verträge aber vor der formgültigen Abtretung der Geschäftsanteile vorgenommen, so sind die Änderungen gem. § 15 Abs. 4 GmbHG beurkundungspflichtig. Genügen die Änderungen nicht der vorgeschriebenen Form, so sind diese gem. § 125 BGB nichtig.

- Allerdings führt eine später erfolgende formgerechte Abtretung gem. § 15 Abs. 4 Satz 2 GmbHG zur Heilung des Formmangels für alle Bestandteile des schuldrechtlichen Vertrages. Demnach werden auch vor der Abtretung formlos vorgenommene Änderungen von Nebenabreden mit einer späteren formgerechten Zession der Geschäftsanteile wirksam.

- Nicht eindeutig zu beantworten ist die Frage, ob Änderungen in der Grundlagenvereinbarung und/oder den Nebenverträgen auch dann notariell zu beurkunden sind, wenn sie zwar für sich genommen nicht beurkundungspflichtig sind, aber in der Grundlagenvereinbarung z. B. noch nicht gezogene Optionen zur Rückübertragung von Geschäftsanteilen an einer GmbH enthalten sind. Hier ist in jedem Einzelfall sorgfältig zu prüfen, ob eine Beurkundungspflicht besteht.

bb) Rechtsgrundlagen

(1) Formzwang des obligatorischen Rechtsgeschäftes nach § 15 Abs. 4 GmbHG

Der Formzwang für solche Verpflichtungsgeschäfte, die die Übertragung eines GmbH-Geschäftsanteils (in eine Joint-Venture-Gesellschaft) beinhalten, bezieht sich auf alle Bestandteile des schuldrechtlichen Veräußerungsgeschäftes und umfasst demgemäß auch alle Nebenabreden. 123

> Hachenburg/*Zutt*, GmbHG, § 15 Rz. 49;
> Roth/*Altmeppen*, GmbHG, § 15 Rz. 72.

Auch Nebengeschäfte, wie etwa die Übernahme von Lizenzverträgen, bedürfen folglich der notariellen Beurkundung. Die Form des § 15 Abs. 4 GmbHG gilt grundsätzlich auch für spätere Vertragsänderungen des obligatorischen Rechtsgeschäfts, selbst wenn diese lediglich Nebenabreden betreffen. 124

> Roth/*Altmeppen*, GmbHG, § 15 Rz. 73.

Somit muss etwa die Prolongation eines Lizenzvertrages, der bereits in einer ersten Fassung eines beurkundeten obligatorischen Vertrages zur Übertra- 125 gung von GmbH-Geschäftsanteilen in die Joint-Venture-Gesellschaft enthalten war, der Form des § 15 Abs. 4 GmbHG genügen. Ausgenommen von diesem Zwang sind lediglich Klarstellungen, die als solche den Inhalt des Vertrages unberührt lassen.

> Hachenburg/*Zutt*, GmbHG, § 15 Rz. 50;
> Scholz/*Winter/Seibt*, GmbHG, § 15 Rz. 66c.

126 Eine Ausnahme wird allerdings für solche nachträglichen Änderungen des schuldrechtlichen Vertrages gemacht, die erst nach der formgerechten Abtretung des Geschäftsanteils vereinbart werden.

> Hachenburg/*Zutt*, GmbHG, § 15 Rz. 50, 72.

127 Derartige Änderungen des Grundgeschäfts im Anschluss an die formgerechte Zession des Geschäftsanteils sollen formlos gültig sein, soweit sie sich nur auf die vorangegangene Abtretung beziehen. Dies gilt selbst in Fällen, in denen die Änderungen ihrerseits Merkmale eines neuen schuldrechtlichen Vertrages aufweisen. Der Grund für diese Regelung folgt nicht erst aus der Heilungsvorschrift des § 15 Abs. 4 Satz 2 GmbHG, sondern unmittelbar aus dem Schutzzweck des § 15 Abs. 3 GmbHG.

> Hachenburg/*Zutt*, GmbHG, § 15 Rz. 72.

128 In Fällen, in denen die formgerechte dingliche Zession bereits erfolgt ist, und eine nachträgliche Änderung des schuldrechtlichen Vertrages keine weitere Übertragungspflicht hinsichtlich des Anteils mehr begründet, besteht für eine erneute Formbedürftigkeit der Änderung kein Bedürfnis mehr. Ist der Einbringungsvorgang von GmbH-Anteilen in die Joint-Venture-Gesellschaft also abgeschlossen, kann die entsprechende Vereinbarung formlos geändert werden, sofern sich nicht aus anderen Gesichtspunkten eine strengere Form ergibt.

(2) Wirksamkeit nicht formgerechter Nebenabreden aufgrund § 139 BGB

129 Genügt bei einem schuldrechtlichen Vertrag zur Übertragung von GmbH-Geschäftsanteilen derjenige Teil, der die Verpflichtung zur Abtretung der Anteile begründet, nicht der Form des § 15 Abs. 4 GmbHG, so können einzelne Vertragsteile, die für sich genommen nicht formbedürftig gewesen wären, in Anwendung von § 139 BGB bzw. einer Analogie zu dem in § 139 BGB verankerten Rechtsgedanken wirksam bleiben.

> BGH ZIP 1986, 1046 = DB 1986, 1513 ff,
> dazu EWiR 1986, 687 *(Günther)*;
> OLG Karlsruhe GmbHR 1991, 19, 20.

130 Ein vorsichtiges Unternehmen wird sich jedoch bewusst nicht auf diese unsichere Rechtsposition verlassen, insbesondere nicht bei auf längere Sicht geschlossenen Joint-Venture-Verträgen.

(3) Formzwang des dinglichen Geschäftes nach § 15 Abs. 3 GmbHG

Nach § 15 Abs. 3 GmbHG bedarf auch der dingliche Zessionsvertrag der notariellen Form. Dem Formzwang unterliegen nur die Abtretungserklärung in Bezug auf die Geschäftsanteile als solche und ihre Annahme sowie Änderungen oder Nebenabreden (z. B. Befristung, Bedingung) der Abtretungserklärung an sich. 131

> Hachenburg/*Zutt*, GmbHG, § 15 Rz. 93;
> Scholz/*Winter/Seibt*, GmbHG, § 15 Rz. 89;
> *Wiesner*, NJW 1984, 97.

Andere schuldrechtliche Vereinbarungen, die oftmals ebenfalls in der notariellen Urkunde enthalten sind, betrifft die Formvorschrift des § 15 Abs. 3 GmbHG nicht. 132

> Hachenburg/*Zutt*, GmbHG, § 15 Rz. 93.

Infolgedessen kann aus § 15 Abs. 3 GmbHG keine Beurkundungspflicht für rein obligatorische Nebenabreden oder deren Änderung folgen. 133

Allerdings folgt gem. § 15 Abs. 4 Satz 2 GmbHG aus einer wirksamen Abtretung der Geschäftsanteile die Konvaleszenz etwaiger unter Missachtung der Formvorschrift des § 15 Abs. 4 Satz 1 GmbHG geschlossener schuldrechtlicher Nebenabreden oder deren Änderung, wenn über diese Vertragsbestandteile zur Zeit der Abtretung noch Einigkeit zwischen den Parteien besteht. 134

> BGHZ 63, 361;
> BGH NJW-RR 1987, 807;
> Hachenburg/*Zutt*, GmbHG, § 15 Rz. 69.

Demzufolge heilt die formgerechte dingliche Abtretung auch die Änderung einer Nebenabrede, die ohne Rücksicht auf § 15 Abs. 4 Satz 1 GmbHG nach dem formgerecht geschlossenen schuldrechtlichen Vertrag vereinbart worden ist. Dies setzt freilich voraus, dass die Parteien zum Heilungszeitpunkt noch einig über die Änderungen sind. 135

4. Einbringung von Wirtschaftsgütern/Beteiligungen

a) Hintergrund

Die Ausrichtung von inkorporierten Joint Ventures ist, entsprechend den Zielsetzungen ihrer Gründer, denkbar vielgestaltig. Die Spanne reicht von auf Teilfunktionen (etwa Vertrieb) beschränkten Joint Ventures bis hin zu Vollfunktionsunternehmen, die eigenständig am Markt auftreten und von Entwicklung über Produktion und Vertrieb bis hin zu Instandhaltung alle Leistungen für die betreffenden Produkte anbieten. 136

> Näher zu den Formen unter Rz. 17 ff.

137 Sollen in dem Joint Venture solche Aktivitäten zusammengeführt werden, die die jeweiligen Partner bereits am Markt entfalten, dann werden sie eine möglichst umfassende Einbringung der betroffenen Geschäftsbereiche anstreben. Dieses Bestreben dient zunächst dem Versuch, möglichst alle Kräfte im künftigen Joint Venture zu bündeln. Je nach Ausgestaltung des Wettbewerbsverbotes in der Grundlagenvereinbarung und/oder im Gesellschaftsvertrag (hierzu unter Rz. 634 ff) können die Partner überdies beabsichtigen, dass keiner der künftigen Gesellschafter Altaktivitäten auf eigene Rechnung weiterführt und auf diese Weise in Konkurrenz zu der Joint-Venture-Gesellschaft tritt. Schlussendlich weist die Einbringung von Wirtschaftsgütern auch eine Finanzierungskomponente auf. Denn die Einbringung von Wirtschaftsgütern greift regelmäßig die Liquiditätsreserven bei den Gesellschaftern nicht an.

138 Die Partner stehen also vor der Frage, wie sie die betroffenen Wirtschaftsgüter (insbesondere Verträge, Anlagen, Marken, Know-how etc.) bzw. die in ihnen verkörperten Geschäftsbereiche in die Joint-Venture-Gesellschaft überführen können.

b) Einbringung durch Sacheinlage bzw. Sachkapitalerhöhung

139 Die Einbringung von Wirtschaftsgütern in die Joint-Venture-Gesellschaft erfolgt regelmäßig im Wege der Sachgründung oder, sofern die Gesellschaft schon besteht, durch Erhöhung des (Stamm-)Kapitals im Wege der Sachkapitalerhöhung. Die Gesellschafter haben in diesem Zusammenhang die spezifischen gesetzlichen Anforderungen an die Wirksamkeit von Sacheinlagen im GmbH-Recht bzw. Personengesellschaftsrecht zu beachten. Das MoMiG (Gesetz zur Modernisierung des GmbH-Rechts und zur Bekämpfung von Missbräuchen vom 23.10.2008) hat im Hinblick auf die praxisrelevante Problematik sog. „verdeckter Sacheinlagen" einige Erleichterungen gebracht.

c) Regelungsbedürftige Bereiche/Typische Fallstricke

140 Im Hinblick auf Joint-Venture-Gesellschaften sind darüber hinaus die folgenden Gesichtspunkte von besonderer Bedeutung.

aa) Bestimmtheitsgrundsatz

141 Ein Unternehmensbereich als solcher kann nicht übertragen und damit auch nicht in eine Joint-Venture-Gesellschaft eingebracht werden. Zwar kann ein Unternehmen oder Unternehmensteil schuldrechtlich im Sinne einer Sach- und Rechtsgesamtheit Vertragsgegenstand sein. Das sachenrechtliche Bestimmtheitsgebot erfordert indes die genaue Bezeichnung, welche Vermögensgegenstände übertragen werden sollen; die bloße Bestimmbarkeit genügt hingegen nicht.

Bringen die Partner Wirtschaftsgüter und Rechte in die Joint-Venture-Gesellschaft ein, müssen diese nach Maßgabe der jeweiligen zivilrechtlichen Vorschriften (§§ 398 ff, 873 ff, 929 ff BGB etc.) übertragen werden. Einfacher ist die Abgrenzung, wenn Anteile an Unternehmen in die Joint-Venture-Gesellschaft eingebracht werden, weil dann mittelbar die beweglichen und unbeweglichen Vermögensgegenstände übergehen. Ansonsten gilt: 142

- Grundstücke und darauf befindliche Gebäude können vergleichsweise einfach nach ihrer Bezeichnung im Grundbuch bestimmt werden.

- Diffiziler ist regelmäßig die korrekte Erfassung und Bezeichnung bei beweglichen Sachen. Gerade bei der Errichtung von Joint-Venture-Gesellschaften kann es hier zu Abgrenzungsproblemen kommen, da oft nicht ganze Unternehmen, sondern lediglich einzelne, räumlich nicht getrennte Geschäftsbereiche in das Gemeinschaftsunternehmen überführt werden sollen. Die Sachbestände der betroffenen Einheiten können als sog. Sachgesamtheit nur durch qualitative Zurechnung ausreichend bestimmt werden, eine bloß quantitative Erfassung reicht in der Regel nicht aus. Es genügt auch nicht, die Gegenstände nach generellen Kriterien zu bezeichnen, vielmehr müssen sie hinreichend individualisiert und zur Vermeidung späterer Unklarheiten in Listen erfasst werden. Empfehlenswert kann es sein, an bestehende räumliche Grenzen anzuknüpfen.

BGH ZIP 1984, 34 = NJW 1984, 803;
BGH ZIP 1994, 39 = NJW 1994, 133,
dazu EWiR 1994, 137 *(Serick)*.

Wo dies nicht möglich ist, wie das häufig bei Lagerbeständen (Rohstoffe, Fertigerzeugnisse u. ä.) der Fall sein wird, muss eine Absprache über die Aussonderung der Gegenstände getroffen werden. 143

Hat das Unternehmen bilanziert, so kann sich hieraus für die Übertragung eine gewisse Erleichterung ergeben. Zur Bestimmung der zu übertragenden Sachen kann dann, soweit vorhanden, auf das Inventarverzeichnis der Bilanz Bezug genommen werden. Um mögliche Zweifel auszuschließen, sollte eine Auffangklausel nicht inventarisierte Sachen miteinbeziehen, z. B. nicht bilanzierungspflichtige oder -bedürftige Vermögensgegenstände. 144

- Die überzuleitenden Verträge sollten ebenfalls präzise in Listen erfasst werden. Dies ist schon deshalb erforderlich, damit die zumeist notwendigen Zustimmungen Dritter ordnungsgemäß eingeholt werden können.

- Besondere Beachtung verdienen Bestimmtheitsfragen auch bei der Einbringung von geistigem Eigentum und von Beteiligungen. Hier ist auf eine hinreichende Spezifizierung zu achten.

bb) Interne Restrukturierung

Die Einbringung von bestimmten Wirtschaftsgütern, jedenfalls aber die Einbringung ganzer Geschäftsbereiche in die Joint-Venture-Gesellschaft kann es 145 notwendig machen, umfangreiche Restrukturierungsmaßnahmen in der alten Sphäre, d. h. auf Seiten der jeweiligen Gesellschafter durchzuführen. Gegebenenfalls müssen Beteiligungen umgehängt, Formwechsel durchgeführt oder Ausgliederungen vorgenommen werden. Diese Gesichtspunkte sind für die zeitliche und steuerrechtliche Optimierung von wesentlicher Bedeutung und müssen frühzeitig abgearbeitet werden.

cc) Formvorschriften

146 Sollen Grundstücke oder Geschäftsanteile an einer GmbH (bzw. Komplementäranteile einer klassischen GmbH & Co. KG) in die Joint-Venture-Gesellschaft eingebracht werden und verpflichten sich die Partner bereits in der Grundlagenvereinbarung zu einer solchen Einbringung, dann ist die betreffende Vereinbarung zu beurkunden (vgl. § 311b Abs. 1 BGB für Grundstücke und § 15 Abs. 3 und 4 GmbHG für Geschäftsanteile).

Näher zu den damit verbundenen Formfragen Rz. 101 ff.

147 Werden ausländische GmbH-Beteiligungen eingebracht, ist einerseits auf die Einhaltung der zwingenden Übertragungsvoraussetzungen des jeweiligen (ausländischen) Sachrechts zu achten und andererseits die Rechtswahlklausel in den Verträgen, die die Einbringung regeln, mit besonderer Aufmerksamkeit zu entwerfen.

Vgl. *Gätsch/Schulte*, ZIP 1999, 1909.

dd) Übertragung von geistigem Eigentum

148 Das strategische Ziel vieler Unternehmen, die ein Joint-Venture-Investment erwägen, ist es, Zugang zu bestimmten Technologien, Patenten, branchenspezifischem Know-how oder Markenrechten zu bekommen. Diese Unternehmen verfügen entweder allein nicht über die nötigen Ressourcen, erhoffen Synergieeffekte bei einer Kombination mit ihrem eigenen Know-how oder sehen in dem Abschluss eines Lizenzvertrages wegen der dann fälligen Lizenzgebühren aus Liquiditätsgründen keine vorzugswürdige Option. Gerade im Hochtechnologiebereich sind viele Unternehmen bemüht, durch eine geschickte Bündelung von Wissen in einem Joint Venture einen entscheidenden Schritt in ihrer Unternehmensentwicklung voran zu kommen.

(1) Vorüberlegungen

149 Jedes inkorporierte Joint Venture, dessen Errichtung auch und gerade von der Absicht bestimmt wird, Zugang zu geistigem Eigentum des Partners zu erlangen, erfordert die frühzeitige Einschaltung der in den betroffenen Unternehmen zuständigen IP/IT-Abteilungen und eines auf das Recht des geistigen Eigentums spezialisierten Rechtsanwalts. Nur so ist eine optimale Begleitung des Projekts durch die Spezialisten gewährleistet.

II. Gesellschaftsrecht (Errichtung der Joint-Venture-Gesellschaft)

In der Vor-Verhandlungsphase ist durch eine entsprechende Geheimhaltungsvereinbarung sicherzustellen, dass die Ausforschung sensiblen geistigen Eigentums durch die (zukünftigen) Partner unterbleibt. Bestimmte Kerndaten sollten den Vertragspartnern nicht zu früh zugänglich gemacht werden. In manchen Fällen besteht sogar die (kartellrechtliche) Notwendigkeit, bestimmte Informationen entweder erst nach Unterzeichnung der Verträge preiszugeben oder sie nur durch sog. „Clean Teams", also unternehmensfremde und zur Verschwiegenheit verpflichtete externe Berater prüfen zu lassen. Den notwendigen Sicherungsinteressen des Partners, der in der Hoffnung auf bestimmte Technologien seinerseits bestimmte Geldbeträge oder andere Wirtschaftsgüter in das Joint Venture einbringt, kann regelmäßig dadurch Rechnung getragen werden, dass diesem bestimmte Garantien eingeräumt werden. 150

(2) Einbringung von geistigem Eigentum

(a) Eigentum oder Lizenz

Im Zuge der Errichtung des Joint Venture ist spätestens zu entscheiden, welche Rechte der Joint-Venture-Gesellschaft auf welchem Wege zu übertragen oder zur Nutzung zu überlassen sind und welche Rechte die einbringende Seite zurückbehält oder im Wege einer Lizenz nutzen kann. 151

(b) Rücklizenz

Werden Marken und/oder andere IP-Rechte in die Joint-Venture-Gesellschaft eingebracht, muss ggf. eine Rücklizenzierungsvereinbarung zugunsten der Partner, jedenfalls aber zugunsten des Einlegers geschlossen werden. Eine solche Vereinbarung kann notwendig sein, wenn andere verbundene Unternehmen des Einlegers zwingend auf das betreffende geistige Eigentum bzw. dessen Nutzung angewiesen sind. Die entsprechenden Lizenzierungsvereinbarungen sollten regeln, ob die Lizenz (i) widerruflich oder unwiderruflich, (ii) exklusiv oder nicht exklusiv, (iii) entgeltlich oder unentgeltlich, (iv) übertragbar oder nicht übertragbar und (v) für welchen räumlichen Geltungsbereich sie erteilt wird. 152

Bei der Abfassung der Rücklizenzierungsvereinbarung ist überdies besonders darauf zu achten, dass keine Widersprüche mit einem in den übrigen Joint-Venture-Verträgen vereinbarten Wettbewerbsverbot entstehen. 153

Zum Wettbewerbsverbot detailliert unter Rz. 634 ff.

(c) Pflege

Wenn die Partner ihre IP-Rechte in die Joint-Venture-Gesellschaft einbringen, sollten sie die Joint-Venture-Gesellschaft dazu verpflichten, für eine entsprechende Pflege (insbesondere Einhaltung der maßgeblichen Fristen) dieser Rechte Sorge zu tragen. Dies vor dem Hintergrund, dass die Partner – 154 jedenfalls aber der einbringende Gesellschafter – die Rechte nach einer möglichen Beendigung des Joint Ventures wieder an sich ziehen wollen.

(d) „Neue" IP-Rechte

155 Die Partner sollten bereits bei Errichtung des Gemeinschaftsunternehmens größte Sorgfalt auf die Frage verwenden, wem die während der und durch die Tätigkeit der Joint-Venture-Gesellschaft entwickelten (neuen) Rechte zustehen. Dies kann sich erstrecken auf IP-Rechte, die von den Partnern entwickelt werden und den eingebrachten Rechten verwandt sind. Insbesondere sind aber vertragliche Regelungen für die von der Joint-Venture-Gesellschaft selbst entwickelten Rechte zu treffen. In der Regel wird für solche Rechte eine Lizenzvereinbarung zugunsten der Partner abzuschließen sein, d. h. allein die Joint-Venture-Gesellschaft wird Eigentümerin dieser Rechte und räumt den Gesellschaftern lediglich lizenzierte Nutzungsrechte ein.

(e) Beendigung des Joint Ventures und IP-Rechte

156 Ein häufig erst zu spät erkannter Gesichtspunkt ist, welche Konsequenzen der freiwillige oder erzwungene Ausstieg eines Partners aus dem Joint Venture im Hinblick auf die in das Joint Venture eingebrachten und von diesem später entwickelten IP-Rechte hat. In Abhängigkeit von der Branche, in der das Joint Venture und die Partner tätig sind, kann ein Ausstieg unter Verlust sämtlicher Rechte – sei es von Eigentumsrechten, sei es wegen kündbarer Lizenzen – fatale Konsequenzen für das jeweils betroffene Unternehmen haben.

157 Wegen der Vielgestaltigkeit der Lebenssachverhalte ist es kaum möglich, die notwendigen Regelungen für die diversen Fallgruppen in einer Übersicht zusammen zu stellen. Jenes Unternehmen jedoch, das den wesentlichen Teil der Ausgangstechnologie und der entsprechenden IP-Rechte für ein Joint Venture bereitstellt, sollte bestrebt sein, auch nach Verlassen des inkorporierten Gemeinschaftsunternehmens auf die von ihm bereitgestellten Technologien bzw. IP-Rechte zugreifen zu können. Dies gilt jedenfalls dann, wenn der betreffende Partner das Investment nicht aufgrund anderer Regelungen im Vertrag als Quasi-Unternehmensverkauf begreift.

(f) Kartellrechtliche Fragen

158 In Fällen eines Transfers von Technologie sind stets die möglichen kartellrechtlichen Implikationen zu bedenken. Das Kartellrecht kommt insbesondere in Gestalt der Gruppenfreistellungsverordnungen zum Tragen.

> Hierzu die Übersicht bei
> *Immenga/Mestmäcker*, in: Immenga/Mestmäcker, EG-WbR, Teil 1, Einleitung Rz. 13 ff.

ee) Einbringung von Verträgen

Der Geschäftserfolg eines inkorporierten Gemeinschaftsunternehmens kann entscheidend davon abhängen, dass die wesentlichen Verträge, die bislang bei den Partnern bestanden und in das Gemeinschaftsunternehmen eingebracht werden, von der Joint-Venture-Gesellschaft ohne wesentliche Änderung der Konditionen fortgeführt werden können. 159

(1) Unmittelbare Einbringung

Das Problem einer Fortsetzung von Verträgen mit der Joint-Venture-Gesellschaft stellt sich insbesondere bei der unmittelbaren Einbringung von Verträgen. Eine solche Vertragsübernahme ist nach allgemeinem Zivilrecht nur dann wirksam, wenn der Gläubiger seine Zustimmung zum Austausch der Vertragspartner erteilt, §§ 398 ff BGB. 160

> Vgl. Palandt/*Grüneberg*, BGB, § 398 Rz. 41 ff.

Nicht unüblich ist, dass die betroffenen Gläubiger die Erteilung ihrer Zustimmung an die Zahlung von Geldbeträgen oder eine für sie günstige Nachverhandlung der vertraglichen Konditionen koppeln. 161

Wird die Zustimmung verweigert, sind Ersatzlösungen zu suchen oder – soweit möglich – bereits in der Joint-Venture-Dokumentation zu regeln. So ist denkbar, dass der bisherige Vertragspartner und zukünftige Gesellschafter der Joint-Venture-Gesellschaft den betreffenden Vertrag als Unterauftragnehmer der Joint-Venture-Gesellschaft erfüllt. Desgleichen kann der Abschluss von Untermiet- bzw. Unterlizenzverträgen etc. in Betracht kommen. 162

> Vgl. zur ähnlichen Problematik beim Unternehmenskauf *Holzapfel/Pöllath*, Rz. 204.

Stets zu prüfen bleibt jedoch, ob die zu übertragenden Verträge nicht Klauseln enthalten, die eine Abwicklung über den Abschluss von Unterverträgen o. Ä. untersagen. Dies kann der Fall sein in technologisch sensiblen Bereichen oder dann, wenn unmittelbare Konkurrenzunternehmen betroffen sind. In Extremfällen können derartige Klauseln die Errichtung eines Joint Venture wirtschaftlich unmöglich machen. Auch hier zeigt sich, dass eine vor Errichtung des Gemeinschaftsunternehmens durchgeführte Due Diligence von großem Nutzen sein kann. 163

> Dazu ausführlich unter Rz. 171 ff.

(2) „Mittelbare" Einbringung

Werden Beteiligungen in die Joint-Venture-Gesellschaft eingebracht, dann gehen die von der eingebrachten Gesellschaft geschlossenen Verträge mittelbar auf die Joint-Venture-Gesellschaft über. Allerdings kann dem Vertragspartner ein Sonderkündigungsrecht zustehen (sog. **Change of Control**-Klausel). Üblicherweise sind solche Sonderkündigungsrechte ausdrücklich 164 im Vertrag verankert, so dass sie im Rahmen einer sorgfältigen Due Diligence aufgedeckt und in ihren rechtlichen und wirtschaftlichen Konsequenzen angemessen gewürdigt werden können. Bisweilen ergeben sich Sonderkündigungsrechte aber auch aus sonstigen rechtlichen Bestimmungen (z. B. bei Verträgen des öffentlichen Beschaffungswesens).

ff) Sonderfall Vertriebs-Joint Venture

165 Denkbar ist auch, dass die Parteien zwar eine gemeinsame Gesellschaft errichten, bestimmte Wirtschaftsgüter und Verträge jedoch nicht durch Sachkapitalerhöhung in die Joint-Venture-Gesellschaft einbringen. Vielmehr sind Gestaltungen denkbar, wonach die Joint-Venture-Gesellschaft lediglich für den Vertrieb der von den Partnern produzierten Vertragswaren zuständig sein soll.

(1) Andienungs- und Abnahmepflichten

166 Werden in einem solchen, auf den gemeinsamen Vertrieb beschränkten Joint Venture die Verträge nicht eingebracht, müssen die Gesellschafter durch Weisung oder Beschlussfassung oder in sonstiger Weise sicherstellen, dass der jeweilige Partner bzw. dessen Produktionsbetriebe mit Wirksamkeit des Joint Ventures sämtliche ihnen zur Verfügung stehenden Vertragswaren der Joint-Venture-Gesellschaft zu den ausgehandelten Konditionen andienen. Diese Andienungspflichten werden regelmäßig mit Abnahmepflichten auf Seiten der Joint-Venture-Gesellschaft gekoppelt, wobei Abnahmepflichten regelmäßig nur im Rahmen der von der Joint-Venture-Gesellschaft gemachten (jährlichen) quantitativen und qualitativen Vorgaben bestehen.

167 Vertragstechnisch können Abnahmeverpflichtungen, die in jedem Falle einer sorgfältigen kartellrechtlichen Prüfung bedürfen, ggf. auch in einem gesonderten Liefer- und Abnahmevertrag zwischen der Joint-Venture-Gesellschaft und den Produktionsbetrieben geregelt werden.

(2) Preisfindung und Nachprüfungsrechte

168 Aus kaufmännischer und rechtlicher Sicht komplex sind die dann notwendigen Regelungen zur Preisfindung und zur Festschreibung einheitlicher Konditionen für beide Seiten und die mit ihnen verbundenen Produktionsbetriebe. Dabei sollten nicht nur die Eckpunkte der Preiskalkulation festgeschrieben werden, sondern der jeweils anderen Seite sollte auch ein Nachprüfungsrecht gewährt werden. Um die Grundlagenvereinbarung nicht zu überfrachten, ist es sinnvoll, die notwendigen Parameter in einer Anlage zum Vertrag festzuschreiben. Gegebenenfalls kann diese Nachprüfung auch auf externe Dritte (z. B. Wirtschaftsprüfer oder selbstständige Gutachter) verlagert werden.

(3) Interessenausgleich

169 Von zentraler Bedeutung ist ein schlüssiges und pragmatisches Konzept, wie die wirtschaftlichen Interessen beider Partner im Falle eines rückläufigen Marktes angemessen und ausgewogen berücksichtigt werden können.

(4) Rechtsfolgen bei Verletzung

170 Um die Durchsetzungskraft von Andienungsklauseln in Vertriebs-Joint-Ventures zu erhöhen, sollten die Rechtsfolgen eines Verstoßes festgelegt werden. Überlegenswert ist insoweit ein gestuftes Sanktionssystem, das von der Abmahnung auf der ersten, über die Vertragsstrafe auf der zweiten und den Ausschluss eines Vertragspartners auf der dritten Stufe (d. h. bei anhaltend wesentlichen Verstößen) hinreichende Gewähr für die Einhaltung der Vertragspflichten geben kann.

5. Absicherung der Partner: Due Diligence – Bewertung – Garantien

a) Due Diligence

aa) Einleitung

171 Zentrale Voraussetzung für das Gelingen eines Joint Ventures ist die Wahl des richtigen Partners. Dies macht eine sorgfältige Prüfung des potentiellen Gegenübers erforderlich. Nur so kann sichergestellt werden, dass das angestrebte Gemeinschaftsunternehmen nach der im Allgemeinen ohnehin schwierigen Anlaufphase dauerhaft Früchte trägt. Für die Prüfung der rechtlichen, finanziellen, steuerlichen und sonstigen Verhältnisse eines Unternehmens hat sich inzwischen auch hierzulande der Begriff der „Due Diligence" etabliert.

172 Mangels gesetzlicher Regelung der Due Diligence hat sich in der Praxis eine an die angelsächsischen Vorbilder angelehnte Rechtspraxis und ein ausdifferenziertes Bild der spezifischen Anforderungen an Unternehmen und ihre Berater bei Durchführung der Due Diligence entwickelt.

> *Berens/Strauch*, in: Berens/Brauner/Strauch, 5 ff;
> *Eilers*, in: Schaumburg, Unternehmenskauf im Steuerrecht, 103 ff;
> *Fleischer/Körber*, BB 2001, 841;
> *Holzapfel/Pöllath*, Rz. 6 ff;
> *Knott/Mielke*, 26 ff;
> *Müller*, NJW 2000, 3452;
> *Vogt*, DStR 2001, 2027;
> *Wegmann/Koch*, DStR 2000, 1027;
> *Werner*, ZIP 2000, 989;
> *Ziegler*, DStR 2000, 249.

bb) Funktionen der Due Diligence

173 Aus Sicht der künftigen Joint-Venture-Partner hat die Due Diligence in allererster Linie die Funktion, Entscheidungsgrundlagen zu liefern. Alle Part-

ner streben ein möglichst genaues Bild der wirtschaftlich bedeutsamen Risiken und Schwachstellen der anderen Partner bzw. der von diesen eingebrachten Unternehmensteile an, bevor sie ihre unternehmerischen Entscheidungen für bzw. gegen das Gemeinschaftsunternehmen treffen. Die Due Diligence sollte in diesem Zusammenhang noch vor Gründung des Joint Ventures die Grundlagen für die im Rahmen des Transaktionsprozesses notwendigen Entscheidungen erarbeiten:

(1) Fortsetzung oder Abbruch der Gespräche

174 Die Ergebnisse der Due Diligence-Prüfung werden von den künftigen Partnern benötigt, um zu entscheiden, ob die Errichtung des Gemeinschaftsunternehmens nach Aufdeckung der möglichen rechtlichen und wirtschaftlichen Risiken und Schwachstellen sinnvoll ist. In der Praxis ist es zwar eher selten, dass die rechtliche Due Diligence Sachverhalte offenbart, die so schwer wiegend sind, dass sich einer der Partner zum unverzüglichen Abbruch der Gespräche entschließt. In der Regel führen selbst erhebliche rechtliche Risiken nur dann zum Scheitern eines Joint-Venture-Projekts, wenn diese nicht durch eine Anpassung der Vertragsbedingungen (z. B. spezielle Gewährleistungen oder einen Barausgleich) für die anderen Partner ausgeglichen werden können. Rechtliche Risiken, die von solcher Bedeutung sind, dass sie der Errichtung des Gemeinschaftsunternehmens entgegenstehen, können sich gleichwohl aus einer Reihe von Ursachen ergeben. Keineswegs abschließend, aber stellvertretend für wesentliche Gesichtspunkte, sind zu nennen, dass

- die einzubringenden Anteile dem Joint-Venture-Partner nicht gehören oder dass Dritte an den Anteilen besondere Rechte (z. B. Options- oder Vorkaufsrechte) haben;

- die künftige Joint-Venture-Gesellschaft auf bestimmte Verträge zwingend angewiesen ist, die bei einer Einbringung gekündigt oder anderweitig beendet werden könnten;

- vertragliche Wettbewerbsverbote einer Zusammenführung der Geschäftsbereiche in einem Joint Venture entgegenstehen.

(2) Blaupause der Garantie- und Gewährleistungskataloge

175 Die Ergebnisse der Due Diligence-Prüfung haben in der Regel erheblichen Einfluss auf die von den Partnern im Rahmen der Grundlagenvereinbarung geforderten bzw. abzugebenden Gewährleistungen und Garantien. Die Aufdeckung konkreter Risiken im Rahmen der Due Diligence-Prüfung führt regelmäßig dazu, dass die Vertragspartner im Rahmen der Vertragsverhandlungen spezielle Garantien bzw. Freistellungen für die aufgedeckten Risiken durchsetzen können.

176 Umgekehrt kann es für die künftigen Partner nach Durchführung einer ausführlichen Due Diligence akzeptabel sein, nur eingeschränkte Gewährleis-

tungsregelungen zu treffen. Dies gilt in besonderem Maße für Joint Ventures. Denn bei dieser Form gemeinsamer Geschäftstätigkeit ist es erfahrungsgemäß schwierig, ausführliche Garantiekataloge zu verhandeln und durchzusetzen. Eine Ausnahme gilt lediglich für solche Joint Ventures, die von den Partnern als Zwischenschritt für den Verkauf eines Geschäftsbereiches an einen Partner verstanden und strukturiert werden.

(3) Bewertung

Die Due Diligence bildet zudem die Grundlage für die Bewertung der von den Partnern einzubringenden Unternehmensteile. Bei größeren Gemeinschaftsunternehmen werden die Partner bzw. ihre finanziellen Berater häufig eine umfassende Unternehmensbewertung der einzubringenden Zielgesellschaften bzw. Unternehmensteile vornehmen. Aufgabe der Due Diligence ist es dann auch, die faktischen Grundlagen der Bewertung zu liefern bzw. zu überprüfen. 177

Näher zu Bewertungsfragen unter Rz. 214 ff.

(4) Übrige Vertragsgestaltung und Transaktionsstruktur

Die Ergebnisse der Due Diligence-Prüfung können darüber hinaus wichtige Anhaltspunkte für die Entscheidung über die geeignete Transaktionsstruktur geben. So führen steuerliche oder gesellschaftsrechtliche Risiken der Zielgesellschaft gelegentlich dazu, dass statt einer zunächst beabsichtigten Einbringung von Anteilen in das Gemeinschaftsunternehmen die Entscheidung getroffen wird, den betroffenen Teil-Geschäftsbetrieb der betroffenen Gesellschaften im Wege eines sog. „Asset Deals", also durch Einbringung einzelner Vermögensgegenstände, zu übertragen. 178

Auch sonst kann die Due Diligence Einfluss auf die Ausgestaltung von Bestimmungen der Grundlagenvereinbarung und der übrigen Joint-Venture-Dokumentation haben. Während der Due Diligence aufgedeckte rechtliche Risiken können Anlass sein, Rücktrittsrechte oder aufschiebende Bedingungen zu vereinbaren. 179

(5) Finanzierung

Zum Teil können Gemeinschaftsunternehmen nur dann errichtet werden, wenn es gelingt, Fremdfinanzierungsmittel zu halten oder zu akquirieren. Das gilt insbesondere, aber nicht ausschließlich, für solche Gemeinschaftsunternehmen, die wegen der faktischen Übernahme eines Partners zu bestimmten Ausgleichszahlungen verpflichten. In diesen Fällen soll die Due Diligence auch Entscheidungsgrundlagen für die Finanzierungsverträge liefern, also etwa Anhaltspunkte dafür geben, welche Gewährleistungen im Hinblick auf die von den anderen Partnern einzubringenden Unternehmen im Darlehensvertrag gegenüber der finanzierenden Bank abgegeben werden können. 180

181 Darüber hinaus wird eine finanzierende Bank im Allgemeinen verlangen, über die Ergebnisse der Due Diligence-Prüfung informiert zu werden und sie wird ihre Entscheidung über eine Kreditvergabe davon abhängig machen, dass die Due Diligence-Prüfung entweder keine wesentlichen rechtlichen oder wirtschaftlichen Probleme offenbart hat oder diese entsprechend abgesichert werden.

(6) Exkulpation

182 Für das Management kommt noch ein weiterer Gesichtspunkt hinzu. Die Due Diligence erfüllt auch die Funktion, die Organe der Joint-Venture-Partner (Geschäftsführer, Vorstand) zu exkulpieren. So haften beispielsweise Vorstandsmitglieder einer deutschen Aktiengesellschaft nach § 93 Abs. 2 Satz 1 AktG für Pflichtverletzungen, durch die der Gesellschaft ein Schaden entstanden ist. Als Haftungsmaßstab gilt hier die Sorgfalt eines „ordentlichen und gewissenhaften Geschäftsleiters". Da die Durchführung einer Due Diligence-Prüfung unter Beiziehung externer Berater inzwischen zum Standardvorgehen bei Unternehmenstransaktionen gehört, kann u. U. argumentiert werden, dass die Begründung eines Gemeinschaftsunternehmens ohne (vorherige) Vornahme einer Due Diligence-Prüfung nicht der Sorgfalt eines gewissenhaften Geschäftsleiters entspricht, so dass Schadensersatzansprüche gegen den Vorstand entstehen könnten.

cc) Zeitpunkt der Due Diligence

(1) Regelfall: Vorher

183 Nicht selten gibt es langwierige Gespräche und Überlegungen zu der Frage, ob eine Unternehmensprüfung vor oder nach Errichtung eines Gemeinschaftsunternehmens durchgeführt werden sollte. Ausgangspunkt der Überlegungen ist die Feststellung, dass das geschriebene deutsche Recht zwar keine ausdrückliche Verpflichtung für die künftigen Gesellschafter eines Joint Ventures bereithält, überhaupt eine Due Diligence durchzuführen.

> Zur ähnlichen Problemstellung beim Unternehmenskauf
> *Holzapfel/Pöllath*, Rz. 40 ff.

184 Allerdings kann sich aus anderen gesetzlichen Vorschriften (insbesondere haftungsrechtlichen Regelungen) eine mittelbare Pflicht der jeweiligen Unternehmensleitungen ergeben, eine Überprüfung durchzuführen.

185 Überdies müssen die Partner stets den etwa von *Holzapfel/Pöllath* zu Recht als „kurios" bezeichneten Umstand beachten, dass eine erst durch die Due Diligence mögliche Kenntniserlangung über bestimmte Umstände des anderen Partners in späteren Auseinandersetzungen zu Haftungsausschlüssen führen kann.

> *Holzapfel/Pöllath*, Rz. 43.

Vor diesem Hintergrund wird die Frage, ob eine Due Diligence besser vor oder nach Vertragsschluss erfolgen sollte, schon für den Unternehmenskauf nicht allgemein gültig beantwortet. Jedenfalls bei der Errichtung eines Gemeinschaftsunternehmens sprechen aus unserer Sicht jedoch die besseren Gründe für eine im Vorfeld der Errichtung durchzuführende Due Diligence. 186

So auch *Hewitt*, 28.

Denn ein Gemeinschaftsunternehmen verpflichtet die Partner zu langfristiger Zusammenarbeit. Wird im Rahmen der nachvertraglichen Due Diligence ein materieller Gesichtspunkt aufgedeckt, entsteht aber fast zwangsläufig ein Zielkonflikt zwischen der Durchsetzung des Anspruchs auf der einen und der vertrauensvollen Zusammenarbeit der Partner auf der anderen Seite. Wird dieser Zielkonflikt nicht schnell und lautlos gelöst, können im Extremfall schädliche Auswirkungen auf das Gemeinschaftsunternehmen als Ganzes die Folge sein. Es besteht dann die Gefahr, dass der Anspruchsinhaber von der gebotenen straffen Durchsetzung seiner Rechte, insbesondere von einer streitigen Auseinandersetzung Abstand nimmt. 187

(2) Nachträgliche Due Diligence

In Ausnahmefällen kann es aus unternehmerischer Sicht angezeigt erscheinen, von einer allzu detaillierten Prüfung im Vorfeld abzusehen, beispielsweise um einem möglichen Partner – oft zugleich ein Konkurrent – nicht einen allzu genauen Einblick in das eigene Unternehmen zu ermöglichen, bevor die vertragliche Dokumentation nicht ausverhandelt und unterzeichnet ist. Abgesehen davon können Nachfolge- und/oder Managementprobleme auf Seiten eines Unternehmens den Druck zur raschen Errichtung eines Gemeinschaftsunternehmens derart erhöhen, dass die Due Diligence auf einen späteren Zeitpunkt (etwa zwischen Unterzeichnung und Wirksamwerden der Verträge oder sogar auf einen nachvertraglichen Termin) verschoben werden muss. 188

Von einer derart spät durchgeführten Due Diligence muss jedoch im Regelfall abgeraten werden. Im Übrigen ist stets sorgfältig zu prüfen, ob die Unternehmensleitungen nicht sogar von Gesetzes wegen und zur Vermeidung ihrer eigenen Haftung verpflichtet sind, eine, wenn auch nur eingeschränkte, Unternehmensprüfung vor Errichtung des Gemeinschaftsunternehmens durchzuführen. So kann sich insbesondere aus § 93 Abs. 1 Satz 1 AktG die Pflicht des Vorstands einer Aktiengesellschaft ergeben, vor Begründung eines Gemeinschaftsunternehmens die wesentlichen Informationen über das Partnerunternehmen prüfen zu lassen. 189

Werner, ZIP 2000, 989 ff.

dd) Reichweite

Die Due Diligence umfasst üblicherweise eine Untersuchung der wirtschaftlichen, der bilanziellen, der steuerlichen, der rechtlichen sowie sonstiger wesentlicher Verhältnisse des künftigen Partners. 190

191 Mit welchem Detaillierungsgrad eine rechtliche Unternehmensprüfung in welchem konkreten Prüfungsbereich durchgeführt werden sollte, hängt von einer Reihe von Faktoren ab und lässt sich nicht für alle Gemeinschaftsunternehmen allgemein gültig feststellen. Grundsätzlich immer zu untersuchen sind aber die grundlegenden Daten der beteiligten Unternehmensteile in folgenden Bereichen:

- gesellschaftsrechtliche Verhältnisse (insbesondere bei Einbringung von Beteiligungen);
- Eigentumsverhältnisse und Belastungen;
- wesentliche Vertragsverhältnisse (einschließlich **Change of Control-Klauseln** und Vertragsstrafe-Klauseln);
- laufende Verfahren (Prozesse und behördliche Verfahren);
- behördliche Erlaubnisse;
- arbeitsrechtliche Verhältnisse;
- geistiges Eigentum (IP/IT);
- Steuern.

ee) Rechtsfragen im Zusammenhang mit der Due Diligence

(1) Allgemein

192 Mangels gesetzlicher Regelung der Due Diligence sind viele Rechtsfragen, die sich in diesem Zusammenhang stellen, nach wie vor ungeklärt. Die beteiligten Unternehmen, ihre Geschäftsleitungen und Berater müssen auf längere Sicht gewisse rechtliche Risiken bei der Planung und Durchführung in Kauf nehmen, sich diese jedenfalls bewusst machen, um in der konkreten Situation eine abgewogene und rechtlich einigermaßen haltbare Entscheidung zu treffen. Die maßgeblichen rechtlichen Fragen im Zusammenhang mit der Durchführung von Due Diligence-Prüfungen stellen sich unter den nachfolgenden Gesichtspunkten.

(2) Geheimhaltung

193 Die ein Joint Venture planenden Unternehmensleitungen sehen sich vor der Errichtung eines Gemeinschaftsunternehmens mit einem nur schwer zu lösenden Zielkonflikt konfrontiert: Um den rechtlich gebotenen Sorgfaltsmaßstäben zu genügen, müssen sie hinreichend zuverlässige Informationen über die Partnerunternehmen zusammentragen und werden in demselben Maße Informationen über das eigene Unternehmen preisgeben. Zugleich haben sie jedoch die ihnen gesetzlich oder vertraglich auferlegten Schranken zu beachten, die eine Weitergabe von Unternehmensdaten an Dritte, insbesondere an Konkurrenten, nur unter bestimmten Voraussetzungen zulassen.

II. Gesellschaftsrecht (Errichtung der Joint-Venture-Gesellschaft)

(a) Vertragliche Schranken

Häufig nicht mit der gebotenen Sorgfalt beachtet werden vertragliche Geheimhaltungspflichten mit Dritten. In Verträgen mit internen und externen Zulieferern sowie Kunden finden sich häufig Geheimhaltungsvorschriften, die eine Offenlegung des Vertrages oder bestimmter Anlagen nur unter bestimmten Voraussetzungen zulassen. Sind an das Offenlegungsverbot Vertragsstrafen oder Sonderkündigungsrechte geknüpft, kann eine Due Diligence empfindliche Konsequenzen für das Unternehmen haben. Abgesehen davon können Verstöße gegen Geheimhaltungsgebote das Vertrauensverhältnis auch zum künftigen Partner im Gemeinschaftsunternehmen empfindlich stören, der zu Recht überlegen wird, wie mit seinen vertraulichen Daten umgegangen werden wird. 194

Enthalten bestimmte, für die Begründung des Joint Venture bedeutsame Verträge entsprechende Geheimhaltungsklauseln, kann sich das mit der Frage der Offenlegung konfrontierte Unternehmen regelmäßig mit der anonymisierten und im Übrigen abstrakten Umschreibung der wesentlichen Vertragsinhalte behelfen. In einem fortgeschrittenen Stadium der Vertragsverhandlungen wird es teilweise nötig werden, von den Drittunternehmen die Erlaubnis zur Offenlegung einzuholen. 195

Wird eine solche Ansprache eines Drittunternehmens notwendig, muss sorgfältig geprüft werden, ob die im Zuge der Verhandlungen über das Gemeinschaftsunternehmen geschlossene Geheimhaltungsvereinbarung eine Offenlegung der Gespräche und ggf. weiterer Details zulässt. 196

Dazu oben Rz. 32 ff.

(b) Gesetzliche Schranken

Bei der Weitergabe von Unternehmensdaten an künftige Partner sind insbesondere auch gesetzliche Vorschriften zu beachten. 197

(aa) Kartellrechtliche Vorschriften

Auch in einer Due Diligence haben die Parteien darauf zu achten, dass die kartellrechtlichen Vorschriften eingehalten werden. So ist es nur in bestimmten Grenzen erlaubt, bestimmte Angaben etwa über Preise und Preisgestaltungen einem Wettbewerber offen zu legen. Um dennoch substanzhaltige Modellrechnungen anstellen zu können, müssen die Parteien unter Umständen mit „Clean Rooms" arbeiten, also mit Datenräumen, zu denen nur von Berufs wegen zur Verschwiegenheit verpflichtete Berater (Rechtsanwälte, Wirtschaftsprüfer) Zugang haben (sog. „Clean Teams"). 198

(bb) Datenschutz

Von besonderer Relevanz sind im Zusammenhang mit der Weitergabe personenbezogener Daten die Datenschutzgesetze, wie etwa das Bundesdaten- 199 schutzgesetz. Insbesondere ist § 28 BDSG bei der Weitergabe von Arbeitnehmerdaten zu beachten. Soweit ersichtlich, ist bislang ungeklärt, ob die Namen von Arbeitnehmern im Rahmen einer arbeitsrechtlichen Due Diligence offen gelegt werden können.

> Eingehend zu den datenschutzrechtlichen Fragen
> *Diller/Deutsch*, K&R 1998, 16 ff;
> siehe auch *Grimm/Böker*, NZA 2002, 193 ff.

200 Nach unserer Erfahrung empfiehlt es sich angesichts dieses Befundes, nur geschwärzte Listen über die betroffenen Arbeitsverhältnisse bereit zu stellen. Es sind die arbeitsvertraglichen Bedingungen, nicht aber die Namen der betreffenden Arbeitnehmer, die im Rahmen der Due Diligence überprüft werden. Bei nur wenigen, für die Errichtung des Joint Ventures betroffenen Arbeitsverhältnissen oder die die Geschäftsleitungsebene betreffenden Anstellungsvereinbarungen wird in der Regel der Erlaubnistatbestand des § 28 Abs. 1 Nr. 2 BDSG erfüllt sein.

> *Diller/Deutsch*, K&R 1998, 16, 19 f.

(cc) Rechtsformspezifische Anforderungen

201 Hinsichtlich der weitergehenden rechtlichen Beschränkungen ist zwischen den diversen Rechtsformen zu differenzieren.

202 Ausgangsnorm für die vom Vorstand einer **Aktiengesellschaft** zu beachtenden Regelungen ist § 93 Abs. 1 Satz 3 AktG. Danach hat der Vorstand „über vertrauliche Angaben und Geheimnisse der Gesellschaft, namentlich Betriebs- oder Geschäftsgeheimnisse (...) Stillschweigen zu bewahren." Die Verletzung dieser Pflicht kann eine Schadensersatzpflicht gem. § 93 Abs. 2 AktG auslösen und nicht zuletzt den Straftatbestand des § 404 AktG erfüllen.

> *Ziemons*, AG 1999, 492 ff;
> *Stoffels*, ZHR 165 (2001), 362 ff.

203 Es gibt allerdings Schranken der Geheimhaltungspflicht oder, anders gewendet, das Recht des Vorstands, unter bestimmten Umständen Unternehmensinterna an individualisierte Personenkreise weiterzugeben.

> *Ziemons*, AG 1999, 492, 493 ff;
> a. A. *Lutter*, ZIP 1997, 613, 617 ff.

204 Die im Schrifttum zu Recht überwiegend geäußerte Ansicht geht dahin, eine Weitergabe von Informationen zuzulassen, wenn diese im **objektiven Interesse** der betroffenen Gesellschaft geboten ist. In diesem Zusammenhang hat der Vorstand eine Abwägung zwischen den Chancen und Risiken einer Informationswiedergabe vorzunehmen. Als Teil der Abwägung ist insbesondere auch zu berücksichtigen, (i) welche konkreten Informationen, (ii) in welcher Form und (iii) wem zur Verfügung gestellt werden.

> *Stoffels*, ZHR 165 (2001), 362, 374 ff.

II. Gesellschaftsrecht (Errichtung der Joint-Venture-Gesellschaft)

Zum eigenen Schutz vor eventueller Inanspruchnahme durch Aktionäre, die Gesellschaft oder andere Dritte sollten die Vorstände insbesondere die folgenden Verfahrensregeln beachten: 205

- über das „Ob" und das „Wie" einer Weitergabe von Daten im Zusammenhang mit der Errichtung eines Joint Ventures sollte sowohl ein Beschluss des Gesamtvorstands als auch ein Beschluss des Aufsichtsrates gefasst werden;
- die Verhandlungen sollten mit der Unterzeichnung eines Memorandum of Understanding (MoU) oder Letter of Intent (LoI) eine gewisse Formalisierung und rechtliche Bindungswirkung erreicht haben;
- sofern nicht bereits als Teil des MoU oder des LoI formuliert, ist mit dem potentiellen Partner eine Vertraulichkeitsvereinbarung zu treffen;
- im Übrigen sollten Informationen nach Möglichkeit nur anhand eines Datenraumes zur Verfügung gestellt werden, dessen Nutzung durch entsprechend detaillierte Regelungen im Vorhinein festgelegt ist.

Auch bei der **GmbH** ist vor dem Hintergrund von § 51a GmbHG und der Treuepflicht der Gesellschafter mit besonderer Sorgfalt zu prüfen, welche Informationen, zu welchem Zeitpunkt und an wen herausgegeben werden. Die strukturellen Unterschiede der GmbH zur AG (Weisungsgebundenheit des Geschäftsführers) rechtfertigen jedenfalls im Hinblick auf die Offenlegung unternehmensbezogener Daten nicht **per se** eine weniger strenge Beurteilung. 206

Holzapfel/Pöllath, Rz. 44 ff.

Auch bei der Gesellschaft mit beschränkter Haftung gilt es daher, vor der Weitergabe nicht öffentlich zugänglicher Informationen eine sachgerechte Abwägung zu treffen und entsprechende, am **Gesellschaftsinteresse** ausgerichtete Gesellschafterbeschlüsse einzuholen. 207

Götze, ZGR 1999, 202 ff.

Bei der **GmbH & Co. KG** wiederum sind ähnliche Voraussetzungen wie bei der GmbH zu beachten. 208

(3) Haftung

Die dem Partner im Rahmen der Unternehmensprüfung übergebenen Informationen müssen richtig sein. Im Falle von schuldhaften Fehlinformationen kann der fehlinformierte Partner Ansprüche aus §§ 311 Abs. 2 und 3, 241 Abs. 2, 280 BGB haben. 209

Triebel/Hölzle, 521, 533.

ff) Vorbereitung und Durchführung

210 Eine gute Vorbereitung der Due Diligence-Prüfung ist ausschlaggebend dafür, dass die Ziele der Prüfung erreicht werden können.

211 Für die Berater der betroffenen Unternehmen besteht einer der wichtigsten Schritte darin, sich ein genaues Bild davon zu verschaffen, welche strategischen und wirtschaftlichen Ziele ein Unternehmen mit der Errichtung des Gemeinschaftsunternehmens verfolgt. Solche Zielsetzungen geben den Ausschlag für die richtige Ausrichtung der Due Diligence-Prüfung.

212 Sollen z. B. bestimmte Unternehmensteile im Wesentlichen wegen ihrer Kundenbeziehungen in das Joint Venture eingebracht werden, während die Produktionsbetriebe zwar eingebracht, jedoch mittelfristig eingestellt werden sollen, muss die Ausrichtung der Due Diligence-Prüfung eine ganz andere sein als wenn Unternehmensteile gerade wegen ihrer Produktionskapazitäten Teil des Gemeinschaftsunternehmens, die Kundenbeziehungen demgegenüber möglichst kurzfristig beendet werden sollen. Im ersten Fall wären z. B. eine Einschätzung über die Kosten der Entlassung von Mitarbeitern sowie Kündigungsmöglichkeiten der Kunden für ihre Verträge von ausschlaggebender Bedeutung, während dies im zweiten Fall von untergeordneter Bedeutung wäre. Umgekehrt wäre im zweiten Fall die anstehende Verschärfung von immissionsschutzrechtlichen Anforderungen an den Produktionsbetrieb möglicherweise von großer Bedeutung. Dies wird im ersten Fall dagegen keine entscheidende Rolle mehr spielen.

213 Um die wirtschaftliche Zielsetzung der Unternehmen zu erfassen und die Due Diligence zu einem Erfolg zu führen, ist gerade in dieser Phase die ständige und reibungslose Kommunikation zwischen den Unternehmen und ihren Beratern von ausschlaggebender Bedeutung. Denn für den beratenden Juristen ist es häufig nicht möglich, die Bedeutung der für die Due Diligence-Prüfung zur Verfügung gestellten rechtlichen Unterlagen in ihrer kommerziellen Bedeutung richtig einzuordnen. Beispielsweise ist es Lizenzverträgen über die Nutzung von geschütztem Know-how häufig überhaupt nicht anzusehen, welche Bedeutung sie wirtschaftlich für das Unternehmen haben. Sie können Know-how betreffen, das für den Betrieb der Joint-Venture-Gesellschaft überhaupt nicht mehr benötigt wird.

b) Bewertung

214 Werden Vermögenswerte in das Joint Venture eingebracht, sind sie angemessen zu bewerten. Vom Ergebnis dieser Bewertung hängt regelmäßig nicht zuletzt die interne Gewichtung zwischen den Partnern ab, also die Frage, wie die „Kräfte" (Stimmrechte, Teilnahme an Gewinn und Liquidationserlösen) in der Gesellschaft verteilt werden.

215 Sollten die Parteien je einen paritätischen Anteil am Gemeinschaftsunternehmen wünschen, dann kann das Bewertungsergebnis dazu führen, dass

II. Gesellschaftsrecht (Errichtung der Joint-Venture-Gesellschaft)

eine Seite einen Barausgleich oder sonstigen geldwerten Vorteil erhält, was in nicht präzise vorbereiteten Konstellationen eine extreme Liquiditätsbelastung für den ausgleichspflichtigen Gesellschafter bedeuten kann.

Bewertungsfragen sind nicht nur betriebswirtschaftlich, sondern auch rechtlich zu erfassen und zu beantworten. 216

Großfeld, 1.

Gleichwohl ist die Bewertung von Unternehmen eine Disziplin, die heute regelmäßig den Wirtschaftsprüfern überlassen wird, die durch die IDW-Standards den Rahmen vorgeben, in dem sich dann auch die beteiligten Juristen bewegen. 217

Vgl. IDW Standard: Grundsätze zur Durchführung von
Unternehmensbewertungen (IDW S 1),
FN-IDW 2000, 415 = WPg 2000, 825 ff;
dazu etwa *Siepe/Dörschell/Schulte*, WPg 2000, 946.

Insbesondere bei der Einbringung von ganzen Geschäftsbereichen und/oder von Beteiligungen in ein Gemeinschaftsunternehmen ist von Anfang an auf eine sorgfältige Bewertungsgrundlage zu achten. Um die Bewertung zu ermöglichen und die oft sehr subjektiv eingefärbten Sichtweisen der Parteien zu objektivieren, ist die Einschätzung des Unternehmenswertes nach betriebswirtschaftlich gesicherten Erkenntnissen erforderlich. Für die Wahl der Bewertungsmethode existieren jedoch weder verbindliche gesetzliche noch richterliche Vorgaben. Herausgebildet haben sich daher eine Reihe von Methoden, die im Folgenden allerdings nur angerissen werden können: 218

- Substanzwertmethode

  Der Wert des Unternehmens wird durch die Addition der Vermögenswerte eines Unternehmens abzüglich der Verbindlichkeiten bestimmt. Der Nachteil dieser Methode besteht darin, dass immaterielle Werte und die gegenwärtige wie künftige Ertragssituation nicht berücksichtigt werden können.

- Ertragswertmethode

  Weitgehend durchgesetzt hat sich daher die Ertragswertmethode, die den Wert eines Unternehmens nach dem Wert seines Ertrages bestimmt. Als Grundlage für die Bewertung dienen die Jahresergebnisse der Vergangenheit (Stichwort „EBITDA"), das Entwicklungspotential des Unternehmens und die Rendite. Schwachpunkt dieser Methode ist ihre Abhängigkeit von Prognoseunsicherheiten.

- Discounted-Cash-Flow (DCF)-Verfahren

  Die genannten Schwachpunkte des Ertragsverfahrens haben den sog. DCF-Verfahren (DCF = Discounted Cash Flow), also einer Ermittlung von Zahlungsgrößen bzw. -strömen bei der Unternehmensbewertung, zu einem gewissen Durchbruch verholfen. Es geht betriebswirtschaftlich um die Ermittlung der Differenz von Einzahlungen und Auszahlungen, wodurch die Leistungsfähigkeit des Unternehmens zur Rückzahlung von Verbindlichkeiten ermittelt werden kann.

> Detailliert zu den Bewertungsmethoden *Großfeld*, 43 ff, sowie *Jansen*, 278 ff.

219 Als tragfähige Lösung der Bewertungsschwierigkeiten bietet sich häufig eine Lösung an, die die von den künftigen Partnern einzubringenden Eigenkapitalien zur Grundlage hat. Diese Methode hat den Vorteil, dass ein bestimmtes Eigenkapital von den eigenen Wirtschaftsprüfern nachvollzogen werden kann. Ein Barausgleich kann dann dadurch zielgenau gesteuert werden, dass sich die ein höheres Eigenkapital einbringende Seite den überschießenden Betrag vor Wirksamwerden der Einbringung ausschütten lässt (bzw. dieser Seite der entsprechende Betrag auf andere steueroptimierte Weise erstattet wird).

c) Gewährleistungen; Garantien; Freistellungen

220 Sofern die künftigen Partner schon existierende Geschäftsbereiche in einer Joint-Venture-Gesellschaft zusammenführen, also beträchtliche Wirtschaftsgüter im inkorporierten Joint Venture poolen, verwirklichen sie diese Umstrukturierung regelmäßig in der Erwartung, dass die Beiträge der Partner wertmäßig vergleichbar sind.

221 Die Joint-Venture-Partner müssen sich bei der Etablierung eines Gemeinschaftsunternehmens also Klarheit darüber verschaffen, ob und inwieweit sie für den Fall abgesichert sind bzw. sein wollen, dass die Beiträge eines Partners hinter den vereinbarten Werten zurückbleiben. Bei dieser Überlegung hat der jeweilige Partner stets zu berücksichtigen, dass eine Gewährleistung, Garantie und/oder Freistellung, anders als bei einem gewöhnlichen Unternehmenskauf, regelmäßig jeden Partner treffen kann. Im Übrigen sind eine Reihe von Joint-Venture-spezifischen Aspekten zu beleuchten.

aa) Gesetzliche Gewährleistungen oder Garantien und Freistellungen?

222 Auch für Joint Ventures gilt, dass das gesetzliche Gewährleistungsrecht regelmäßig wenig tauglich ist, um eine angemessene Absicherung der Partner zu erreichen. Bereits im Rahmen eines gewöhnlichen Unternehmenskaufs ist es – auch im Anschluss an die Schuldrechtsreform – bewährte Praxis, die Erwartungen des Käufers an die Werthaltigkeit und/oder Ertragskraft eines Unternehmens bzw. einer Beteiligung im Wege von selbständigen Garantieversprechen (vgl. § 311 BGB) abzusichern.

223 Bei der rechtlichen Gestaltung eines Joint Ventures ist die Aufnahme von Garantien in die Vereinbarungen eine weitaus komplexere Materie. Ein we-

sentlicher Grund dafür ist, dass der Erfolg des Gemeinschaftsunternehmens wesentlich von der guten Zusammenarbeit der künftigen Partner abhängt. Vor diesem Hintergrund ist es für eine Reihe von Unternehmen schlecht vorstellbar, dass nach Beginn der Kooperation einer der Neu-Gesellschafter der Joint-Venture-Gesellschaft gegen seinen Mitgesellschafter unter Berufung auf die etwa in der Grundlagenvereinbarung gegebenen Garantien Rückgriff sucht, und dies unter Umständen sogar gerichtlich. Ein solcher Streit unter Gesellschaftern kann regelmäßig nicht ohne Schaden für das Unternehmen der Joint-Venture-Gesellschaft bleiben.

Dennoch sprechen eine Reihe von Gründen dafür, auch in Joint-Venture-Verträge Garantien aufzunehmen. Zum Ersten zeigt die Bereitschaft, Garantien zu geben, dass die Zusammenarbeit ernsthaft gewollt und sorgfältig bedacht ist. Weiterhin kann, ungeachtet einer intensiven Vorbereitung im Rahmen einer Due Diligence, ein wesentlicher Aspekt übersehen, verschleiert oder unvollständig dargestellt worden sein, der mit Hilfe einer selbständigen Garantie leichter zu korrigieren ist. Außerdem sollten die Partner die psychologische Seite eines im Verlauf der operativen Tätigkeit der Joint-Venture-Gesellschaft aufgedeckten und nicht durch Garantien abgedeckten Mangels nicht unterschätzen. Ein entsprechender Umstand kann das Vertrauensverhältnis mindestens ebenso stark untergraben wie eine offen geführte Auseinandersetzung über möglicherweise gegebene Garantien. 224

Im Folgenden werden wir lediglich die die Joint Ventures betreffenden Fragen zu Garantien erörtern, sofern nicht rechtliche Notwendigkeiten eine Auseinandersetzung mit den (kaufrechtlichen) Gewährleistungsbestimmungen nahe legen. 225

bb) Doppelstufigkeit der inkorporierten Joint Ventures

Ausgangspunkt der rechtlichen und wirtschaftlichen Überlegungen ist auch bei der Erörterung von Garantien und Freistellungen die Doppelstufigkeit der inkorporierten Joint Ventures (vgl. Rz. 16). Es ist also zu klären, **wem** Gewährleistungsansprüche und Ansprüche aus Garantien und/oder Freistellungen, sofern sie von Gesetzes wegen bestehen oder individualvertraglich ausgehandelt werden, zustehen sollen. Diese Differenzierung ist nicht nur wegen des Anspruchsgläubigers relevant, sondern vor allem bei der Festlegung des Haftungsregimes im Spannungsfeld von allgemeinem Schuldrecht, kaufrechtlicher Gewährleistung und gesellschaftsrechtlicher Differenzhaftung. 226

cc) Ausgestaltung der Garantien

(1) Adressat

Einer präzisen Regelung bedarf die Frage, wem gegenüber die Garantien abgegeben werden; in Betracht kommen insoweit die Joint-Venture-Partner, 227 ggf. auch deren Muttergesellschaften, oder aber die Joint-Venture-Gesellschaft selbst.

228 Regelmäßig wird es sich anbieten, dass etwaige Garantien lediglich zwischen den jeweiligen Partnern, nicht aber gegenüber der Joint-Venture-Gesellschaft abgegeben werden. Dadurch kann die Joint-Venture-Gesellschaft weitestgehend aus möglichen Streitigkeiten herausgehalten werden. In manchen Konstellationen werden die Parteien dagegen eine Lösung bevorzugen, wonach die Garantien gegenüber der Joint-Venture-Gesellschaft selbst abgegeben werden. Dann sind Vorkehrungen dafür zu treffen, dass die Vertreter der garantierenden Partei die Inanspruchnahme aus der Garantie nicht blockieren können. Dies kann dadurch sichergestellt werden, dass (i) die betroffenen Vertreter kein Stimmrecht in dieser Frage haben, (ii) die (treuwidrige) Blockade einer solchen Inanspruchnahme untersagt wird oder (iii) die Vertreter des Anspruchsgläubigers in dieser Frage zugleich zu Vertretern der Joint-Venture-Gesellschaft ernannt werden, um so eine Einflussnahme der anderen Partei zu verhindern.

(2) Inhalte

229 Bei der Verhandlung von Garantien sollte regelmäßig keine unnötige Zurückhaltung geübt werden. Die Garantien wirken in Joint-Venture-Verträgen zugunsten und zu Lasten aller Partner, so dass das Klima zwischen den Parteien ggf. weniger belastet wird als in Kaufvertragsverhandlungen. Dennoch werden die Parteien, das zeigt die Erfahrung, nur solche Garantien vereinbaren, die für eine angemessene Risikoverteilung notwendig sind. Denkbar sind insbesondere (i) Erfolgsgarantien, die den Eintritt eines bestimmten wirtschaftlichen Erfolges zusichern, (ii) Garantien, die zusichern, ein spezifisches Risiko werde sich nicht negativ auf den Vertragspartner auswirken, und (iii) Eigenkapitalgarantien, die eine hinreichende Eigenkapitalausstattung gewährleisten. Die Inhalte möglicher Garantieversprechen sind vielfältig und sollten sich an den durch die Due Diligence offen gelegten Risiken orientieren. Wegen ihrer Vielfältigkeit können Inhalt und Reichweite möglicher Garantien nur im groben Überblick dargestellt werden. Generell lässt sich jedoch feststellen, dass die Garantiekataloge bei der Etablierung von Joint Ventures wegen des „Zwangs zu guter Zusammenarbeit" regelmäßig deutlich weniger detailliert ausfallen als bei einem gewöhnlichen Unternehmenskauf. Im Übrigen hängt die Formulierung der Garantiekataloge auch davon ab, welche Art von Vermögenswerten in das Joint Venture eingebracht werden (insbesondere Anteile an Gesellschaften und/oder sonstige Vermögenswerte). Stets sollte jedoch geprüft werden, ob eine Absicherung hinsichtlich der folgenden Bereiche im Wege einer selbständigen Garantie in der Joint-Venture-Dokumentation verankert wird:

- **Rechtsinhaberschaft** hinsichtlich der eingebrachten Vermögenswerte;
- **Bilanz- und Eigenkapitalgarantien** im Hinblick auf eingebrachte Gesellschaften;

- **Verbindlichkeiten**: keine Verbindlichkeiten, die nicht offen gelegt oder für die Rückstellungen gebildet wurden;
- **Rechtsstreitigkeiten**: keine laufenden oder drohenden Rechtsstreitigkeiten und/oder behördlichen Verfahren;
- **Einhaltung von Vorschriften**: die eingebrachten Unternehmen bzw. Geschäftsbereiche haben alle maßgeblichen Gesetze und Vorschriften eingehalten;
- **Steuerklausel**: hinsichtlich der eingebrachten Gesellschaften bzw. Geschäftsbereiche wurden alle Steuererklärungen fristgerecht abgegeben, alle fälligen Steuern rechtzeitig bezahlt oder hinreichende Rückstellungen gebildet;
- **Geistiges Eigentum**: alle notwendigen IP-Rechte vorhanden oder deren Nutzung vertraglich gesichert und keine Verletzungen von IP-Rechten Dritter;
- **Versicherungen**: alle notwendigen Versicherungen wirksam abgeschlossen, alle Beiträge bezahlt;
- **Verträge**: alle wesentlichen Verträge offen gelegt; keine Kündigung, insbesondere keine Sonderkündigung wegen Etablierung des Joint Ventures;
- **Umwelt/Sicherheit/Gesundheit**: alle Risiken offen gelegt oder abgesichert durch Rückstellungen oder Versicherungen;
- **Arbeitnehmer**: alle Arbeitnehmer und ihre Vergütung einschließlich Pensionen offen gelegt;
- **Keine wesentlichen Änderungen** der wirtschaftlichen Umstände (z. B. seit dem letzten Bilanzstichtag).

(3) Sonderproblem § 444 BGB

Seit der Schuldrechtsreform stellte sich der Vertragspraxis zum Unternehmenskauf ein Sonderproblem, das inzwischen – nach einer Änderung des § 444 BGB vom 2.12.2004 – seine Relevanz für Neufälle verloren hat.

Der damalige § 444 BGB sah vor, dass sich ein „Verkäufer" auf „eine Vereinbarung, durch welche die Rechte des Käufers wegen eines Mangels ausgeschlossen oder beschränkt werden (...) nicht berufen [kann], **wenn** er (...) eine Garantie für die Beschaffenheit der Sache übernommen hat". Inzwischen ist das Wort „wenn" allerdings durch die Formulierung „soweit" abgelöst worden.

Die Kernfrage lautete seinerzeit, ob die Vorschrift einer in der Vertragspraxis vorherrschenden und wirtschaftlich allein vernünftigen Modifizierung von übernommenen Garantien in zeitlicher und betraglicher Hinsicht entgegensteht.

Dazu nur: *Seibt/Reiche*, DStR 2002, 1181;
Seibt/Raschke/Reiche, NZG 2002, 256;
Gaul, ZHR 166 (2002), 35, 63;
Gronstedt/Jörgens, ZIP 2002, 52, 56;
Knott, NZG 2002, 249, 254;
Picot/Russenschuck, M&A Review 2002, 64;
von Westphalen, ZIP 2001, 2107;
ders., ZIP 2002, 545, 546, 550;

233 Werden bei der Errichtung von inkorporierten Gemeinschaftsunternehmen selbständige Garantien abgegeben, dann stellt sich jedoch zuvörderst die Frage, ob die kaufrechtlichen Regelungen einschließlich von § 444 BGB überhaupt Anwendung finden können.

> Zum Problem der Anwendbarkeit kaufrechtlicher Regelungen auf dem Unternehmenskauf verwandte Bereiche instruktiv *Seibt/Raschke/Reiche*, NZG 2002, 256, 260 ff.

234 In diesem Zusammenhang ist zwischen mindestens vier Fallgestaltungen zu differenzieren:

- Werden die Garantien im Rahmen einer Sachkapitalerhöhung gegen Gewährung von Anteilen (Einbringung von Unternehmensteilen oder Beteiligungen) gegenüber dem neuen Eigentümer, also der Joint-Venture-Gesellschaft abgegeben, greift bei den **GmbH** bis zur Höhe der darzustellenden Einlage (lediglich) die (gesellschaftsrechtliche) Differenzhaftung des Inferenten. Bei den **Personengesellschaften** (einschließlich GmbH & Co. KG) scheitert die Enthaftung, soweit die verlautbarte (Haft-)Einlage durch die Sacheinlage nicht gedeckt ist. Jedenfalls besteht aber kein Anlass und u. E. keine Rechtfertigung, mögliche Haftungseinschränkungen über eine Anwendung von § 444 BGB unwirksam werden zu lassen.

    Seibt/Raschke/Reiche, NZG 2002, 256, 261 m. w. N.

- Werden die den Ausgabebetrag überschießenden Werte, wie regelmäßig, in die Rücklage nach § 272 Abs. 2 Nr. 4 HGB gebucht, könnten die insoweit vereinbarten bzw. über selbständige Garantieversprechen abgesicherten Werte eine Anwendbarkeit der kaufrechtlichen Regelungen rechtfertigen. Nach der überwiegenden und zutreffenden Auffassung im Schrifttum finden jedoch die kaufrechtlichen Regeln keine Anwendung auf Sacheinlage-Vereinbarungen. Angesichts der gesellschaftsrechtlichen Schutzmechanismen über die Differenzhaftung gibt es keine Notwendigkeit, diese Auffassung zu revidieren.

    Seibt/Raschke/Reiche, NZG 2002, 256, 261 f.

- Schwieriger zu beurteilen wiederum ist der typische Fall von Garantien, die beide Partner einander in der Grundlagenvereinbarung hinsichtlich der eingebrachten Unternehmen bzw. Beteiligungen abgeben, wenn zugleich einer der Partner verpflichtet ist, dem anderen einen (hohen) Ausgleichsbetrag wegen der Wertdifferenzen der eingebrachten Vermögenswerte zu zahlen. Da in diesen Fällen einem Gesellschafter eine Gegenleistung für die Übertragung von Vermögenswerten gezahlt wird, können die kaufrechtlichen Regelungen, und damit § 444 BGB, im Einzelfall durchaus Anwendung finden. Dies muss zumindest dann gelten, wenn die Höhe der gezahlten Ausgleichsbeträge nicht unwesentlich ist, also etwa 25 % der jeweils eingebrachten Vermögenswerte ausmacht.

- Weniger relevant für „klassische" Joint-Venture-Gestaltungen sind Barkapitalerhöhungen zur Beteiligung von Investoren. Werden in einem solchen Transaktionsmodell Garantieversprechen abgegeben, ist eine Anwendbarkeit der kaufrechtlichen Regelungen jedoch abzulehnen. Etwas anderes gilt ggf. dann, wenn einem der Partner alsbald Beträge von der Joint-Venture-Gesellschaft erstattet werden, die Joint-Venture-Gesellschaft also letztlich als „Zahlstelle" für die Partner eingesetzt wird.

Seibt/Raschke/Reiche, NZG 2002, 256, 262 f.

6. Sonderfragen bei Aktiengesellschaften

Die besonderen rechtlichen Regelungsregime, denen börsen- und nicht börsennotierte Aktiengesellschaften unterworfen sind, können in Abhängigkeit von der Ausgestaltung des Joint-Venture-Investments in unterschiedlicher Intensität eine Rolle spielen. An früherer Stelle (siehe Rz. 71 ff) hatten wir zwar gesehen, dass die Aktiengesellschaft für die Errichtung einer Joint-Venture-Gesellschaft im Regelfall keine vorteilhafte Rechtsform ist. Gleichwohl sind das Aktienrecht, das Wertpapierhandelsrecht, das neue Übernahmerecht und die hierzu ergangenen Entscheidungen der Obergerichte von Bedeutung, wenn und soweit sich Aktiengesellschaften als künftige **Gesellschafter** an der Errichtung von inkorporierten Joint Ventures beteiligen. 235

a) „Holzmüller"-Problematik

aa) Tatbestand

Im Jahre 1982 befasste sich der BGH in der sog. „Holzmüller"-Entscheidung mit Fragen, die auch für die Errichtung von Joint Ventures wesentlich sein können. Zum Ersten hat das Gericht einige Grundsätze aufgestellt, unter welchen Voraussetzungen der Vorstand einer Aktiengesellschaft eine sog. „klassische Ausgliederung" nur mit Zustimmung der Hauptversammlung vornehmen darf. Zum Zweiten geht es um die Auswirkungen, die eine „klassische Ausgliederung" auf das Kompetenzverhältnis von Vorstand und Hauptversammlung hat. 236

BGHZ 83, 122 = ZIP 1982, 568.

Unter der sog. klassischen Ausgliederung ist die Übertragung von Teilen des Gesellschaftsvermögens auf eine andere (Kapital-)Gesellschaft zu verstehen, 237 an der die übertragende Gesellschaft (im Fall „Holzmüller": allein) beteiligt ist.

> Zum Begriff der klassischen Ausgliederung nur
> *Priester*, ZHR 163 (1999), 187.

238 Der BGH hat in seiner Entscheidung insbesondere eine Abgrenzung zur Vermögensübertragung i. S. d. § 179a AktG (früher: § 361 AktG) vorgenommen, die eine Zustimmung der Hauptversammlung im Außenverhältnis erfordert. Der Tatbestand der Vermögensübertragung gem. § 179a AktG soll dann nicht erfüllt sein, wenn die Aktiengesellschaft in der Lage ist, mit dem zurückbehaltenen Betriebsvermögen ihre in der Satzung festgelegten Unternehmensziele in ausreichendem Maße zu verfolgen.

> BGHZ 83, 122, 128 f.

239 Der Tatbestand der Vermögensübertragung gem. § 179a AktG wird also im Regelfall allein durch die Errichtung eines inkorporierten Joint Ventures nicht erfüllt sein, es sei denn, dass das gesamte Vermögen in ein solches Gemeinschaftsunternehmen eingebracht wird.

240 Nach der Entscheidung des BGH gehören die Errichtung einer Tochtergesellschaft und ihre sachgerechte Ausstattung (z. B. durch Ausgliederung von Unternehmensteilen) zu dem gewöhnlichen Rahmen von Handlungen des Vorstandes. Der gesetzte Rahmen wird jedoch dann überschritten, wenn eine entsprechende Maßnahme tief in die Mitgliedsrechte der Aktionäre eingreift, insbesondere dann, wenn sich die Verlagerung von Gesellschaftsvermögen auf eine Tochtergesellschaft im **Kernbereich** der Unternehmenstätigkeit bewegt.

> BGHZ 83, 122, 131.

241 Durch eine derartige Maßnahme wird nach Ansicht des BGH das Kompetenzverhältnis von Vorstand und Hauptversammlung berührt; denn die Rechte der Hauptversammlung (bzw. der einzelnen Aktionäre) können durch die Verlagerung wichtiger Entscheidungen aus der Ober- in die Untergesellschaft geschwächt werden. Als immanente Gefahren macht der BGH in diesem Zusammenhang den Abschluss von Unternehmensverträgen mit Dritten und die Aufnahme neuer Gesellschafter in die Tochtergesellschaft durch Kapitalerhöhung aus.

242 Die Regelungslücke des Gesetzes im Hinblick auf diese Rechtsfolgen versucht der BGH in der „Holzmüller"-Entscheidung zu schließen. Die Entscheidung fußt dabei auf drei tatbestandlichen Beschränkungen: von Bedeutung sind nur solche Fälle der klassischen Ausgliederung, in denen der Vorstand den bei weitem wertvolleren Teil des Betriebsvermögens auf eine zu diesem Zweck errichtete Tochtergesellschaft überträgt und die Befürchtung besteht, dass Maßnahmen in der Tochtergesellschaft Mitgliedschaftsrechte der Aktionäre der Obergesellschaft beeinträchtigen. Im Übrigen gelten die „Holzmüller"-Grundsätze nur, wenn die Hauptversammlung der Ausgliede-

rung nicht zugestimmt hat. Prinzipiell sind im Übrigen nur Unternehmensverträge und Kapitalerhöhungen in der Tochtergesellschaft erfasst.

Obwohl der BGH in den beiden sog. „**Gelatine**"-Entscheidungen   243

BGH AG 2004, 384;
BGH DStR 2004, 922

den Weg für eine einschränkende Auslegung der Holzmüller-Entscheidung eingeschlagen hat, kann in der Errichtung eines Joint Ventures nach wie vor ein „Holzmüller"-Fall angelegt sein.

bb) Rechtsfolgen

Sind mit der Errichtung eines inkorporierten Joint Ventures die Kriterien der   244
Rechtsprechung aus der „Holzmüller"-Entscheidung erfüllt, dann ist der Vorstand gem. § 119 Abs. 2 AktG verpflichtet, eine entsprechende Strukturmaßnahme nicht ohne Zustimmung der Hauptversammlung (der Obergesellschaft) zu treffen.

Kiem, in: Seibert/Kiem, Rz. 327.

cc) Folgerungen: Zustimmung der Hauptversammlung

Die sachgerechte Führung eines inkorporierten Joint Ventures wird zu-   245
mindest erschwert, wenn die Hauptversammlung eines Gesellschafters bei verschiedenen Maßnahmen in der Joint-Venture-Gesellschaft zu beteiligen ist. Für die Praxis empfiehlt sich deshalb regelmäßig eine sorgfältige Prüfung, ob die Errichtung eines inkorporierten Gemeinschaftsunternehmens unter den Tatbestand der „Holzmüller"-Entscheidung fällt.

b) Wertpapiererwerbs- und Übernahmegesetz und Joint Ventures

Die Errichtung eines Gemeinschaftsunternehmens kann unter Umständen   246
auch in den Anwendungsbereich des Wertpapiererwerbs- und Übernahmegesetzes (WpÜG) fallen. Der Anwendungsbereich des WpÜG beschränkt sich auf Aktiengesellschaften und Kommanditgesellschaften auf Aktien (Zielgesellschaften im Sinne des WpÜG), deren Wertpapiere zum Handel an einem organisierten Markt zugelassen sind. Soweit das Gemeinschaftsunternehmen bei Gründung (z. B. durch Einbringung solcher Wertpapiere) oder später unmittelbar oder mittelbar die „Kontrolle" über eine Zielgesellschaft erlangt, ist es nach § 35 Abs. 1 WpÜG verpflichtet, ein **Pflichtangebot** an die Aktionäre der Zielgesellschaft abzugeben. Das Tatbestandsmerkmal „Kontrolle" ist in § 29 Abs. 2 WpÜG definiert als das Halten von mindestens 30 % der Stimmrechte an der Zielgesellschaft.

Ob die von dem Gemeinschaftsunternehmen gehaltenen Wertpapiere wie-   247
derum auch deren Gesellschaftern zugerechnet werden und diese damit ebenfalls zur Abgabe eines Pflichtangebots verpflichtet sein können, hängt

von der Ausgestaltung des Gemeinschaftsunternehmens ab. Bei einem Gemeinschaftsunternehmen in Form einer Industrieholding, die neben anderweitigen unternehmerischen Tätigkeiten auch Beteiligungen hält, werden Stimmrechte aus Aktien den Gesellschaftern nur zugerechnet, wenn es sich um ein Mutter-/Tochterverhältnis i. S. d. § 30 Abs. 1 Satz 1 Nr. 1 WpÜG handelt. Dagegen werden Stimmrechte aus Aktien, die Vermögensverwaltungsgesellschaften gehören, den Gesellschaftern quotal zugerechnet, wenn der alleinige rechtliche oder faktische Zweck der Vermögensverwaltungsgesellschaft die Verwaltung einer oder mehrerer Beteiligungen für ihre Gesellschafter ist. Trifft aufgrund von Zurechnungstatbeständen sowohl das Gemeinschaftsunternehmen als auch deren Gesellschafter eine Pflicht zur Abgabe eines Pflichtangebots, so ist nach umstrittener Ansicht durch das Pflichtangebot des Gemeinschaftsunternehmens auch den etwaigen Verpflichtungen der Gesellschafter Genüge getan. Zulässig ist aber auch die Bildung eines **Bieterkonsortiums** oder einer Bietergemeinschaft.

248 Wird dagegen der Verpflichtung zur Abgabe eines Pflichtangebots nicht nachgekommen, tritt nach § 59 WpÜG ein **Rechtsverlust** ein, d. h. die Rechte aus den Aktien bestehen für die Zeit des Pflichtverstoßes nicht. Der Verlust erfasst sowohl die Mitverwaltungs- als auch die Vermögensrechte. Der Rechtsverlust erfasst dabei sämtliche Aktien des Bieters und nicht nur diejenigen, die ihm über die Kontrollschwelle von § 29 Abs. 2 WpÜG hinaus zustehen. Es werden auch solche Aktien erfasst, die Tochterunternehmen des Bieters gehören. Insoweit gilt ein konzernweites Ausübungsverbot. Darüber hinaus stellt das vorsätzliche oder leichtfertige Unterlassen der Abgabe eines Pflichtangebots eine Ordnungswidrigkeit dar, die mit einem Bußgeld von bis zu 1 Mio. € geahndet werden kann.

> Vgl. zum WpÜG *Steinmeyer/Häger*, WpÜG, 2. Aufl., 2007; *Assmann/Pötzsch/Schneider*, Wertpapiererwerbs- und Übernahmegesetz, 2005.

c) **Meldepflichten**

249 Die Errichtung eines Gemeinschaftsunternehmens kann nicht zuletzt Meldepflichten nach dem Wertpapierhandelsgesetz (WpHG) oder dem Aktiengesetz (AktG) auslösen.

250 Nach § 21 Abs. 1 Satz 1 WpHG ist derjenige (Meldepflichtiger), der durch Erwerb, Veräußerung oder auf sonstige Weise 3 %, 5 %, 10 %, 15 %, 20 %, 25 %, 30 %, 50 % oder 75 % der Stimmrechte an einem Emittenten, für den die Bundesrepublik Deutschland der Herkunftsstaat ist, erreicht, überschreitet oder unterschreitet, verpflichtet, dies unverzüglich, spätestens innerhalb vier Handelstagen, dem Emittenten sowie der Bundesanstalt für Finanzdienstleistungsaufsicht (BaFin) mitzuteilen. Stimmrechte aus Aktien, die einem Dritten gehören, auf die der Meldepflichtige aber entsprechenden Einfluss nehmen kann, werden dabei grundsätzlich nach § 22 WpHG dem Meldepflichtigen zugerechnet.

Ob die von einem Gemeinschaftsunternehmen gehaltenen Stimmrechte auch 251
deren Gesellschaftern zugerechnet werden und diese damit ebenfalls zur Mitteilung nach § 21 WpHG verpflichtet sind, hängt wiederum von der Ausgestaltung des Gemeinschaftsunternehmens ab (vgl. dazu die obigen Ausführungen zum WpÜG unter Rz. 246). Sofern eine Zurechnung erfolgt, führt dies zu einer doppelten bzw. mehrfachen Meldepflicht. In Konzernstrukturen mit zahlreichen zwischengeschalteten Holdinggesellschaften können so zahlreiche Gesellschaften meldepflichtig werden.

Ebenso wie bei einem Verstoß gegen die Pflichten des WpÜG erfolgt bei 252
einem Verstoß gegen die Meldepflichten des WpHG ein zeitweiliger Verlust der Rechte aus den Aktien (vgl. dazu die obigen Ausführungen zum WpÜG unter Rz. 246). Ferner stellt das vorsätzliche oder leichtfertige Unterlassen der Abgabe einer Mitteilung nach § 21 WpHG eine Ordnungswidrigkeit dar, die mit einem Bußgeld von bis zu € 200.000 geahndet werden kann.

> Vgl. zum WpHG *Assmann/Schneider*, Wertpapierhandelsgesetz, 6. Aufl., 2012.

Durch das neu in Kraft getretene **Risikobegrenzungsgesetz** wird die Verletzung von Mitteilungspflichten künftig verschärft sanktioniert: im Falle eines 253
vorsätzlichen oder grob fahrlässigen Verstoßes gegen die Meldepflichten hinsichtlich der Höhe des Stimmrechtsanteils wird der Zeitraum, für den der Rechtsverlust eintritt, grundsätzlich um sechs Monate verlängert.

Meldepflichten nach dem Aktiengesetz bestehen nach § 20 Abs. 1 AktG, 254
soweit ein Unternehmen mehr als ein Viertel am Grundkapital einer Aktiengesellschaft mit Sitz im Inland erlangt. In Bezug auf Stimmrechte an Emittenten sind die Meldepflichten nach WpHG jedoch vorrangig.

III. Steuerrecht

1. Rechtsformwahl einer inländischen Joint-Venture-Gesellschaft

Bei der **Rechtsformwahl** für eine deutsche Joint-Venture-Gesellschaft gibt 255
regelmäßig die Steuerplanung den Ausschlag. Wegen der fehlenden Rechtsformneutralität der Besteuerung bestehen grundsätzliche Unterschiede zwischen der Rechtsform der Kapitalgesellschaft (nachfolgend AG, GmbH), bei der nach dem Trennungsprinzip die Kapitalgesellschaft als eigenständiges Steuersubjekt neben den Gesellschaftern behandelt wird, und der im Grundsatz transparenten Besteuerung der Personengesellschaft (nachfolgend insbesondere GmbH & Co. KG) bei der die erzielten Gewinne oder erlittenen Verluste bei den Personengesellschaften der Einkommen- bzw. Körperschaftsteuer unterliegen. Das Ganze wird durch die kommunale Gewerbesteuer noch weiter verkompliziert. Denn wie eine Kapitalgesellschaft unterliegt wiederum die Personengesellschaft selbst der Gewerbesteuer.

> Auf die Besonderheiten der KGaA, die als Kapitalgesellschaft selbst der Körperschaftsteuer unterliegt, deren persönlich haften-

der Gesellschafter aber in Bezug auf seinen Gewinnanteil im Grundsatz wie ein Personengesellschafter besteuert wird, kann hier nicht eingegangen werden, siehe dazu *Pohl/Weber*, in: Heidel, Aktienrecht, Kap. 20 Rz. 146 ff; *Drüen/Heek*, DStR 2012, 541.

256 Für die **Rechtsformentscheidung** sind neben den bereits dargestellten rechtlichen und betriebswirtschaftlichen Gesichtspunkten, wie Haftung, Leitungsbefugnis, Gewinn- und Verlustbeteiligung, Finanzierungsmöglichkeiten, Aufwendungen der Rechtsform und Publizitätszwang, insbesondere nachfolgende **steuerliche Kriterien** maßgebend:

- Gewinnbesteuerung der Gesellschaft und Steuerfolgen von Ausschüttungen

- Ergebnissituation, insbesondere auch Verlustnutzung durch Verlustvor- bzw. -rücktrag oder auf Ebene des Gesellschafters

- Besteuerung der Veräußerung von Beteiligungen

- Steuerliche Behandlung von Finanzierungskosten des Beteiligungserwerbs

- Steuerliche Behandlung der Fremdfinanzierung (sog. „Zinsschranke")

- Steuerliche Behandlung von Umstrukturierungen

- Erbschaft- und Schenkungsteuer

- Umsatzsteuer

- Grunderwerbsteuer.

257 Die Rechtsformentscheidung wird nicht allein durch die Rechtsform der **Joint-Venture-Gesellschaft** bestimmt, sondern sie wird darüber hinaus auch noch von den Besteuerungsfolgen für die **Partner des Joint Venture** bestimmt. Hierbei wären grundsätzlich folgende Joint-Venture-Partner aus steuerlicher Sicht zu unterscheiden:

- unmittelbar oder mittelbar über eine Personengesellschaft beteiligte natürliche Personen

- Kapitalgesellschaften.

258 Bei Gesellschaftern in der Rechtsform einer Kapitalgesellschaft ist in die Überlegungen zur Rechtsformwahl der Joint-Venture-Gesellschaft wiederum einzubeziehen, ob die beteiligte Kapitalgesellschaft ihre Gewinne thesauriert. Werden die Gewinne dieser Gesellschaft letztendlich an natürliche Personen ausgeschüttet, ist das ebenfalls in die Planung einzubeziehen.

259 Die nachfolgende Betrachtung konzentriert sich auf die **Besteuerungsfolgen für eine Joint-Venture-Gesellschaft in Deutschland** und deren in- bzw. ausländischen Gesellschafter. Dabei wird der Rechtsstand nach der Unter-

nehmenssteuerreform 2008 zugrunde gelegt. Zu ausländischen Joint-Venture-Gesellschaften wird auf Kapitel F. verwiesen.

a) Gewinnbesteuerung bei Vollausschüttung

Durch die Unternehmenssteuerreform 2008 haben sich wesentliche Parameter für die Steuerplanung geändert. 260

aa) Natürliche Person als Joint-Venture-Partner

Der **Körperschaftsteuersatz** beträgt 15 % (vor der Unternehmenssteuerreform 2008: 25 %). Die kommunale Gewerbesteuer ist seit der Unternehmenssteuerreform 2008 nicht mehr als Betriebsausgabe abzugsfähig, § 4 Abs. 5b EStG, so dass die Bedeutung der Gewerbesteuerbelastung für die Steuerplanung weiter gestiegen ist. Bei der **Gewerbesteuer** wird ausgehend von dem körperschaftsteuerlichen Einkommen nach verschiedenen Hinzu- und Abrechnungen ein Gewerbeertrag ermittelt und in einen Gewerbesteuermessbetrag umgerechnet, der 3,5 % des Gewerbeertrages beträgt. Dieser Gewerbesteuermessbetrag wird ggf. noch nach dem Verhältnis der Arbeitslöhne auf die Gemeinden zerlegt, in denen das Unternehmen Betriebsstätten unterhält. Anschließend setzen die einzelnen Gemeinden die Gewerbesteuer durch Anwendung eines Hebesatzes fest. Diesen Hebesatz bestimmen die Städte und Gemeinden selbst, wobei ein Mindestsatz von 200 % vorgeschrieben ist. Spitzenreiter ist dabei München mit einem Hebesatz von 490 % in 2011. In den folgenden Berechnungen wird ein Hebesatz von 400 % zugrunde gelegt. Daraus ergibt sich, bezogen auf den Gewerbeertrag, eine effektive Steuerbelastung von 14 %. (bei Hebesatz in München von 490 % ergibt sich 17,15 %). Des Weiteren wird vereinfachend davon ausgegangen, dass das körperschaftsteuerliche Einkommen dem Gewerbeertrag entspricht. In aller Regel dürfte das nicht der Fall sein, da 25 % der Zinsen, 5 % der Mieten für bewegliche Wirtschaftsgüter, 12,25 % der Mieten für unbewegliche Wirtschaftsgüter und 6,25 % der Aufwendungen für Lizenzzahlungen zur Ermittlung des Gewerbeertrages hinzuzurechnen sind, § 8 Nr. 1 GewStG. 261

Bei anschließender **Ausschüttung** des Gewinns der Kapitalgesellschaft an den Gesellschafter ist zu unterscheiden, ob die **Beteiligung im Privatvermögen oder im Betriebsvermögen** gehalten wird. Für Beteiligungen im Betriebsvermögen gilt das sog. „**Teileinkünfteverfahren**". Dividendenausschüttungen unterliegen danach zu 60 % der Einkommensteuer und sind nur noch zu 40 % steuerbefreit. Für Beteiligungen im Privatvermögen hat die Kapitalertragsteuer von 25 % (zuzüglich Solidaritätszuschlag von 5,5 % auf die Kapitalertragsteuer) im Grundsatz Abgeltungswirkung; d. h., die Dividende ist nicht mehr in die Einkommensteuerveranlagung einzubeziehen, § 32d EStG. Nachfolgend wird davon ausgegangen, dass die Joint Venture-Beteiligung in einem Betriebsvermögen des Gesellschafters (natürliche Person) gehalten wird, wobei im Rahmen der Ermittlung des Gewerbeertrages 262 des Gesellschafters die Dividende den Gewerbeertrag nicht erhöht, wenn bereits zu Beginn des Erhebungszeitraums eine Beteiligung über 15 % an der Joint Venture-Kapitalgesellschaft besteht, § 8 Nr. 5, § 9 Nr. 2a) GewStG.

263 Unter Berücksichtigung der Gewerbe-, Körper- und Einkommensteuerbelastung zum Spitzensteuersatz zuzüglich Solidaritätszuschlag, aber ohne Kirchensteuer und ohne Ausweis der bei Dividendenausschüttung zu erhebenden und dann auf die Einkommensteuer anzurechnenden Kapitalertragsteuer, ergeben sich danach grundsätzlich folgende Steuerbelastungen für inländische natürliche Personen:

Inländische GmbH
Gesellschaftsebene

Gewinn	100,00
GewSt (400 %)	(14,00)
Bemessungsgrundlage für KSt	100,00
KSt 15 %	(15,00)
SolZ 5,5 %	(0,83)
Ergebnis nach Steuern vor Ausschüttung	**70,18**
Gesellschafterebene (nat. Person, Beteiligung im Betriebsvermögen)	70,18
Teileinkünfteverfahren 60 %	42,11
ESt 45 %	./. 18,95
SolZ 5,5 %	./. 1,04
Nettoergebnis nach Ausschüttung	50,19
Steuerbelastung	**49,81**

Siehe ausführlich *Schaflitzl/Götz*, in: Blumenberg/Benz, Die Unternehmensteuerreform 2008, S. 4.

264 Im Falle eines **Joint-Venture-Partners mit Wohnsitz im Ausland** beschränkt sich das deutsche Besteuerungsrecht im Rahmen der beschränkten Einkommensteuerpflicht auf die Erhebung von **Kapitalertragsteuern**, soweit die Beteiligung nicht in einer inländischen Betriebsstätte bzw. Personengesellschaft (Mitunternehmerschaft) gehalten wird. Der Kapitalertragsteuersatz beträgt 25 % (jeweils zuzüglich 5,5 % Solidaritätszuschlag auf die Kapitalertragsteuer). Nach dem jeweiligen Doppelbesteuerungsabkommen kann sich dieser Satz noch reduzieren (in der Regel auf 15 % einschließlich Solidaritätszuschlag). Die Kapitalgesellschaft muss aber den vollen Satz einbehalten,

III. Steuerrecht

sofern nicht die Abkommensberechtigung des ausländischen Gesellschafters durch das **Bundeszentralamt für Steuern** bescheinigt wurde. Der Gesellschafter muss dann ggf. einen Erstattungsantrag an das Bundeszentralamt für Steuern richten, § 50d EStG. Der Joint Venture-Gesellschafter wird in der Regel mit dem von einer deutschen Kapitalgesellschaft ausgeschütteten Gewinn in seinem Wohnsitzstaat steuerpflichtig sein. Die Ausschüttung von 70,18 im Beispiel wäre daher nach dem jeweiligen Steuerrecht des Sitzstaates zu versteuern. Die deutsche Kapitalertragsteuer wird in der Regel angerechnet, soweit sie nach einem Doppelbesteuerungsabkommen nicht ermäßigt werden kann.

Bei Wahl der Rechtsform der steuerlich transparenten **GmbH & Co. KG** unterliegt die Entnahme der Gewinne im Grundsatz keiner zusätzlichen Steuerbelastung (zur Thesaurierungsbegünstigung nach § 34a EStG siehe noch unten Rz. 274). Es würden sich für einen im Inland unbeschränkt einkommensteuerpflichtigen Joint Venture-Partner (natürliche Person) ohne Berücksichtigung der Kirchensteuer folgende Nettoergebnisse und Steuerbelastungen bei Ansatz der Einkommensteuerspitzensatzes ergeben: 265

GmbH & Co. KG
Gesellschaftsebene

Gewinn	100,00
GewSt 400 %	(14,00)
Nettogewinn nach Gewerbesteuer	86,00
Gesellschafterebene	
Bemessungsgrundlage für ESt	100,00
ESt 45 %	./. 45,00
GewSt-Anrechnung (§ 35 EStG)	+ 13,30
SolZ 5,5 %	./. 1,74
Nettoergebnis (ohne weitere Steuerbel. der Entnahme)	52,56
Steuerbelastung	47,44

Ein **ausländischer Joint-Venture-Partner** wäre mit seinen Einkünften aus der GmbH & Co. KG in Deutschland beschränkt einkommensteuerpflichtig. Die GmbH & Co. KG vermittelt ihm eine inländische Betriebsstätte. Grundsätzlich ergeben sich für ihn in diesem Fall in Bezug auf den Betriebsstättengewinn die gleichen Besteuerungsfolgen wie bei unbeschränkter Steuerpflicht in Deutschland. Im Ausland wird der Betriebsstättengewinn je nach Doppelbesteuerungsabkommen entweder unter Anrechnung der deutschen Steuer versteuert (so bspw. bei Ansässigkeit in USA oder Großbritannien) oder von 266 der Besteuerung freigestellt (regelmäßig in den von Deutschland mit den Staaten in Kontinentaleuropa abgeschlossenen Doppelbesteuerungsabkommen). Zu möglichen Doppelbelastungen im Falle von Leistungsberichtigungen siehe Rz. 272 f.

bb) Kapitalgesellschaft als Joint-Venture-Partner

267 Bei Wahl der Rechtsform einer **Kapitalgesellschaft mit einer inländischen Kapitalgesellschaft als Joint-Venture-Partner und Gesellschafter der Joint Venture GmbH** bzw. AG ergeben sich auf Ebene der Joint Venture-Gesellschaft keine Änderungen zur obigen Darstellung (Rz. 260). Die bezogene Dividende aus einer Ausschüttung der Joint Venture-GmbH bzw. -AG ist bei dem Gesellschafter von der Körperschaftsteuer befreit, § 8b Abs. 1 KStG. Jedoch gelten nach § 8b Abs. 5 KStG 5 % der Dividende als nicht abzugsfähige Betriebsausgabe, so dass es sich im wirtschaftlichen Ergebnis um eine nur 95 %-ige Befreiung handelt. Die Steuerbefreiung greift auch für die Gewerbesteuer, soweit die Beteiligung mindestens 15 % beträgt und bereits zu Beginn des Erhebungszeitraums bestand, § 8 Nr. 5, § 9 Nr. 2a GewStG.

268 Bei **Weiterausschüttung** der deutschen Kapitalgesellschaft als Joint Venture Partner **an natürliche Personen** ergibt sich – bis auf die Besteuerung von 5 % der Dividende auf Ebene der empfangenden Kapitalgesellschaft – das gleiche Nettoergebnis wie im Fall der unmittelbaren Beteiligung einer natürlichen Person an der Joint Venture Kapitalgesellschaft.

269 Handelt es sich bei dem **Gesellschafter** der Joint Venture-GmbH bzw. -AG um **eine ausländische Kapitalgesellschaft**, sind die Gewinnausschüttungen im Ansässigkeitsstaat der Kapitalgesellschaft regelmäßig aufgrund des internationalen Schachtelprivilegs von der Besteuerung befreit (so wie im umgekehrter Fall ausländische Dividenden bei einer in Deutschland ansässigen Kapitalgesellschaft wie inländische Dividenden nach § 8b Abs. 1 KStG steuerbefreit sind). Allerdings ist in diesem Zusammenhang die auf Dividenden zu erhebende deutsche Kapitalertragsteuer zu beachten. Diese beträgt 25 % (zuzüglich eines Solidaritätszuschlags von 5,5 % auf die Kapitalertragsteuer). Von der **Kapitalertragsteuer** sind aber 2/5 auf Antrag vom Bundeszentralamt für Steuern wieder zu erstatten, § 44a Abs. 9 EStG, so dass die Kapitalertragsteuerbelastung nicht höher ist als der Körperschaftsteuersatz von 15 %. Hinzutritt, dass die Kapitalertragsteuer entweder aufgrund eines **Doppelbesteuerungsabkommens** (teilweise auf 0 %) abgesenkt wird oder aufgrund der in § 43b EStG in nationales Recht umgesetzten **EU-Mutter-Tochter-Richtlinie** eine Freistellung von der deutschen Kapitalertragsteuer erfolgt. So ist bspw. im Doppelbesteuerungsabkommen mit der Schweiz bei einer unmittelbaren Beteiligung einer Schweizer Kapitalgesellschaft an einer deutschen Kapitalgesellschaft von mindestens 10 % während eines ununterbrochenen Zeitraums von mindestens 12 Monaten der Kapitalertragsteuersatz auf 0 % reduziert. Im DBA USA wird der 0 %-Satz erst bei einer Beteiligung von 80 % gewährt (ab einer Beteiligung von 10 % mindert sich der Kapitaler-

tragsteuersatz aber bereits auf 5 %). Zu beachten ist aber, dass sowohl die Erstattung von 2/5 als auch die Reduzierung nach Doppelbesteuerungsabkommen oder EU-Mutter-Tochter-Richtlinie nur auf Antrag durch das Bundeszentralamt für Steuern gewährt werden und es dabei strenge Regeln für die Inanspruchnahme gibt, um eine Zwischenschaltung funktionsloser Kapitalgesellschaften zu unterbinden, sog. Anti Treaty bzw. Anti Directive Shopping, Rule, § 50d Abs. 3 EStG. Dazu sind spezielle Missbrauchsklauseln in einzelnen Doppelbesteuerungsabkommen, zu beachten, insbesondere die sog. Limitation-on-Benefits-Klausel in Art. 28 DBA USA. Sind die Voraussetzungen dieser Regelungen nicht erfüllt, wirken die deutschen Quellensteuern (25 % zzgl. Solidaritätszuschlag) definitiv.

Bei Wahl der **GmbH & Co. KG** ergäbe sich für eine inländische Kapitalgesellschaft als Gesellschafterin (in der steuerlichen Terminologie Mitunternehmerin) die folgende Steuerbelastung: 270

GmbH & Co. KG

Gesellschaftsebene

Gewinn	100,00
GewSt 400 %	./. 14,00
Nettogewinn nach Gewerbesteuer	86,00

Gesellschafterebene

KSt 15 % (auf Gewinn vor GewSt)	./. 15,00
SolZ 5,5 %	./. 0,83
Nettoergebnis	70,18
Steuerbelastung	29,82

Für eine **deutsche Kapitalgesellschaft** ergibt sich also bezogen auf einen Vorsteuergewinn von 100 das gleiche Nettoergebnis von 70,18 auf einen eigenen Gewinn (siehe oben Rz. 263) wie für die Beteiligung an einer GmbH & Co. KG. Die Besonderheit ist lediglich, dass die GmbH & Co. KG selbst Schuldnerin der Gewerbesteuer ist, der erzielte Gewinn für Körperschaftsteuerzwecke einheitlich und gesondert festgestellt wird und dann bei der Gesellschafterin besteuert wird (für die eigene Gewerbesteuer der beteiligten Kapitalgesellschaft erfolgt eine Kürzung um den von der GmbH & Co. KG selbst der Gewerbesteuer unterworfenen Gewinn (§ 9 Nr. 2 GewStG). Auch hier gilt, dass sich bei Weiterausschüttung an eine natürliche Person die unter Rz. 262 dargestellten Besteuerungsfolgen ergeben. 271

272 Für eine **ausländische Kapitalgesellschaft** stellt sich im Rahmen ihrer beschränkten Körperschaftsteuerpflicht im Inland grundsätzlich das gleiche Nettoergebnis von **70,18** ein, allerdings ergeben sich in Bezug **auf die deutsche Quellensteuer Vorteile.** Bei der Beteiligung an einer deutschen Kapitalgesellschaft unterliegen Ausschüttungen grundsätzlich der deutschen Quellensteuer, die nur aufgrund der EU-Mutter-Tochter-Richtlinie oder Doppelbesteuerungsabkommen reduziert und damit nicht zu einer endgültigen Belastung wird. Dagegen ist eine deutsche Quellensteuer bei Entnahmen aus einer GmbH & Co. KG generell nicht zu erheben. **Nachteilig** ist bei der Gestaltung in diesem Zusammenhang allerdings, dass in Deutschland anders als im Ausland (mit Ausnahme Österreichs) **Leistungsbeziehungen** zwischen dem Gesellschafter (der ausländischen Kapitalgesellschaft) und der deutschen GmbH & Co. KG besonderen Steuerregeln unterliegen (sog. Sonderbetriebseinnahmen bzw. Sonderbetriebsvermögen). So führt bspw. eine Darlehensgewährung der ausländischen Kapitalgesellschaft an die deutsche GmbH & Co. KG nach deutschem Steuerrecht dazu, dass die Darlehenszinsen als Sonderbetriebseinnahmen der deutschen Besteuerung unterliegen und folglich bei einem unterstellten Gewerbesteuerhebesatz von 400 % im Ergebnis ebenso wie der Gewinn aus dem Gesamthandbereich mit 29,82 % belastet sind. Das gilt nach § 50d Abs. 1 EStG auch, wenn Deutschland nach einem Doppelbesteuerungsabkommen kein Besteuerungsrecht für Zinseinnahmen hat.

> Dies entspricht der von der Finanzverwaltung seit langem vertretenen Auffassung (BMF-Schreiben v. 24.12.1999, BStBl. I 1999, 1076, Rz. 21). Nachdem der BFH durch Urteil v. 17.10.2007 – I R 5/06, BStBl. II 2009, 356, entschieden hatte, dass diese Einkünfte im Inland nicht besteuert werden dürfen, hat der Gesetzgeber durch JStG 2009 die Auffassung der Finanzverwaltung gesetzlich festgeschrieben.

273 Wenn gleichzeitig der Ansässigkeitsstaat diese **Darlehenszinsen** besteuert, kommt es zu einer **Doppelbesteuerung.** Darüber hinaus können sich weitere Qualifikationskonflikte im internationalen Bereich ergeben, die auch in Ausnahmefällen zu weißen, nicht besteuerten Einkünften führen können (siehe dazu aber § 50d Abs. 9 EStG). Insbesondere drohende Doppelbelastungen wären dem Vorteil der Nichterhebung deutscher Quellensteuer bei der Entscheidungsfindung aus Sicht einer ausländischen Kapitalgesellschaft als Joint-Venture-Partner gegenüberzustellen, wobei insbesondere auch die Besteuerung von Veräußerungsgewinnen in die Betrachtung einzubeziehen ist. Sich bei unterschiedlicher Anwendung eines Doppelbesteuerungsabkommens ergebende Doppelbesteuerungen können grundsätzlich im Wege **internationaler Verständigungsverfahren** nach dem Doppelbesteuerungsabkommen beseitigt werden.

b) Thesaurierung von Gewinnen

Werden die auf der Ebene der Joint-Venture-Gesellschaft erwirtschafteten Gewinne thesauriert, können die Ergebnisse aus den oben stehenden Berechnungen entnommen werden, soweit es sich um eine Joint Venture-Kapitalgesellschaft handelt. Die Kapitalgesellschaft kann mit dem thesaurierten Nettoergebnis von **70,18** weiterwirtschaften und sich so innenfinanzieren. Allerdings sind die Gewinne einer GmbH latent mit Einkommensteuern belastet, die im Fall der Ausschüttung an natürliche Personen entstehen, siehe zu den Besteuerungsfolgen im Ausschüttungsfall Rz. 263.

274

Gleiches gilt für die Rechtsform der GmbH & Co. KG, soweit Gesellschafter eine Kapitalgesellschaft ist, da es unerheblich ist, ob die Gewinne entnommen werden oder nicht. Auch in diesem Fall beläuft sich das Nettoergebnis bei einem Vorsteuergewinn von 100 und einem Gewerbesteuerhebesatz von 400 % auf **70,18 und damit die Steuerbelastung auf 29,82 %**.

275

Um die Nachteile für natürliche Personen als Gesellschafter einer Personengesellschaft für die Innenfinanzierung zumindest abzumildern (im Grundsatz Steuerbelastung 47,44 auf einen Vorsteuergewinn von 100 auch bei Thesaurierung) hat der Gesetzgeber die Thesaurierungsbegünstigung in § 34a EStG für nicht entnommenen Gewinn eingefügt. Die Regelung beruht auf folgendem Grundsatz:

276

- *Begünstigung:* Die nicht entnommenen (aber auch nicht anderweitig steuerlich begünstigten) Gewinnanteile können auf Antrag mit 29,8037 % (28,25 % Einkommensteuer plus Solidaritätszuschlag von 5,5 %) besteuert werden. Das entspricht in etwa der Thesaurierungsbelastung einer Kapitalgesellschaft bei einem Körperschaftsteuersatz von 15 % und einem Gewerbesteuerhebesatz von 400 %.

- *Nachversteuerung:* Die später entnommenen Gewinne werden mit 26,375 % (einschl. Solidaritätszuschlag) nachversteuert, was der Abgeltungssteuer auf Dividenden nach § 32d EStG entspricht.

Die Tücke liegt im Detail. So ist die Gewerbesteuer nach § 4 Abs. 5b EStG eine „Nicht-Betriebsausgabe" und der darauf entfallende Gewinn nicht begünstigt. Ebenso müssen ggf. Entnahmen zur Zahlung der Einkommensteuer erfolgen. In jedem Fall handelt es sich dabei aber um eine personenbezogene Vergünstigung, die nicht von allen Gesellschaftern einheitlich in Anspruch genommen werden muss.

277

> Siehe dazu näher BMF-Anwendungsschreiben zu § 34a EStG v. 11.8.2008, BStBl. I 2008, 838;
> *Pohl*, in JbFfStR, 2008/2009, S. 463 ff;
> *Ley*, Ubg 2008, 214;
> *Schiffers*, DStR 2008, 1805;
> *Rogall*, DStR 2008, 429;
> *Wendt*, DStR 2009, 406.

c) Entstehung von Verlusten

278 Eine **Kapitalgesellschaft** ist steuerlich **nicht transparent**. Dies bedeutet, dass Verluste auf der Ebene der Joint-Venture-Gesellschaft in der Rechtsform einer Kapitalgesellschaft nicht mit steuerpflichtigen Gewinnen der **inländischen Gesellschafter** der Joint-Venture-Gesellschaft für einkommen- bzw. körperschaftsteuerliche Zwecke verrechnet werden können. Eine solche Verrechnung ist nur möglich, wenn eine körperschaft- und gewerbesteuerliche **Organschaft** begründet wird, was neben dem Vorliegen der finanziellen Eingliederung (Mehrheitsbeteiligung) den Abschluss eines Ergebnisabführungsvertrages voraussetzt. Im Fall von zwei gleichberechtigten, zu jeweils 50 % beteiligten Joint Venture Partner scheitert eine Organschaft also bereits an der fehlenden finanziellen Eingliederung. Auch dürfte der Abschluss eines Ergebnisabführungsvertrages mit einem mehrheitlich beteiligten Joint Venture Partner regelmäßig dem Charakter eines Joint Ventures widersprechen. Ein Verlusttransfer kann allenfalls für die Körperschaft- bzw. Einkommensteuer (aber nicht für Gewerbesteuerzwecke) erreicht werden, indem die Partner eine Joint Venture-Personengesellschaft zwischenschalten, die die Beteiligung an der operativ tätigen Joint Venture-Kapitalgesellschaft hält und ihrerseits zumindest in einem gewissen Umfang selbst gewerblich tätig ist, § 14 Abs. 1 Satz 1 Nr. 2 Satz 2 KStG, siehe näher Rz. 715 zur Abschaffung der sog. **Mehrmütterorganschaft**.

279 **Teilwertabschreibungen** auf die Anschaffungskosten einer Kapitalgesellschaftsbeteiligung, die Verluste erwirtschaftet, sind bei natürlichen Personen als Gesellschafter, die die Beteiligung im Betriebsvermögen halten nur zu 60 % zu berücksichtigen, § 3c Abs. 2 EStG. Bei Kapitalgesellschaften als Gesellschafter ist eine Teilwertabschreibung insgesamt ausgeschlossen, § 8b Abs. 3 Satz 3 KStG.

280 Im Gegensatz dazu wäre die Joint-Venture-Gesellschaft in der Rechtsform der **GmbH & Co. KG teilweise steuerlich transparent**. Verluste dieser Gesellschaft können grundsätzlich mit einkommen- bzw. körperschaftsteuerpflichtigen Gewinnen der inländischen Gesellschafter verrechnet werden. Allerdings ist § 15a EStG zu beachten, der bei Kommanditisten grundsätzlich eine Verlustverrechnung auf die Höhe des positiven Kapitalkontos beschränkt. Verlustabzugsbeschränkungen können jedoch durch eine entsprechende Eigenkapitalausstattung der Joint-Venture-Gesellschaft vermieden werden. Eine Verlustverrechnung mit gewerbesteuerlicher Wirkung scheidet indes aus. Die Personengesellschaft ist eine „Gewerbesteuerinsel".

281 Für **einen ausländischen Joint-Venture-Partner** ist die steuerliche Transparenz für die Besteuerung in Deutschland in der Regel ohne materielle Bedeutung, da auch bei Wahl der Rechtsform der GmbH & Co. KG Verluste der Joint-Venture-Gesellschaft in der Regel nur mit anderem deutschen Einkommen des ausländischen Joint-Venture-Partners im Rahmen der beschränkten Steuerpflicht verrechnet werden könnten. Für die ausländische

Steuerbemessungsgrundlage kann aber einiges von der Rechtsform abhängen. Verluste einer Joint-Venture-Kapitalgesellschaft werden im Ausland aufgrund des Trennungsprinzips nicht berücksichtigt. Betriebsstättenverluste werden im Nicht-DBA-Fall und bei Anwendung der Anrechnungsmethode in die ausländische Bemessungsgrundlage einbezogen. Bei der Anwendung der Freistellungsmethode is dagegen grundsätzlich keine Verlustberücksichtigung möglich. Hierzu ist aber die EuGH-Rechtsprechung in der Rechtssache „Lidl Belgium" zu berücksichtigen, wonach finale ausländische Betriebsstättenverluste zum Abzug zuzulassen sind.

> Siehe EuGH-Urteil Lidl Belgium v. 15.5.2008 – Rs. C-414/06, Slg. I 2008, 3601, IStR 2008, 400;
> EuGH-Urteil Krankenheim Wannsee v. 23.10.2008
> – Rs. C-157/07, Slg. I 2008, 8061, IStR 2008, 769.

d) Veräußerung der Beteiligung

Ein Gewinn aus der **Veräußerung** der **Anteile** an einer Joint-Venture-Gesellschaft in der Rechtsform einer **Kapitalgesellschaft durch inländische natürliche Personen** unterliegt zu 60 % der Einkommensteuer (Teileinkünfteverfahren) und bei Gewerbesteuerpflicht des Anteilseigners auch der Gewerbesteuer. Bei Veräußerung **durch eine inländische Kapitalgesellschaft** wäre der Veräußerungsgewinn grundsätzlich gewerbe- und körperschaftsteuerfrei. Dabei gelten aber 5 % des Gewinns als nicht abzugsfähige Betriebsausgaben, so dass im Grundsatz nur 95 % des Gewinns steuerbefreit sind. 282

Etwas anderes gilt zum einen, wenn durch **schädliche Einbringungen nach dem UmwStG vor dessen Reform durch das SEStEG im Dezember 2006** entstandene Anteile verkauft werden. Solche liegen vor, wenn es sich bei den Anteilen an der Joint Venture-GmbH um durch Einbringungen nach § 20 Abs. 1 Satz 1 UmwStG a. F. entstandene einbringungsgeborene Anteile i. S. d. § 21 UmwStG a. F. oder nach § 23 Abs. 1–3 UmwStG a. F. entstandene Anteile handelt, die innerhalb von sieben Jahren nach ihrer Entstehung veräußert werden (§ 3 Nr. 40 Satz 3, 4 EStG a. F., § 8b Abs. 4 Nr. 1 KStG a. F.) oder wenn die Anteile an der Joint Venture-GmbH von einem nicht nach § 8b Abs. 2 KStG begünstigten Einbringenden durch eine Einbringung unter dem Teilwert erworben wurden und innerhalb von sieben Jahren nach der Einbringung verkauft werden (§ 8b Abs. 4 Satz 1 Nr. 1, Satz 2 Nr. 2 KStG a. F.). Für Umstrukturierungen nach dem UmwStG in der Fassung durch das SEStEG gibt es keine Sonderregelungen mehr für den Veräußerungsgewinn, stattdessen wird durch die Veräußerung rückwirkend die Besteuerung der Einbringung ausgelöst. 283

Des Weiteren sind Anteilsveräußerungen steuerpflichtig, wenn ein sog. kurzfristiger Eigenhandelserfolg gem. § 8b Abs. 7 KStG erzielt wird. Diese Regelung für Finanzunternehmen dürfte im Falle einer Joint Venture Gesellschaft regelmäßig irrelevant sein. 284

285 Entsprechendes gilt für die **Veräußerung der Anteile an nachgeordneten Gesellschaften** in der Rechtsform der Kapitalgesellschaft durch die inländische Joint-Venture-Gesellschaft.

286 Haben die **Joint-Venture-Partner** ihren **Wohnsitz bzw. Sitz im Ausland**, unterliegt der Veräußerungsgewinn zwar der beschränkten Einkommen-bzw. Körperschaftsteuerpflicht. In der Regel hat Deutschland aber in einem DBA auf dieses Besteuerungsrecht verzichtet (Ausnahme bspw. DBA Tschechien und in vielen DBA für Immobilienkapitalgesellschaften). Es ist dann nur im Ausland zu versteuern.

287 Bei **Veräußerung der Anteile** an der Joint-Venture-Gesellschaft in der Rechtsform der **GmbH & Co. KG durch unbeschränkt und beschränkt steuerpflichtige natürliche Personen** wäre demgegenüber der Veräußerungsgewinn grundsätzlich in voller Höhe einkommensteuerpflichtig. Bei Anwendung des Spitzensteuersatzes fiele also 45 % Einkommensteuer zzgl. Solidaritätszuschlag von 5,5 % an. Darüber hinaus wäre der Gewinn auch u. U. gewerbesteuerpflichtig. Dies ist seit dem 1.1.2002 der Fall, wenn nur Teile eines Mitunternehmeranteils verkauft werden, da dieser Veräußerungsgewinn gem. § 16 Abs. 2 Satz 2 EStG als laufender Gewinn gilt, und wenn ein Mitunternehmeranteil von einer Personengesellschaft und damit nur mittelbar von einer natürlichen Person verkauft wird, da begünstigte Veräußerungsgewinne gem. § 7 Satz 2 GewStG nur noch vorliegen, soweit sie auf unmittelbar beteiligte natürliche Personen entfallen. Allerdings ist eine entstehende Gewerbesteuer grundsätzlich nach § 35 EStG auf die Einkommensteuer der natürlichen Person anrechenbar.

288 Die **Tarifermäßigung** nach § 34 Abs. 3 EStG (56 % des durchschnittlichen Einkommensteuersatzes) kommt bei der Veräußerung eines Mitunternehmeranteils nur noch einmal im Leben auf den Veräußerungsgewinn (beschränkt auf 5 Mio. €) zur Anwendung, wenn der Veräußerer das 55. Lebensjahr vollendet hat oder dauernd erwerbsunfähig ist.

289 Verkauft eine **Kapitalgesellschaft** eine Beteiligung an einer Personengesellschaft, unterliegt der Veräußerungsgewinn wie jeder normale laufende Gewinn der deutschen Körperschaftsteuer und der Gewerbesteuer, so dass im Ergebnis insgesamt bei einem Gewerbesteuerhebesatz von 400 % eine Belastung von 29,82 % entsteht. Zu beachten ist aber, dass die Gewerbesteuer für den Verkauf der Personengesellschaftanteile bei der Personengesellschaft selbst anfällt und ohne zivilrechtliche Ausgleichsklausel im Gesellschaftsvertrag anteilig auch die anderen Gesellschafter trifft.

290 Grundsätzlich ist danach die **gewinnwirksame Veräußerung** eines Anteils an einer **Kapitalgesellschaft** durch unbeschränkt Steuerpflichtige **steuerlich günstiger**, soweit nicht die Ausnahmen von der Besteuerung nach dem Teileinkünfte- und Freistellungsverfahren nach § 3 Nr. 40 Satz 3 EStG, § 8b Abs. 4 Satz 1 KStG oder § 8b Abs. 7 KStG greifen, während die Veräußerung eines Anteils an einer Personengesellschaft steuerlich ungünstig ist. Die Vor-

teilhaftigkeit entfällt und wendet sich sogar u. U. zu einem Nachteil, wenn die natürliche Person den Mitunternehmeranteil an der Personengesellschaft gewerbesteuerfrei und bei Anwendung des Teileinkünfteverfahrens verkaufen kann. Entstehen **Veräußerungsverluste**, verkehrt sich diese Aussage in ihr Gegenteil. In diesen Fällen ist die volle Berücksichtigung der Veräußerungsverluste beim Verkauf von Anteilen an einer **GmbH & Co. KG** im Vergleich zu der grundsätzlich nur 60 %-igen Berücksichtigung von Veräußerungsverlusten beim Verkauf einer Beteiligung an einer Kapitalgesellschaft **günstiger**. Allerdings ist zu berücksichtigen, dass der Erwerber einer Kapitalgesellschaft die stillen Reserven (und damit die latente Steuerlast) miterwirbt, während er bei der Personengesellschaft den vollen Kaufpreis auf die einzelnen Wirtschaftsgüter verteilen und abschreiben kann. Dem Steuervorteil des Veräußerers einer Kapitalgesellschaftsbeteiligung steht also ein Steuernachteil des Erwerbers gegenüber. Das wird sich in Kaufpreisverhandlungen auswirken.

e) Steuerliche Behandlung der Finanzierungskosten des operativen Geschäfts und des Beteiligungserwerbs

aa) Zinsschranke

Durch die Unternehmenssteuerreform 2008 hat sich die Regelung für den Abzug aller Zinsaufwendungen durch die Einführung der sog. „**Zinsschranke**" in § 4h EStG, § 8a KStG grundlegend geändert. Die Zinsschranke gilt erstmals für Wirtschaftsjahre die nach dem 25.5.2007 beginnen und nicht vor dem 1.1.2008 enden. Im Grundsatz ist nach der Zinsschranke (sowohl bei einer Personen- als auch einer Kapitalgesellschaft) der Zinsaufwand eines Betriebs abziehbar in Höhe des Zinsertrags, darüber hinaus nur bis zur Höhe des verrechenbaren EBITDA. Dieses verrechenbare EBITDA beträgt 30 % des steuerlichen EBITDA (steuerlicher Gewinn zuzüglich Zinsaufwendungen und Abschreibungen auf das Anlagevermögen sowie abzüglich der Zinserträge). Allerdings ist im Fall einer Personengesellschaft darauf hinzuweisen, dass Darlehensbeziehungen zwischen Gesellschafter und Gesellschaft zum Sonderbetriebsvermögensbereich zählen und aus diesem Grund nicht unter die Zinsschranke fallen.   291

Von der Anwendung der Zinsschranke gibt es drei Ausnahmen: 292

(1) Freigrenze

Wenn die **Freigrenze von 3 Mio. €** nicht erreicht wird, bleibt der negative Zinssaldo in vollem Umfang abzugsfähig. Dies dürfte im Mittelstand dazu führen, dass gerade bei Joint Venture Gesellschaften die Zinsschranke nicht greift. Bei einem Zinssatz von 6 % und fehlenden Zinserträgen könnten Darlehen in Höhe von annähernd 50 Mio. € aufgenommen werden. Es handelt sich aber um eine Freigrenze und keinen Freibetrag, so dass bei Erreichen der 3 Mio. € insgesamt kein Abzug erfolgt.   293

(2) Keine Konzernzugehörigkeit

294 Ein voller Abzug des negativen Zinssaldos über die 30 % des steuerlichen EBITDA hinaus greift im Grundsatz auch dann, wenn der Betrieb **nicht oder nur anteilsmäßig zu einem Konzern** gehört, § 4h Abs. 2 Satz 1 lit. b EStG. Denn durch die Zinsschranke soll nur eine übermäßige Fremdkapitalisierung eines Konzernbetriebes im Verhältnis zum Gesamtkonzern bekämpft werden. Diese Ausnahme dürfte für Joint Venture-Gesellschaften in Rechtsform der Personen- und Kapitalgesellschaft von besonderer Bedeutung sein. Denn im Fall eines Joint Venture-Unternehmens von zwei gleichberechtigten Partnern, bei dem strategische Entscheidungen unter dem Vorbehalt der Einstimmigkeit stehen, kann kein Partner das Joint Venture in seinem Konzernabschluss vollkonsolidieren. Nur eine Quotenkonsolidierung ist möglich, siehe § 310 HGB, IAS 31. Allerdings kann die Joint Venture-Gesellschaft ihrerseits Konzernspitze sein, wenn sie selbst Beteiligungen hält, die keine Organgesellschaften sind, da ein Organkreis nach Auffassung der Finanzverwaltung als ein Betrieb gilt. Keinen Konzern bildet eine typische GmbH & Co. KG, bei der die Komplementär-GmbH zwar eine weitere Gesellschaft ist, sich aber auf die Übernahme der Haftung und der Geschäftsführung der GmbH & Co. KG beschränkt.

> BMF-Schreiben v. 4.7.2008, BStBl. I 2008, 718, Tz. 65 (Organkreis), 66 (GmbH & Co. KG).

295 Allerdings steht die Ausnahme von der Anwendung der Zinsschranke auf nicht konzernzugehörige Gesellschaften wieder unter einer **Rückausnahme**. Die Zinsschranke greift nach § 8a Abs. 2 KStG nur, soweit die nicht konzernzugehörige Joint Venture-Gesellschaft in Rechtsform einer Kapitalgesellschaft nachweist, dass die **Zinsaufwendungen** im Rahmen **einer Gesellschafterfremdfinanzierung** nicht mehr als **10 % der die Zinserträge übersteigenden Zinsaufwendungen eines Wirtschaftsjahres** ausmachen. Nach dem u. E. verunglückten Wortlaut der Vorschrift wird dadurch zu Lasten der Steuerpflichtigen eine Bruttogröße (Zinsaufwand für Gesellschafterdarlehen) einer Nettogröße (Nettozinsaufwand insgesamt) gegenübergestellt.

> Siehe *Möhlenbrock/Pung*, in: Dötsch/Jost/Pung/Witt, § 8a KStG Rz. 102;
> kritsch G. *Förster*, in: Breithecker/Förster/Förster/Klapdor, UntStRefG, § 8a KStG Rz. 52.

296 Eine schädliche **Gesellschafterfremdfinanzierung** im Sinne der Rückausnahme liegt bereits vor, wenn sie durch einen zu mehr als einem Viertel unmittelbar oder mittelbar am Grund- bzw. Stammkapital beteiligten Anteilseigner oder eine diesem nahestehende Person i. S. v. § 1 Abs. 2 AStG erfolgt. Dabei sind auch Vergütungen für Fremdkapital an Dritte einzubeziehen, soweit der Dritte (z. B. aufgrund einer Bürgschaft) auf den wesentlich beteiligten Anteilseigner oder eine diesem nahestehende Person zurückgreifen kann. Dieser extrem weite Rückgriffsbegriff soll bereits bei einem **faktischen Einstehen** für die aufgenommenen Schulden greifen. Bereits eine **weiche Patro-

natserklärung eines zu mehr als 25 % beteiligten Joint Venture-Partners für ein Bankdarlehen der Joint Venture-Gesellschaft soll die zu zahlenden Zinsen als Zinsen aus Gesellschafterfremdfinanzierung qualifizieren, was sich u. E. aber nicht aus dem Gesetzeswortlaut ergibt.

> Siehe aber BMF-Schreiben v. 4.7.2008, BStBl. I 2008, 718, Tz. 83; *Möhlenbrock/Pung*, in: Dötsch/Jost/Pung/Witt, § 8a KStG (U-RefG 2008), Rz. 116 unter Hinweis auf die entsprechende amtliche Begründung, BT-Drucks. 16/4841, S. 74.

Aufgrund dieser Rückausnahme wird man sich in der Praxis darauf einstellen müssen, dass die Zinsschranke für die Joint Venture-Kapitalgesellschaft kaum vermeidbar ist. Eine entsprechende **Rückausnahme im Fall der Gesellschafterfremdfinanzierung** greift letztlich **auch bei einer Joint Venture-Gesellschaft in Form einer Personengesellschaft**, wenn deren Gesellschafter wiederum Kapitalgesellschaften sind. In diesem Fall ordnet § 4h Abs. 1 Satz 2 EStG eine entsprechende Anwendung von § 8a Abs. 2 und 3 KStG an. Dazu folgendes *Beispiel:* 297

Die Pharma AG und die Biotech KGaA gründen eine Joint Venture, die JV GmbH & Co. KG. Die Pharma AG beteiligt sich über eine zwischengeschaltete Gesellschaft und gibt der JV GmbH & Co. KG (steuerlichen EBITDA 10 Mio. €) ein Gesellschafterdarlehen (Zinsaufwand € 4 Mio.). Es ergibt sich folgende Struktur:

Bei der JV GmbH & Co. KG sind im Grundsatz nur 3 Mio. € Zinsaufwand in 2008 abzugsfähig. Der Rest von 1 Mio. € ist vorzutragen. Die Freigrenze von € 3 Mio. ist überschritten.

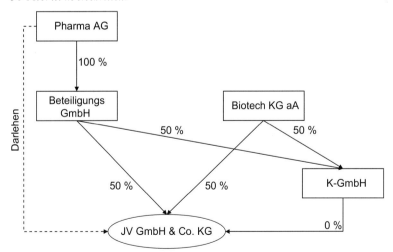

Die Zinsschranke ist aber nicht anwendbar, wenn die JV GmbH & Co. KG entweder keinem Konzern angehört (§ 4h Abs. 2 Satz 1 lit. b EStG) oder der Eigenkapitalvergleich im Konzern nach § 4h Abs. 2 Satz 1 lit. c EStG gelingt. 298

299 Nach § 4h Abs. 3 Satz 5 und Satz 6 EStG gehört ein Betrieb zu einem Konzern, wenn er nach dem für den Konzerneigenkapitalvergleich zugrunde gelegten Rechnungsstandard mit einem oder mehreren anderen Betrieben konsolidiert wird oder werden könnte. Ein Betrieb gehört auch zu einem Konzern, wenn sein Finanz- und Geschäftsbetrieb mit einem oder mehreren anderen Betrieben einheitlich bestimmt werden kann. Bereits aus der Gesetzesbegründung der Bundesregierung ergibt sich, dass eine Teilkonsolidierung gemeinschaftlich geführter Unternehmen nach § 310 HGB oder nach IAS 31 nicht ausreicht (siehe zur Quotenkonsolidierung eines Gemeinschaftsunternehmens unter joint control bzw. der wahlweisen Bilanzierung nach der Equity-Methode bei Anwendung von IAS: *Großfeld/Luttermann*, Bilanzrecht, 4. Aufl., 2005, Rz. 1276 ff). Die JV GmbH ist nicht konzernzugehörig. Die Zinsaufwendungen könnten danach auch über 30 % der steuerlichen EBITDA abgezogen werden.

300 Jedoch ist hier § 4h Abs. 2 Satz 2 EStG zu beachten. Ist eine Personengesellschaft einer Körperschaft nachgeordnet, gilt für die Gesellschaft § 8a Abs. 2 und Abs. 3 KStG entsprechend. Danach liegt eine schädliche Gesellschafterfremdfinanzierung vor, wenn

- die Zinsaufwendungen der Personengesellschaft

- an einen zu mehr als 25 % unmittelbar oder mittelbar beteiligten Anteilseigner, eine diesem nahestehende Person i. S. v. § 1 Abs. 2 AStG oder einen Dritten, der auf einen maßgeblich beteiligten Anteilseigner oder eine diesem nahe stehenden Person zugreifen kann,

- 10 % des Zinssaldos der Personengesellschaft übersteigen.

301 Hier ist die Pharma AG eine solche finanzierende mittelbare Gesellschafterin. In diesem Fall bleibt es bei der Grundregel. Der negative Zinssaldo ist nur bis maximal 30 % des steuerlichen EBITDA abziehbar.

(3) Escape bei Konzernzugehörigkeit

302 Im Falle eines Konzerns greift die Zinsschranke dann nicht, wenn die **Eigenkapitalquote des inländischen Betriebs diejenige des Konzerns um maximal 2 % unterschreitet**. Dann ist im Grundsatz der betroffene Betrieb nicht höher fremdfinanziert als der Gesamtkonzern und ein voller Abzug des negativen Zinssaldos zu gewähren. Dabei ist die Eigenkapitalquote das Verhältnis des Eigenkapitals zur Bilanzsumme. Maßgeblich sind dabei

- vorrangig der IFRS-Abschluss

- ansonsten nachrangig Abschlüsse nach Handelsrecht eines EU-Mitgliedsstaates, wenn kein Konzernabschluss nach IFRS zu erstellen und offen zu legen ist und auch für keines der letzten fünf Wirtschaftsjahre ein Konzernabschluss nach IFRS erstellt wurde;

- nur ansonsten können auch US-GAAP-Abschlüsse herangezogen werden;
- andere Rechnungslegungsstandards als IFRS und HGB können nur dann verwandt werden, wenn der Konzernabschluss die Voraussetzungen erfüllt, unter denen ein Abschluss nach den § 291 und § 292 HGB befreiende Wirkung hätte. Hierzu gehört auch, dass der Konzernabschluss in deutscher Sprache offen gelegt und durch einen Abschlussprüfer (siehe zur Qualifikation, § 292 Abs. 2 und 3 HGB) geprüft wird.

Dabei müssen der Konzernabschluss und der Einzelabschluss nach einheitlichen Rechungslegungsstandards erstellt werden. Eventuelle Überleitungsrechnungen sind einer „prüferischen Durchsicht" zu unterziehen. Maßgeblicher Zeitpunkt ist die **Eigenkapitalquote des Betriebs am Schluss des vorangegangenen Wirtschaftsjahres.** § 4h Abs. 2 c Sätze 5 und 6 EStG enthalten dabei verschiedene Korrekturen, auf die hier im Einzelnen nicht eingegangen werden soll, insbesondere ist aber darauf hinzuweisen, dass das Eigenkapital des Betriebes um Anteile an anderen Konzerngesellschaften gekürzt wird, um Kaskadeneffekte zu verhindern. Das bedeutet, dass eine im Konzernabschluss nach IFRS oder HGB nicht zu konsolidierende Beteiligung an einer Joint Venture-Kapitalgesellschaft (siehe oben Rz. 294) das Eigenkapital des direkten, seinerseits konzernzugehörigen Joint Venture-Gesellschafters bei Anwendung der Zinsschranke auf dessen Ebene für die Ausnahme von der Zinsschranke nach der Escape-Klausel stärkt. Die Beteiligung an einer Joint Venture-Personengesellschaft ist nach Auffassung der Finanzverwaltung dagegen unabhängig von der Beteiligungshöhe zu kürzen. 303

BMF-Schreiben v. 4.7.2008, BStBl. I 2008, 718, Tz. 74.

Soweit die Escape-Klausel greift, gibt es auch hier wiederum eine Gegenausnahme im Fall einer schädlichen **Gesellschafterfremdfinanzierung,** siehe § 8a Abs. 3 KStG für Kapitalgesellschaften und die entsprechende Anwendung nach § 4h Abs. 2 Satz 2 KStG für einer Kapitalgesellschaft nachgeordnete Personengesellschaften. Auf die obigen Ausführungen unter Rz. 296 ff kann dazu verwiesen werden. Jedoch sind insoweit Finanzierungen innerhalb des Konsolidierungskreises unschädlich. Eine Gesellschafterfremdfinanzierung muss von außerhalb des Konzerns kommen. Zu beachten ist dabei, dass bereits eine schädliche Gesellschafterfremdfinanzierung von außen an eine in- oder ausländische Konzerngesellschaft den gesamten Konzern infiziert und den Escape für alle Konzerngesellschaften verhindert. 304

(4) EBITDA-Vortrag

Soweit das verrechenbare EBITDA eines Betriebs in einem Wirtschaftsjahr größer als der Nettozinsaufwand ist, kann dieses in spätere Wirtschaftsjahre vorgetragen werden, § 4h Abs. 1 Satz 3 und 4 EStG. Ein EBITDA-Vortrag kann nur in Wirtschaftsjahren entstehen, in denen keine der oben genannten Ausnahmen (Freigrenze, keine Konzernzugehörigkeit, Escape) zur Anwen- 305 dung kommt. Der Vortrag ist auf die folgenden fünf Wirtschaftsjahre begrenzt. Dementsprechend ist die Verwendungsreihenfolge gesetzlich festgelegt: Der jeweils älteste EBITDA-Vortrag ist zuerst zur Verrechnung zu bringen, § 4h Abs. 1 Satz 4 EStG.

(5) Zinsvortrag

306 Der nichtabzugsfähige Nettozinsaufwand ist als Zinsvortrag in folgenden Jahren nutzbar. Dazu wird in den Folgejahren der Zinsvortrag für die Anwendung der Zinsschranke dem laufenden Zinsaufwand des betreffenden Jahres zugeschlagen. Eine zeitliche Beschränkung des Zinsvortrags besteht anders als beim EBITDA-Vortrag nicht. Der Zinsvortrag geht allerdings bei Aufgabe oder Übertragung des Betriebes unter, § 4h Abs. 5 Satz 1 EStG. Im Fall einer Kapitalgesellschaft gilt dazu die Regelung über den gesamten bzw. anteiligen Untergang eines Verlustvortrages nach § 8c KStG entsprechend, siehe § 8a Abs. 1 Satz 3 KStG, sowie zum Verlustvortrag unter Rz. 328 ff.

bb) Überentnahmen bei Personengesellschaften

307 Bei einer Personengesellschaft (aber nicht Kapitalgesellschaften) ist vor Anwendung der Zinsschranke noch zu prüfen, ob die Schuldzinsen aufgrund von **Überentnahmen** i. S. v. § 4 Abs. 4 a EStG überhaupt abzugsfähig sind.

> Siehe BMF-Schreiben v. 17.11.2005, BStBl. I 2005, 1019 und
> v. 12.6.2006, BStBl. I 2006, 416;
> BMF-Schreiben v. 7.8.2008, BStBl. I 2008, 588.

cc) Finanzierungskosten für den Beteiligungserwerb

308 Die steuerliche **Abziehbarkeit von Finanzierungszinsen** im Zusammenhang mit dem Beteiligungserwerb wird je nach Rechtsform des Beteiligungsunternehmens, der Rechtsform und des Sitzes/Wohnsitzes des Gesellschafters unterschiedlich behandelt. Bei natürlichen Personen ist der Abzug der Finanzierungskosten für den Erwerb einer Beteiligung an einer Kapitalgesellschaft begrenzt. Aufwendungen **natürlicher Personen** mit Wohnsitz im Inland zur Finanzierung des Erwerbs von **Kapitalgesellschaftsanteilen, die im Betriebsvermögen** gehalten werden, sind **zu 60 % abziehbar** (Teileinkünfteverfahren) Anteile im Privatvermögen sollen hier aufgrund der Abgeltungswirkung der Kapitalertragsteuer nicht näher behandelt werden. Finanzierungskosten können im Privatvermögen nur in besonderen Konstellationen (z. B. Beteiligung von mind. 25 % an einer Kapitalgesellschaft) bei Antrag zur Veranlagung abgezogen werden, siehe auch § 32d Abs. 2 Nr. 3 EStG.

309 Bei Kapitalgesellschaften gibt es keine entsprechende Begrenzung. Hier gelten 5 % der Dividende pauschal als nicht abzugsfähige Betriebsausgaben, § 8b Abs. 5 KStG. Die tatsächlichen Finanzierungskosten sind dadurch voll abzugsfähig.

Demgegenüber sind die Finanzierungsaufwendungen einkommensteuerlich 310
im Grundsatz als **Sonderbetriebsausgaben** voll abziehbar, wenn der Erwerb
einer **GmbH & Co. KG-Beteiligung** finanziert wird. Dies gilt sowohl für
natürliche Personen als auch Kapitalgesellschaften als Gesellschafter der Personengesellschaft.

Ist der **Gesellschafter nur beschränkt steuerpflichtig** in Deutschland, richtet 311
sich die Abziehbarkeit der Finanzierungszinsen für eine Kapitalgesellschaftsbeteiligung in der Regel nach dem Steuerrecht des Sitzstaates des Gesellschafters. Wird die Beteiligung an einer deutschen GmbH & Co. KG
gehalten, sind die Schuldzinsen allerdings als Sonderbetriebsausgaben bei der
Ermittlung der deutschen Einkünfte aus Gewerbebetrieb zu berücksichtigen.

> Siehe Betriebsstättenerlass v. 24.12.1999, BStBl I 1999, 1076
> Tz. 1.1.5.5.

In allen Fällen ist zu beachten, dass die Finanzierungskosten nur in den 312
Grenzen der **Zinsschranke** abzugsfähig sind.

dd) Gewerbesteuer

Soweit Schuldzinsen nach Anwendung der Zinsschranke einkommen bzw. 313
körperschaftsteuerlich als **Betriebsausgaben** bzw. **Sonderbetriebsausgaben**
abzusetzen sind, sind sie gem. § 8 Nr. 1 GewStG zu 25 % dem Gewerbeertrag hinzuzurechnen, wenn die Schuldzinsen zusammen mit anderen Aufwendungen (insbesondere Miet- und Pachtzinsen) den Betrag von 100.000 €
übersteigen, und unterliegen der Gewerbesteuer.

f) Umstrukturierungen bei Begründung des Joint Ventures

Die Rechtsform der **Kapitalgesellschaft** ist im Vergleich zur GmbH & Co. 314
KG unflexibler. Die Übertragung von Vermögenswerten auf die Gesellschaft
ist aber z. B. dann **steuerneutral** möglich, wenn die Voraussetzungen des
§ 20 oder § 21 UmwStG erfüllt sind. Danach besteht ein Wahlrecht zum
Buchwertansatz nur in den Fällen, in denen ein **Betrieb, Teilbetrieb, Mitunternehmeranteil gegen Gewährung von Gesellschaftsrechten** (also im Wege einer Sachkapitalerhöhung und nicht der verdeckten Einlage) in eine deutsche Kapitalgesellschaft eingebracht wird. Bei Einbringung einer Kapitalgesellschaftsbeteiligung gegen Gewährung von Gesellschaftsrechten ist dazu
gefordert, dass die übernehmende Gesellschaft nach der Einbringung eine
Mehrheitsbeteiligung hält. Auch die **Überführung** von Wirtschaftsgütern,
Teilbetrieben, Betrieben oder Mitunternehmeranteilen der Kapitalgesellschaft
auf ihre Gesellschafter oder Schwestergesellschaften ist **nur erfolgswirksam
möglich**

> Siehe ausführlich Rz. 346 ff.

Auf eine **Personengesellschaft** können gem. § 24 UmwStG Betriebe, Teilbetriebe und Mitunternehmeranteile gegen Gewährung von Gesellschaftsrech- 315 ten wahlweise zum Buchwert übertragen werden. Darüber hinaus bietet die **Personengesellschaft** die Möglichkeit, unter bestimmten Umständen auch **Einzelwirtschaftsgüter** des Betriebsvermögens von Gesellschaftern zum Buchwert auf die Personengesellschaft oder umgekehrt zu übertragen (§ 6 Abs. 5 EStG).

316 Indes ist die Übertragung von Kapitalgesellschaftsanteilen des Privatvermögens i. S. d. § 17 EStG auf eine Personengesellschaft nur im Wege der verdeckten Einlage nach § 6 Abs. 1 Nr. 5 EStG, nicht aber im Wege der offenen Einlage gegen Gewährung von Gesellschaftsrechten steuerneutral möglich.

> Siehe BFH, v. 5.6.2008 – IV R 73/05, BStBl. II 2008, 965;
> BFH, v. 19.10.1998 – VIII R 69/95, BStBl. II 2000, 230;
> BMF-Schreiben v. 26.11.2004, BStBl. I 2004, 1190;
> BMF-Schreiben v. 29.3.2000, BStBl. I 2000, 462.

317 Häufig stehen die Begründung eines Joint Ventures und die damit verbundene Überführung von Vermögenswerten auf die Joint-Venture-Gesellschaft unter der **Prämisse**, dass sie **erfolgsneutral** erfolgen soll. Diese Prämisse kann dazu führen, dass die Rechtsform einer Personengesellschaft zu wählen ist, wenn beispielsweise Einzelwirtschaftsgüter zu übertragen sind und die Begründung einer Joint-Venture-Kapitalgesellschaft daher nicht erfolgsneutral möglich ist.

> Ausführlich zu den verschiedenen Möglichkeiten der Begründung eines Joint Venture Rz. 12 ff.

g) Erbschaft- und Schenkungsteuer

318 Nach der Erbschaftsteuerreform 2008 sind sowohl Mitunternehmeranteile an einer GmbH & Co. KG als auch Kapitalgesellschaftsanteile für Zwecke der Erbschaft- und Schenkungsteuer mit dem gemeinen Wert anzusetzen.

319 Sowohl für Mitunternehmeranteile als auch für Kapitalgesellschaftsanteile kommen die Vergünstigungen für Betriebsvermögen in Betracht, §§ 13a, 13b ErbStG. Danach wird bei Einhaltung der Lohnsummenfrist und der Behaltensfrist sog. Verschonungsabschlag von 85 % oder auf Antrag unter strengeren Voraussetzungen von 100 % gewährt.

320 Die Begünstigung greift bei Anteilen an Kapitalgesellschaften u. a. nur dann, wenn der Erblasser oder Schenker am Nennkapital der Gesellschaft zu mehr als einem Viertel unmittelbar beteiligt war bzw. ist. Bei Mitunternehmeranteilen kommt es dagegen nicht auf die Beteiligungshöhe an.

h) Zusammenfassung

321 Sowohl die **Rechtsform** der GmbH als auch die der GmbH & Co. KG bringt **Vor- und Nachteile** mit sich, so dass sich keine der genannten Rechtsformen uneingeschränkt anbietet. Die Rechtsformwahl kann daher bei jedem zu begründenden Joint Venture nur im Einzelfall getroffen werden.

III. Steuerrecht

Die im Regelfall **relevanten steuerlichen Entscheidungskriterien** und ihre 322
Bewertung in Abhängigkeit von der Rechtsform des Joint Venture und des
Joint-Venture-Partners werden nachfolgend in einer tabellarischen Plus-Minus-Übersicht zusammengefasst. Dabei beschränkt sich die Übersicht auf inländische Joint-Venture-Partner.

Inländische Joint-Venture-Partner	Natürliche Person		Kapitalgesellschaft	
Joint-Venture-Gesellschaft	GmbH	GmbH & Co. KG	GmbH	GmbH & Co. KG
Vollausschüttung des Gewinns	–	+	+	+
Thesaurierung der Gewinne	+	–	+	+
Entstehung von Verlusten	–	+	–	+
Veräußerungsgewinn ohne erm Steuersatz	+	–	+	–
mit erm. Steuersatz	+	+	+	–
Veräußerungsverlust	–	+	–	+
Finanzierungsaufwendungen für Beteiligung	–	+	+	+
Finanzierung allgemein	–	–	–	–
Umstrukturierung	–	+	–	+
Erbschaft- und Schenkungsteuer	–	+	–	+

Aus dieser Plus/Minus-Betrachtung lassen sich für **inländische Joint-Venture-** 323
Partner folgende grundsätzliche Aussagen ableiten:

- Erwirtschaftet die Joint-Venture-Gesellschaft **Gewinne und** ist an **eine dauerhafte Thesaurierung** dieser Gewinne gedacht, spricht dies trotz der Thesaurierungsbegünstigung für Personengesellschaften bei der Einkommensteuer nach § 34a EStG eher für die Wahl der Rechtsform **einer Kapitalgesellschaft**. Etwas anders gilt nur dann, wenn ein ausländischer Joint Venture Partner Kapitalertragssteuern auf Dividendenausschüttungen vermeiden muss. Die Kapitalgesellschaft ist auch steuerlich vorteilhaft, wenn ein **Exit mit Gewinn** beabsichtigt ist. Denn die Gewinne aus der Veräußerung von Anteilen an einer Kapitalgesellschaft sind grundsätzlich nur zur Hälfte (ab 2009 zu 60 %) oder gar nicht ertragsteuerpflichtig, wobei die bestehenden Ausnahmen zu beachten sind.

- **Gegen** die Wahl der Rechtsform einer **Kapitalgesellschaft** spricht eine beabsichtigte **Vollausschüttung** der laufenden Gewinne an natürliche

Personen oder an Personengesellschaften mit natürlichen Personen als Gesellschafter. Gleiches gilt im Fall der Entstehung von **laufenden Verlusten** und von **Veräußerungsverlusten**.

- Für die Wahl der Rechtsform der **Personengesellschaft** können auch die Möglichkeiten einer **erfolgsneutralen Begründung** des Joint Venture sprechen sowie die in der Regel günstigere Erbschaft- und Schenkungsbesteuerung.

324 Aus der **Sicht eines ausländischen Joint-Venture-Partners** könnte u. U. die **Nichterhebung deutscher Quellensteuer** für die Wahl der Rechtsform der **GmbH & Co. KG** sprechen. Allerdings ergibt sich dieser Vorteil nur im Fall von Ausschüttungen an natürliche Personen und Kapitalgesellschaften, denen keine Freistellung von der Quellensteuer nach der EU-Mutter-Tochter-Richtlinie bzw. einem Doppelbesteuerungsabkommen gewährt wird. **Gegen die Wahl der GmbH & Co. KG** spricht allerdings in diesen Fällen die Tatsache, dass **Leistungsbeziehungen** zwischen dem ausländischen Joint-Venture-Partner und der deutschen GmbH & Co. KG nach der derzeitigen nationalen Regelung (§ 50d Abs. 10 EStG) er deutschen Besteuerung unterliegen, was international nicht unumstritten ist und zu steuerlichen Doppelerfassungen führen kann. Diese steuerlichen Sonderbehandlungen von Leistungsbeziehungen scheiden grundsätzlich bei Wahl der Rechtsform der **GmbH** aus. **Entscheidungserheblich** ist stets **auch** die hier nicht betrachtete **Besteuerungssituation im Wohnsitz- bzw. Sitzstaat** des Joint-Venture-Partners.

2. Besteuerung der Begründung des Joint Ventures

325 **Ausgangspunkt** der nachfolgenden Überlegungen ist vorrangig ein **deutsches Joint Venture**, d. h. sowohl die Joint-Venture-Gesellschaft als auch die Joint-Venture-Partner sind in Deutschland unbeschränkt steuerpflichtig. Die Steuerfolgen im Ausland bei grenzüberschreitenden Fällen werden nicht betrachtet. Dabei wird unterstellt, dass die Joint-Venture-Gesellschaft (Zielgesellschaft) die Rechtsform einer Kapital- (nachfolgend: GmbH) oder einer Personengesellschaft (nachfolgend: GmbH & Co. KG) haben wird.

Zur Rechtsformwahl siehe oben Rz. 255 ff, und unten Rz. 911.

326 Häufig muss **vor der Begründung** des Joint Ventures das Joint-Venture-Objekt des jeweiligen Joint-Venture-Partners auch Joint Venture-fähig gemacht werden. Dies erfordert in der Regel **mehr oder minder umfangreiche Restrukturierungsmaßnahmen** der Joint Venture-Objekte, die bereits mit Blick auf die geplante Struktur des Joint Ventures gestaltet werden sollten. Die erforderlichen Restrukturierungsmaßnahmen sollten, soweit möglich, vor der Begründung des Joint Ventures vorgenommen werden. Hierfür gelten im Wesentlichen die gleichen Überlegungen wie im Zusammenhang mit der Begründung eines Joint Ventures. Allerdings dürften steuerneutrale Umwandlungen eine noch größere Rolle spielen, als beim Weg in das Joint Venture.

III. Steuerrecht

Die **Begründung** eines Joint Ventures geht in der Regel mit der **Übertragung von Vermögenswerten** von den Joint Venture-Partnern auf eine bereits bestehende oder neu errichtete Joint Venture-Gesellschaft einher. Die auf die Zielgesellschaft zu übertragenden Vermögenswerte können sehr unterschiedlich sein. So kann eine Übertragung 327

- eines oder mehrerer Wirtschaftsgüter des Betriebsvermögens oder – eher seltener – des Privatvermögens,
- eines oder mehrerer Teilbetriebe oder Betriebe,
- eines Anteils oder mehrerer Anteile an Personengesellschaften,
- eines Anteils oder mehrerer Anteile an Kapitalgesellschaften, die zum Betriebs- oder zum Privatvermögen des Joint-Venture-Partners gehören,

auf die aufnehmende Joint-Venture-Gesellschaft erforderlich werden. Bei den zu übertragenden Vermögenswerten kann es sich dabei um Inlands- oder Auslandsvermögen handeln.

Zu beachten ist, dass insbesondere die Übertragung von Gesellschaftsanteilen dazu führen kann, dass bestehende **gewerbesteuerliche Verlustvorträge** bei Übertragung von Anteilen an **Personengesellschaften** wegen des Wegfalls der Unternehmeridentität bzw. **gewerbe- und körperschaftsteuerliche Verlustvorträge** bei der Übertragung von Anteilen an **Kapitalgesellschaften** gem. § 8c KStG sowie § 10a GewStG entfallen können. Durch die Unternehmenssteuerreform 2008 hat sich die Regelung zur Verlustnutzung dramatisch verschärft. Nach der Altregelung in § 8 Abs. 4 Satz 2 KStG a. F. war nur die unmittelbare Übertragung von mehr als der Hälfte der Anteile an einer Kapitalgesellschaft plus die Zuführung überwiegend neuen Betriebsvermögen schädlich. Nunmehr gilt, dass der Verlustvortrag 328

- **quotal** untergeht, soweit Anteils- oder Stimmrechtsübertragungen von mehr als **25 % bis zu 50 %** erfolgen und
- **vollständig** untergeht, wenn **mehr als 50 % der Anteile** oder Stimmrechte übertragen werden.

Schädlich ist die Übertragung an einen Erwerber oder diesen nahe stehende Personen bzw. eine **Gruppe von Erwerbern mit gleichgerichteten Interessen**, was bei Joint Venture-Partnern regelmäßig der Fall sein dürfte. Die Regelung stellt nicht nur auf die Übertragung des gezeichneten Kapitals ab, sondern auch auf den Erwerb von Beteiligungsrechten oder Stimmrechten sowie vergleichbare Fälle. Der Anwendungsbereich des § 8c KStG ist insbesondere deshalb sehr weit, weil auch mittelbare Beteiligungsübertragungen zum Untergang des Verlustvortrags führen können. 329

Siehe hierzu BMF-Schreiben v. 4.7.2007, BStBl. I 2007, 736.

Die Regelung des § 8c KStG wurde durch die Unternehmenssteuerreform 2008 zunächst ohne jegliche Ausnahme eingeführt. Eine Entschärfung ist 330 zwischenzeitlich durch das Wachstumsbeschleunigungsgesetz vom 22.12.2009 eingetreten, das zwei Ausnahmeregelungen enthält:

- **Konzernklausel:** Nach der Konzernklausel des § 8c Abs. 1 Satz 5 KStG bleiben die Verlustvorträge trotz eines schädlichen Beteiligungserwerbs erhalten, wenn der übertragende und der übernehmende Rechtsträger unmittelbar oder mittelbar zu 100 % von derselben Person gehalten werden. Aufgrund des 100 % Erfordernisses ist der Anwendungsbereich dieser Ausnahmeregelung jedoch deutlich eingeschränkt und dürfte in Joint Venture-Konstellationen ausscheiden.

- **Stille Reserven-Klausel:** Ein Verlustvortrag ist trotz eines schädlichen Beteiligungserwerbs von mehr als 50 % weiterhin nutzbar, soweit er die im Inland steuerpflichtigen stillen Reserven des Betriebsvermögens der Kapitalgesellschaft nicht übersteigt, § 8c Abs. 1 Satz 6 KStG. Bei einem schädlichen Beteiligungserwerb von mehr als 25 % bis zu 50 % ist auf die anteiligen stillen Reserven abzustellen. Schwierigkeiten bereitet die Ausnahmeregelung in der praktischen Anwendung insbesondere bei der Bestimmung der Höhe der stillen Reserven. Definiert sind diese als Unterschiedsbetrag zwischen dem (anteiligen) in der steuerlichen Gewinnermittlung ausgewiesenen Eigenkapital und dem auf dieses Eigenkapital entfallenden gemeinen Wert der Anteile an der Kapitalgesellschaft, § 8c Abs. 1 Satz 7 KStG.

331 **Des Weiteren** ist zu beachten, dass die Übertragung von Anteilen an Organgesellschaften zur **Beendigung von steuerlichen Organschaften** führt, soweit hierdurch die Eingliederungsvoraussetzungen (finanzielle Eingliederung durch Mehrheitsbeteiligung) zum alten Organträger nicht mehr erfüllt sind und selbige zu einem neuen Organträger (noch) nicht erfüllt sind. Insbesondere im Hinblick auf bestehende Organschaften kann daher die Wahl des richtigen Übertragungszeitpunktes, nämlich zum Ende des Wirtschaftsjahres der Organgesellschaft, von Bedeutung sein.

332 Die Vielfalt der denkbaren Sachverhalte bringt es mit sich, dass eine umfassende Darstellung der Einzelprobleme und -Fragestellungen der Übertragungsvorgänge nicht möglich ist. Die nachfolgende **Darstellung beschränkt** sich daher auf einen Überblick der ertrag-, umsatz- und grunderwerbsteuerlichen Behandlung gängiger **Übertragungen von Inlandsvermögen. Ziel** ist es regelmäßig, die erforderlichen Übertragungen so zu gestalten, dass die sich ergebende **Steuerbelastung minimiert** wird. Dies betrifft neben den Ertragsteuern insbesondere auch die Verkehrsteuern, nämlich die Umsatz- und die Grunderwerbsteuer, die anschließend behandelt werden.

a) Ertragsbesteuerung

333 Die Ertragsbesteuerung der Begründung einer Joint-Venture-Gesellschaft wird im Wesentlichen durch die Rechtsform der Joint-Venture-Gesellschaft bestimmt. **Grundsätzlich** sind die im Zuge der Begründung eines Joint Ven-

ture erforderlichen **Übertragungen von Vermögenswerten des Betriebsvermögens erfolgswirksam** und damit gewerbe- sowie einkommen- und körperschaftsteuerpflichtig. Die Steuergesetze sehen allerdings Ausnahmen hiervon vor.

In der Regel sind steuerneutrale Übertragungen gewünscht. Dabei spielen **offene Einlagen** (Einlagen gegen Gewährung von Gesellschaftsrechten) und **verdeckte Einlage** (Einlage gegen Gutschrift auf dem Kapitalkonto) eine Rolle. Im Einzelfall können aber auch steuerwirksame Übertragungen durchaus ratsam sein. Dies gilt insbesondere dann, wenn ein Joint-Venture-Partner über entsprechende ertragsteuerliche Verlustvorträge verfügt, mit denen ein realisierter Gewinn in den Grenzen der sog. Mindestbesteuerung (Versteuerung von 40 % des 1 Mio. € übersteigenden Gewinns, § 10d Abs. 2 EStG) verrechnet werden kann. Die Finanzverwaltung vertritt bisher aber die Auffassung, dass ein bis zum schädlichen Beteiligungserwerb erzielter laufender Gewinn eines Wirtschaftsjahres nicht mit bestehenden Verlustvorträgen verrechnet werden kann. Der BFH hat mittlerweile jedoch entschieden, dass diese Einschränkung weder aus dem Gesetzeswortlaut noch dem Sinn und Zweck der Regelung herzuleiten ist. 334

BMF-Schreiben v. 4.7.2007, BStBl. I 2007, 736, Tz. 31;
BFH, v. 30.11.2011 – I R 14/11, DStR 2012, 458.

Die nachfolgenden Überlegungen beschränken sich auf die am häufigsten auftretende Zielvorgabe einer steuerneutralen Begründung der Joint-Venture-Gesellschaft. 335

aa) Joint-Venture-Gesellschaft in der Rechtsform einer GmbH & Co. KG

Die grundsätzlich erfolgswirksame Übertragung von Vermögenswerten des Betriebsvermögens aus dem Eigentum des Joint-Venture-Partners in das Gesamthandseigentum einer Joint Venture GmbH & Co. KG wird durch mehrere Vorschriften durchbrochen, die der aufnehmenden Joint-Venture-Gesellschaft ein **Bewertungswahlrecht** für die übertragenen Vermögenswerte einräumen **und** somit eine **Buchwertfortführung** ermöglichen oder die den abgebenden Joint-Venture-Partner zum Buchwertansatz verpflichten und dem Übernehmer die Fortführung der Buchwerte vorschreiben. Zu nennen sind hier für Übertragungen aus einem Betriebsvermögen vor allem: 336

- § 6 Abs. 5 EStG (Einbringung einzelner Wirtschaftsgüter)
- § 16 Abs. 3 EStG (Realteilung, Spaltung einer Personengesellschaft)
- §§ 3 ff UmwStG (Verschmelzung einer Kapitalgesellschaft auf eine Personengesellschaft)
- § 16 Abs. 1 UmwStG (Spaltung einer Kapitalgesellschaft auf eine Personengesellschaft)
- § 24 UmwStG (Einbringungen; Verschmelzung von Personengesellschaften)

337 Zu beachten ist auch § 8b Abs. 2, Abs. 3 KStG. Nach dieser Vorschrift sind die Übertragungen von Anteilen an in- und ausländischen Kapitalgesellschaften durch eine inländische Kapitalgesellschaft grundsätzlich von den Ertragsteuern freigestellt. Wobei insoweit aber nach § 8b Abs. 3 Satz 1 KStG 5 % des steuerfreien Gewinns als nicht abzugsfähige Betriebsausgaben gelten. Im Ergebnis kommt es zu 95 %-igen Steuerbefreiung.

(1) § 6 Abs. 5 EStG (Einbringung von Einzelwirtschaftsgütern)

338 Das Buchwertfortführungsgebot des § 6 Abs. 5 Satz 3 EStG verdrängt als lex specialis das allgemeine Gewinnrealisierungsgebot für den Tausch von Wirtschaftsgütern gegen Gewährung von Gesellschaftsrechten des § 6 Abs. 6 EStG.

339 § 6 Abs. 5 Sätze 3–6 EStG regeln die Bewertung **einzelner Wirtschaftsgüter**, z. B. Anteile an Kapitalgesellschaften, die aus dem Betriebsvermögen eines Steuerpflichtigen **auf eine Personengesellschaft u. a. gegen Gewährung von Gesellschaftsrechten** übertragen werden. Danach ist für derartige Übertragungen **zwingend der Buchwert** anzusetzen.

BMF-Schreiben v. 8.12.2011, BStBl. I 2011, 1279;
zum BMF-Schreiben: *Schulze zur Wiesche*, DStZ 2012, 12 ff;
Scharfenberg, DB 2012, 193 ff.

340 Eine Buchwertfortführung ist nicht möglich bzw. diese wird rückwirkend versagt, **soweit** sich durch die Übertragung der Anteil einer Kapitalgesellschaft an dem Wirtschaftsgut unmittelbar oder mittelbar erhöht bzw. dies innerhalb einer Siebenjahresfrist nach der Übertragung des Wirtschaftsgutes erfolgt. Dies führt im Ergebnis dazu, dass eine insgesamt steuerneutrale Übertragung einzelner Wirtschaftsgüter auf eine Personengesellschaft, an der auch Kapitalgesellschaften beteiligt sind, nicht möglich ist.

Siehe *Brinkmann*, in: Lüdicke/Sistermann, § 13 Rz. 50.

341 Die Finanzverwaltung akzeptiert zur Vermeidung einer anteiligen Aufdeckung der stillen Reserven auch keine ausschließliche Zuordnung der stillen Reserven auf die beteiligten natürlichen Personen im Wege einer Ergänzungsbilanz.

BMF-Schreiben v. 8.12.2011, BStBl. I 2011, 1279, Tz. 28.
Für die Möglichkeit der Aufstellung von Ergänzungsbilanzen dagegen: *Groh*, DB 2003, 1403/1407;
dagegen L. Schmidt/*Glanegger*, EStG, § 6 Rz. 724.

342 Zu beachten ist, dass die Vorschrift nach Auffassung der Finanzverwaltung auch gilt, soweit eine Körperschaft einbringt und sich der Anteil einer anderen Körperschaft erhöht.

BMF-Schreiben v. 8.12.2011, BStBl. I 2011, 1279, Tz. 31.

III. Steuerrecht

Soweit es zu einer Gewinnrealisierung kommt, ist ggf. an die Übertragung 343
der stillen Reserven auf neu angeschaffte Wirtschaftsgüter nach § 6b EStG zu
denken, insbesondere bei Grundstücken.

Falls die Ausnahmen bei Beteiligung von Körperschaften nicht greifen, ist 344
auch noch zu beachten, dass der Zwang zur Buchwertfortführung an eine
dreijährige Behaltefrist geknüpft ist, die erst mit Abgabe der Steuererklärung für den Veranlagungszeitraum beginnt, in dem die Einbringung erfolgt ist. Zumindest das kann aber vermieden werden, wenn die bis zur Übertragung entstandenen stillen Reserven durch die Erstellung einer Ergänzungsbilanz dem übertragenen Gesellschafter zugeordnet werden. Hierdurch ist sichergestellt, dass die bis zur Übertragung entstandenen stillen Reserven in der Person des übertragenden Mitunternehmers versteuert werden. Wird keine Ergänzungsbilanz gebildet und wird innerhalb der Behaltefrist verkauft, hat der Übertragende rückwirkend den Teilwert anzusetzen. Schon um hier Streit unter den Joint-Venture-Partnern zu vermeiden, empfiehlt sich die Bildung einer Ergänzungsbilanz oder ansonsten eine klare vertragliche Regelung für die zu tragenden Steuerlasten im Verkaufsfall.

Zur Bildung von Ergänzungsbilanzen siehe
Ley, KÖSDI 2001, 12982, 12992 ff.

Dieser Vorschrift kann also für **eine steuerneutrale Begründung** eines Joint 345
Ventures **erhebliche Bedeutung** zukommen. Dies ist insbesondere dann der
Fall, wenn nur einzelne Betriebsteile oder Sparten, die keinen Teilbetrieb
darstellen, auf eine Joint-Venture-Gesellschaft ausgegliedert werden sollen
und folglich das Bewertungswahlrecht des § 24 UmwStG nicht zur Anwendung kommt. Voraussetzung ist allerdings, wie oben ausgeführt, dass der andere Joint-Venture-Partner keine Kapitalgesellschaft ist, da ansonsten insoweit eine Gewinnrealisierung nach § 6 Abs. 5 Satz 5 EStG zwingend eintritt.

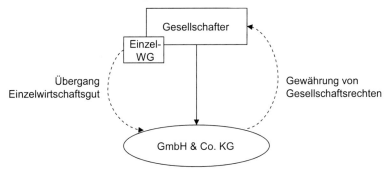

Ob die Übertragung von **Einzelwirtschaftsgütern auf eine Schwesterper-** 346
sonengesellschaft gegen Gewährung von Gesellschaftsrechten unter § 6
Abs. 5 Satz 3–6 EStG fällt, ist strittig. Die Finanzverwaltung lehnt die Buchwertfortführung bei der Übertragung zwischen Schwesterpersonengesellschaften (auch bei beteiligungsidentischen) unter Berufung auf das Urteil des

I. Senats des BFH vom 25.12.2009 (I R 72/08, BStBl. II 2010, 971) ab. Der IV. Senat des BFH will dagegen die Übertragung zum Buchwert vornehmen (Beschluss vom 15.4.2010, IV B 105/09, DStR 2010, 1070).

> BMF-Schreiben v. 8.12.2011, BStBl. I 2011, 1279, Tz. 18.
> Gemäß BMF-Schreiben v. 29.10.2010, BStBl. I 2010, 1206 wird aufgrund des BFH-Beschlusses v. 15.4.2010 – IV B 105/09, auf Antrag Aussetzung der Vollziehung gewährt.

347 Das zu übertragende Wirtschaftsgut muss **aus dem Betriebsvermögen des Joint-Venture-Partners** kommen. Hierbei kann es sich um Wirtschaftsgüter eines Einzelunternehmers, einer Kapitalgesellschaft oder einer Mitunternehmerschaft handeln, an der natürliche Personen oder Kapitalgesellschaften beteiligt sind.

348 Nicht abschließend geklärt ist, ob eine **Übertragung gegen Gewährung von Gesellschaftsrechten** nur in dem Fall vorliegt, in dem der Buchwert des übertragenen Wirtschaftsguts dem **Kapitalkonto I** des Einbringenden bei der Joint-Venture-Gesellschaft gutgebracht wird, das für seine Beteiligungsquote maßgebend ist. Nach Auffassung der Finanzverwaltung ist entscheidend, ob das Konto Eigenkapital- oder Darlehenscharakter hat, so dass auch die Gutschrift auf einem das Beteiligungsverhältnis nicht beeinflussenden Gesellschafterkapitalkonto (häufig als Kapitalkonto II bezeichnet) zum Buchwertansatz führt. Ein wesentliches Indiz für das Vorliegen eines solchen Eigenkapitalkontos ist, dass auf ihm auch Verluste gebucht werden.

> BMF-Schreiben v. 8.12.2011, BStBl. I 2011, 1279, Tz. 16;
> zur Abgrenzung zwischen Eigenkapital- und Darlehenskonto
> siehe auch BFH, v. 16.10.2009 – IV R 98/06, BStBl. II 2009, 272;
> BMF-Schreiben v. 30.5.1997, BStBl. I 1997, 627;
> **a. A. z. B.** *Herrmann/Neufang*, BB 2000, 2599, 2601;
> *Kemper/Konold*, DStR 2000, 2119, 2121;
> *Düll/Fuhrmann/Eberhardt*, DStR 2000, 1713, 1716.

349 Vorsorglich sollte eine Gutschrift auf dem Kapitalkonto I erfolgen. Eine Abklärung mit dem Finanzamt im Wege einer verbindlichen Auskunft wäre gebührenpflichtig.

350 Eine zusätzliche Gutschrift auf dem **Rücklagenkonto** (gesamthänderisch gebundene Rücklage) neben der Gutschrift auf einem Eigenkapitalkonto führt nach Auffassung der Finanzverwaltung insgesamt zu einem entgeltlichen Vorgang. Die Übertragung muss zwingende mit dem Buchwert erfolgen, § 6 Abs. 5 Satz 3 Nr. 1 EStG.

> BMF-Schreiben v. 8.12.2011, BStBl. I 2011, 1279, Tz. 16.

351 Ein (teil-)entgeltliches Geschäft liegt ebenfalls vor, wenn und soweit mit den Einzelwirtschaftsgütern **Verbindlichkeiten** auf die Joint Venture GmbH & Co. KG übertragen werden. Die Übernahme von Verbindlichkeiten ist steuerlich als Entgelt zu qualifizieren und führt im gleichen Umfang wie die Gutschrift auf einem Gesellschafterdarlehenskonto zu Gewinnrealisierungen.

(2) § 16 Abs. 3 EStG (Realteilung, Spaltung einer Personengesellschaft)

Dem § 6 Abs. 5 Sätze 3–6 EStG vergleichbare Regelungen enthalten die Grundsätze zur **Realteilung von Personengesellschaften** gem. § 16 Abs. 3 Sätze 2–4 EStG. Ist es danach generell möglich, im Zuge der Realteilung einer Mitunternehmerschaft Teilbetriebe, Mitunternehmeranteile oder einzelne Wirtschaftsgüter in das jeweilige Betriebsvermögen der einzelnen Mitunternehmer zu übertragen, so sind bei der Ermittlung des Gewinns der Mitunternehmerschaft die Wirtschaftsgüter mit dem **Buchwert** anzusetzen, sofern die Besteuerung der stillen Reserven sichergestellt ist. Der übernehmende Mitunternehmer ist an diese Werte gebunden. Im Fall der Übertragung einzelner Wirtschaftsgüter zum Buchwert gilt eine Sperrfrist für übertragenen Grund und Boden, Gebäude und andere übertragene wesentliche Betriebsgrundlagen. Werden diese innerhalb der Sperrfrist verkauft oder entnommen, ist rückwirkend auf den Zeitpunkt der Realteilung für diese Wirtschaftsgüter der Teilwert anzusetzen. Die Sperrfrist endet erst drei Jahre nach Abgabe der Feststellungserklärung der realgeteilten Mitunternehmerschaft für den Veranlagungszeitraum der Realteilung. Es empfiehlt sich für diesen Fall durch eine vertragliche Ausgleichsklausel vorzusorgen. **Eine steuerneutrale Realteilung ist nicht möglich, soweit einzelne Wirtschaftsgüter unmittelbar oder mittelbar auf eine Körperschaft (insbesondere Kapitalgesellschaft) übertragen werden.** 352

Bei einer Realteilung geht die Personengesellschaft unter. Zivilrechtlich kann das eine Naturalteilung im Wege der Einzelrechtsnachfolge aber auch eine Aufspaltung im Wege der Gesamtrechtsnachfolge nach dem UmwG bedeuten. Im Fall der **Aufspaltung gem. § 123 Abs. 1 UmwG** wird das Vermögen einer übertragenden Personenhandelsgesellschaft auf zwei bestehende oder neu zu gründende übernehmende Personenhandelsgesellschaften gegen Gewährung von Gesellschaftsrechten an die Gesellschafter der übertragenden Personenhandelsgesellschaft übertragen. 353

Aufspaltung

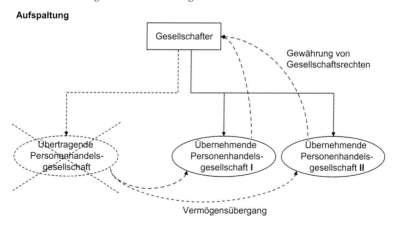

354 § 16 Abs. 3 EStG kommt aber vor allem im Zusammenhang mit der erfolgsneutralen Beendigung des Joint Ventures durch Realteilung größere Bedeutung zu (siehe Rz. 879 ff). Denn nach Auffassung der Finanzverwaltung müssen die Wirtschaftsgüter für eine Steuerneutralität in ein eigenes Betriebsvermögen des Realteilers übertragen werden. Eine direkte Übertragung in das Gesamthandsvermögen einer bestehenden oder neu zu gründenden Joint Venture GmbH & Co. KG an der ein oder auch alle Realteiler beteiligt sind, wird nicht zugelassen.

> Siehe dazu BMF-Schreiben v. 28.2.2006, BStBl. I 2006, 228, Abschnitt IV 1. Möglich ist lediglich die Übertragung in das Sonderbetriebsvermögen eines Realteilers bei der Joint Venture GmbH & Co. KG, indem bspw. ein Grundstück nach der Realteilung nur an die Joint Venture GmbH & Co. KG zur Nutzung überlassen wird.

355 Letztlich scheitert an dieser Auffassung der Finanzverwaltung auch zumindest häufig die Anwendung der Realteilungsgrundsätze auf eine Aufspaltung nach § 123 Abs. 1 UmwG. Denn nach § 124, § 3 Abs. 1 UmwG muss aufnehmender Gesellschafter eine Personenhandelsgesellschaft sein.

> Siehe Korn/*Stahl*, EStG, § 16 Rz. 292.

356 Im Fall der **Abspaltung** gem. § 123 Abs. 2 UmwG werden Teile des Vermögens von einer übertragenden Personenhandelsgesellschaft auf eine bestehende oder neu gegründete übernehmende Personenhandelsgesellschaft gegen Gewährung von Gesellschaftsrechten an die Gesellschafter der übertragenden Personenhandelsgesellschaft übertragen.

Abspaltung

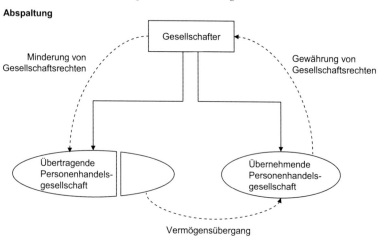

357 Im Gegensatz zur Aufspaltung bleibt die übertragende Personengesellschaft bei der Abspaltung erhalten. Aus diesem Grund handelt es sich **bei der Abspaltung nicht um einen Fall der Realteilung einer Personengesellschaft** nach § 16 Abs. 3 Satz 2 bis 4 EStG.

III. Steuerrecht

Auf- und Abspaltung fallen vielmehr unter § 24 UmwStG, siehe unten 358
Rz. 328, der allerdings keine steuerneutrale Übertragung einzelner Wirtschaftsgüter ermöglicht.

> *Patt*, in: Dötsch/Jost/Pung/Witt, § 24 UmwStG (SESTEG) Rz. 12, 45.

(3) §§ 3 ff UmwStG (Verschmelzung einer Kapital- auf eine Personengesellschaft)

Im Fall der **Verschmelzung** einer Kapitalgesellschaft auf eine Personengesellschaft 359
schaft überträgt die zu verschmelzende Kapitalgesellschaft ihr Vermögen
(ihren Betrieb) auf eine bestehende oder neu gegründete Personengesellschaft
gegen Gewährung von Gesellschaftsrechten an die Gesellschafter der übertragenden Kapitalgesellschaft unter gleichzeitiger Auflösung ohne Abwicklung.

Verschmelzung

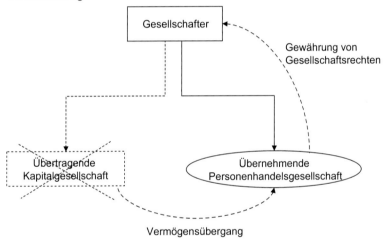

Zur Verschmelzung einer Personengesellschaft auf eine andere Personengesellschaft siehe nachfolgend Rz. 372. 360

> Siehe ausführlich:
> *Schwedhelm*, Die Unternehmensumwandlung;
> *Schaumburg/Schumacher*, in: Lutter/Winter, UmwG, Anhang 1 nach § 122 l.

Auf die Verschmelzung einer Kapitalgesellschaft auf eine Personengesellschaft 361
schaft sind die §§ 3 ff UmwStG anwendbar. Bei den sich ergebenden Besteuerungsfolgen sind drei Besteuerungsebenen zu beachten:

- die Ebene der übertragenden Körperschaft,
- die Ebene der übernehmenden Personengesellschaft,
- die Gesellschafterebene.

362 Gemäß § 3 Abs. 1, Abs. 2 UmwStG hat die **übertragende Körperschaft im Ergebnis ein Bewertungswahlrecht**, die im Rahmen der Verschmelzung auf die übernehmende Personengesellschaft übergehenden Wirtschaftsgüter in der steuerlichen Schlussbilanz mit dem Buchwert oder einem höheren Wert anzusetzen, Maximalwert ist der gemeine Wert. Soweit bis zur erstmaligen Abgabe der steuerlichen Schlussbilanz bei dem für die Besteuerung der übertragenden Körperschaft zuständigen Finanzamt kein anders lautender Antrag gestellt wird, erfolgt eine zwingende Gewinnrealisierung und Ansatz des gemeinen Wertes. Eine Maßgeblichkeit der Handelsbilanz für die Steuerbilanz besteht dabei zumindest seit der Reform des UmwStG durch das SEStEG nicht mehr. Der Ansatz des gemeinen Werts ist darüber hinaus auch dann zwingend, soweit die übernommenen Wirtschaftsgüter kein Betriebsvermögen werden bzw. das Recht der Bundesrepublik Deutschland hinsichtlich des Gewinns aus der Veräußerung ausgeschlossen oder eingeschränkt wird oder eine Gegenleistung gewährt wird, die nicht in Gesellschaftsrechten besteht.

363 Die **übernehmende Personengesellschaft** hat gem. § 4 Abs. 1 UmwStG die in der steuerlichen Schlussbilanz (Übertragungsbilanz) der übertragenden GmbH angesetzten Buchwerte zu übernehmen. Es entsteht insoweit **kein Übernahmegewinn**. Allerdings kann auf der Ebene der übernehmenden Personengesellschaft ein **Übernahmefolgegewinn** gem. § 6 UmwStG entstehen, wenn zwischen der übertragenden Körperschaft und der übernehmenden Personengesellschaft Forderungen und Verbindlichkeiten bestanden, die beispielsweise infolge von Teilwertabschreibungen auf die Forderungen inkongruent bewertet waren oder wenn im Zuge des Vermögensübergangs eine Rückstellung aufzulösen ist. Für einen Übernahmefolgegewinn darf seitens der übernehmenden Personengesellschaft eine den steuerlichen Gewinn mindernde **Rücklage** gem. § 6 Abs. 1 UmwStG gebildet werden. Die Rücklage ist grundsätzlich in den auf ihre Bildung folgenden drei Wirtschaftsjahren gem. § 6 Abs. 2 UmwStG mit mindestens je einem Drittel gewinnerhöhend aufzulösen.

364 Bei den steuerlichen Auswirkungen auf Gesellschafterebene ist nach der steuerlichen Qualifikation der Anteile an der übertragenden Kapitalgesellschaft zu differenzieren. Dabei soll die Betrachtung hier auf die zu einem inländischen Betriebsvermögen gehörenden Anteile beschränkt werden.

365 Bei **zu einem inländischen Betriebsvermögen gehörenden Anteilen** ist für den Gesellschafter gem. § 4 Abs. 4 UmwStG ein Übernahmegewinn oder -verlust zu ermitteln. Dieser ergibt sich in Höhe des Unterschiedsbetrags zwischen dem Wert, mit dem die übergegangenen Wirtschaftsgüter zu übernehmen sind, und dem Buchwert der Anteile an der übertragenden Körperschaft (abzüglich der Kosten für den Vermögensübergang).

366 Gemäß § 4 Abs. 5 UmwStG erhöht sich ein **Übernahmegewinn** und verringert sich ein Übernahmeverlust um einen Sperrbetrag i. S. d. § 50c EStG a. F. Ein anzusetzender Übernahmegewinn ist bei der übernehmenden Personengesellschaft gesondert festzustellen. Ein Übernahmegewinn bleibt gem.

§ 4 Abs. 7 UmwStG i. V. m. § 8b KStG wie eine Dividende außer Ansatz, soweit er auf eine Körperschaft, Personenvereinigung oder Vermögensmasse als Mitunternehmerin der Personengesellschaft entfällt. In den übrigen Fällen ist er zu 60 % anzusetzen (Teileinkünfteverfahren).

Ein **Übernahmeverlust** bleibt gem. § 4 Abs. 6 UmwStG bei einer Körperschaft, Personenvereinigung oder Vermögensmasse grundsätzlich außer Ansatz. In den übrigen Fällen kann ein Verlust i. H. v. 60 % der auf die natürliche Person entfallenden offenen Rücklagen berücksichtigt werden. 367

Ein Übernahmegewinn/-verlust ist gem. § 18 Abs. 2 UmwStG nicht bei der **Gewerbesteuer** zu berücksichtigen. 368

Zusätzlich ist jedoch die Besteuerung der offenen Rücklagen nach § 7 UmwStG zu beachten. Aufgrund der Verschmelzung wird eine Vollausschüttung der Gewinnrücklagen fingiert, die als Einnahmen aus Kapitalvermögen i. S. d. § 20 Abs. 1 Nr. 1 EStG zu besteuern sind und auf die auch Kapitalertragsteuern einzubehalten sind. Für Kapitalgesellschaften als Gesellschafter gilt die 95 %-ige Steuerbefreiung des § 8b Abs. 1 KStG, für natürliche Personen das Teileinkünfteverfahren. 369

(4) § 16 Abs. 1 UmwStG (Spaltung einer Kapital- auf eine Personengesellschaft)

Das Vermögen einer Kapitalgesellschaft kann unter Anwendung des § 16 Abs. 1 UmwStG im Wege der **Auf- und Abspaltung** auf eine Joint-Venture-Gesellschaft in der Rechtsform einer Personengesellschaft übertragen werden. 370

Siehe hierzu ausführlich Rz. 872 ff.

(5) § 24 UmwStG (Einbringung, Verschmelzung)

Von besonderer Bedeutung im Zusammenhang mit der Begründung eines Joint Ventures in der Rechtsform der GmbH & Co. KG dürfte neben § 6 Abs. 5 Satz 3–5 EStG § 24 UmwStG sein. Danach besteht in **Fällen der Einbringung** eines Betriebes, Teilbetriebes (siehe zum Teilbetriebsbegriff unten Rz. 390) oder Mitunternehmeranteils in eine Personengesellschaft und ggf. auch bei einer Auf- oder Abspaltung nach § 123 UmwG (siehe bereits oben Rz. 356) ein Bewertungswahlrecht für das eingebrachte Betriebsvermögen, wenn dem Einbringenden Gesellschaftsrechte gewährt werden. Die aufnehmende Personengesellschaft hat gem. § 24 Abs. 2 UmwStG ein **Bewertungswahlrecht**, das eingebrachte Betriebsvermögen in ihrer Bilanz einschließlich der Ergänzungsbilanzen für ihre Gesellschafter mit dem **Buchwert** oder einem höheren Wert, **maximal dem gemeinen Wert**, anzusetzen. Bei Wahl des Buchwertansatzes ist die Einbringung in die Joint-Venture-Personengesellschaft ertragsneutral. Der Buchwertansatz wird nur gewährt, wenn das Wahlrecht spätestens bis zur erstmaligen Abgabe der steuerlichen Schlussbilanz bei dem für die Besteuerung der übernehmenden Personengesellschaft zuständigen Finanzamt gestellt wird. 371

Einbringung

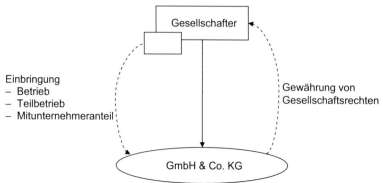

372 Darüber hinaus ist § 24 UmwStG auf die **Verschmelzung von zwei Personengesellschaften** gem. §§ 2, 39 ff UmwG anwendbar. Im Fall der Verschmelzung überträgt die zu verschmelzende Personengesellschaft ihr Vermögen (ihren Betrieb) auf eine bestehende oder neu gegründete Personengesellschaft gegen Gewährung von Mitunternehmeranteilen an die Gesellschafter der übertragenden Personengesellschaft unter gleichzeitiger Auflösung der Gesellschaft ohne Abwicklung. Steuerlich handelt es sich um die Einbringung eines Betriebes im Wege der Gesamtrechtsnachfolge gegen Gewährung von Mitunternehmeranteilen an die Gesellschafter der übertragenden Gesellschaft.

Siehe BMF-Schreiben v. 11.11.2011, BStBl. I 2011, 1314, Tz. 24.03 i. V. m. 20.05.

Verschmelzung

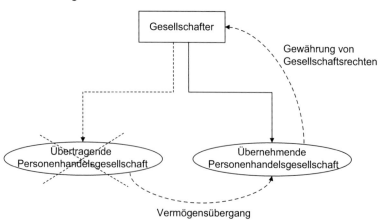

373 Des Weiteren fällt unter § 24 UmwStG die **Ausgliederung von Vermögensteilen** aus Körperschaften, Personenhandelsgesellschaften oder Einzelunter-

nehmen auf eine Personenhandelsgesellschaft **gem. § 123 Abs. 3 UmwG**. Der übertragende Rechtsträger gliedert nach § 123 Abs. 3 UmwG einen Teil oder mehrere Teile im Wege der Gesamtrechtsnachfolge aus seinem Vermögen auf eine bestehende oder neu gegründete Personenhandelsgesellschaft gegen Gewährung von Gesellschaftsrechten an der übernehmenden Personenhandelsgesellschaft aus. Abweichend zum Umwandlungsgesetz wird von **§ 24 UmwStG aber nur die Ausgliederung von Betrieben, Teilbetrieben und Mitunternehmeranteilen** erfasst.

> Siehe BMF-Schreiben v. 11.11.2011, BStBl. I 2011, 1314, Rz. 24.01; *Haritz/Menner*, UmwStG, § 24 Rz. 12.

Die **Ausgliederung einzelner Wirtschaftsgüter** des Betriebsvermögens in eine Mitunternehmerschaft gegen Gewährung von Gesellschaftsrechten ist nur nach § 6 Abs. 5 Satz 3 EStG steuerneutral möglich. 374

Gegenstand der **Einbringung** nach § 24 UmwStG können – wie bereits erwähnt – **nur Betriebe, Teilbetriebe und Mitunternehmeranteile** sein. Die Einbringung eines Betriebes oder Teilbetriebes liegt vor, wenn alle Wirtschaftsgüter, die **wesentliche Betriebsgrundlagen** des Betriebes oder Teilbetriebes bilden, in die Personengesellschaft mit eingebracht werden. 375

> Siehe BMF-Schreiben v. 11.11.2011, BStBl. I 1011, 1314, Tz 24.01.

Hierfür genügt es, wenn der Einbringende der Personengesellschaft einzelne Wirtschaftsgüter nur zur Nutzung überlässt und diese Wirtschaftsgüter daher gem. § 15 Abs. 1 Nr. 2 EStG Sonderbetriebsvermögen des Gesellschafters bei der aufnehmenden Personengesellschaft werden. Eine Übertragung aller Wirtschaftsgüter in das Gesamthandsvermögen der Personengesellschaft ist nicht notwendig. Denn im Gegensatz zur Einbringung in eine Kapitalgesellschaft nach § 20 UmwStG genügt im Rahmen des § 24 UmwStG eine **Einbringung in das Sonderbetriebsvermögen** der aufnehmenden Personengesellschaft. Auch nach Auffassung der Finanzverwaltung ist es ausreichend, wenn das eingebrachte Betriebsvermögen teilweise Sonderbetriebsvermögen des Einbringenden bei der übernehmenden Mitunternehmerschaft wird. 376

> Siehe BMF-Schreiben v. 11.11.2011, BStBl. I 2011, 1314 Tz. 24.05.
> Die Finanzverwaltung hat diese Einschränkung vor dem SEStEG nicht vorgenommen, siehe BMF-Schreiben v. 25.3.1998, BStBl. I 1998, 268, Tz. 24.06.
> Weiter einschränkend dagegen *Patt*, in: Dötsch/Jost/Pung/Witt, § 24 UmwStG Rz. 15.

Jedenfalls die Einbringung des Betriebes oder Teilbetriebes **ausschließlich in das Sonderbetriebsvermögen** erfüllt indes die Voraussetzung des § 24 UmwStG nicht, da dem Einbringenden in diesem Fall keine Gesellschaftsrechte an der Personengesellschaft gewährt werden. 377

Bei der Einbringung eines Betriebs oder Teilbetriebs müssen sämtliche Wirtschaftsgüter übertragen werden, die zu den **funktional wesentlichen Betriebsgrundlagen** gehören. 378

> Siehe BMF-Schreiben v. 11.11.2011, BStBl. I 2011, 1314 Rz. 24.03 i. V. m. Rz. 20.06.

379 Insoweit unterscheidet sich die Auslegung des Begriffes wesentliche Betriebsgrundlage des § 24 UmwStG von der des § 16 EStG i. V. m. § 34 EStG, bei denen neben den funktional wesentlichen auch die **quantitativ wesentlichen Betriebsgrundlagen** übergehen müssen. Bei den quantitativ wesentlichen Betriebsgrundlagen handelt es sich um Wirtschaftsgüter mit erheblichen stillen Reserven.

380 Entsprechendes gilt für die **Einbringung eines Mitunternehmeranteiles**. Ein Mitunternehmeranteil umfasst den Gesellschaftsanteil von Personengesellschaften und etwaiges Sonderbetriebsvermögen des einzelnen Mitunternehmers, soweit es sich hierbei um **funktional wesentliche Wirtschaftsgüter** handelt.

> Siehe BMF-Schreiben v. 11.11.2011, BStBl. I 2001, 1314
> Rz. 24.03. i. V. m. Rz. 20.10, 20.06;
> BFH BStBl. II 1998, 104;
> BFH BStBl. II 1998, 383;
> BFH BStBl. II 1995, 590 m. w. N.;
> *Patt*, in: Dötsch/Jost/Pung/Witt, § 24 UmwStG Rz. 94.

381 Auch Teile eines Mitunternehmeranteils gelten als Mitunternehmeranteil.

> Siehe BMF-Schreiben v. 11.11.2011, BStBl. I 2011, 1314 Rz. 24.03
> i. V. m. Rz. 20.11.

382 Wesentliche Betriebsgrundlagen des Sonderbetriebsvermögens müssen dann aber anteilig mit eingebracht werden. Der Mitunternehmeranteil wird vertikal gespalten. Für eine steuerneutrale Einbringung ist die Einbringung der jeweiligen Quote des Gesellschaftsanteils erforderlich und, soweit wesentliche Betriebsgrundlagen Teil des Sonderbetriebsvermögens sind, die Einbringung der entsprechenden Quote der wesentlichen Betriebsgrundlagen des Sonderbetriebsvermögens.

> *Rasche*, in: Rödder/Herlinghaus/van Lishaut, UmwStG,
> § 24 Rz. 45 m. w. N.

Einbringung

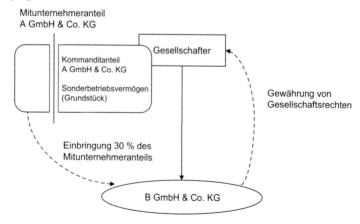

III. Steuerrecht

Beispiel:

A ist zu 100 % an der A GmbH & Co. KG beteiligt, in seinem Alleineigentum steht ein funktional wesentliches Grundstück des Sonderbetriebsvermögens. Die Anteile an der Komplementär-GmbH werden von der KG selbst gehalten (Einheits GmbH & Co. KG). Ein 30 %iger Mitunternehmerteilanteil setzt sich nach der BFH-Rechtsprechung danach aus dem 30 %igen Gesellschaftsanteil an der GmbH & Co. KG sowie aus 30 % des Grundstückes zusammen. Steht das der Personengesellschaft zur Nutzung überlassene Grundstück nur zu 50 % im Miteigentum des A, würde ein 30 %iger Mitunternehmerteilanteil aus dem 30 %-igen Gesellschaftsanteil und 15 % des Grundstückes bestehen.

Siehe *Patt*, in: Dötsch/Jost/Pung/Witt, § 20 UmwStG (SEStEG), Rz. 143 f;
Märkle, DStR 2001, 685.

Als Gegenleistung für die die Einbringung des Betriebes, Teilbetriebes, oder Mitunternehmeranteils muss der Einbringende Mitunternehmer der Personengesellschaft werden. Ist er bereits Mitunternehmer der übernehmenden Gesellschaft, muss der Mitunternehmeranteil aufgestockt werden. Nach Auffassung der Finanzverwaltung ist in beiden Fällen die Erhöhung des die Beteiligung widerspiegelnden Kapitalkontos oder die Einräumung weiterer Gesellschaftsrechte erforderlich. Wie im Fall des § 6 Abs. 5 Satz 3 EStG stellt sich hier die Frage, ob eine ausschließliche Buchung auf dem Kapitalkonto II ausreichend ist, was von der Finanzverwaltung bejaht wird. Die Verbuchung auf einem Gesellschafterdarlehenskonto reicht dagegen nicht aus. Sie führt vielmehr zu einem entgeltlichen Geschäft. **383**

BMF-Schreiben v. 11.11.2011, BStBl. I 2011, 1314, Rz. 24.07;
BFH, v. 25.4.2006 – VII R 52/04, BStBl. II 2006, 847;
zur Abgrenzung zwischen Eigenkapital- und Darlehenskonto siehe auch BFH, v. 16.10.2009 – IV R 98/06, BStBl. II 2009, 272;
BMF v. 30.5.1997, BStBl. I 1997, 627.

Sie führt vielmehr zu einem entgeltlichen Geschäft.

Erhält der Einbringende neben dem Mitunternehmeranteil an der Personengesellschaft auch **Zuzahlungen**, die nicht Betriebsvermögen werden, scheidet insoweit die Anwendung des § 24 UmwStG aus. Die Finanzverwaltung will die vorstehenden Grundsätze ggf. auch dann anwenden, wenn im Wege eines Gesamtplans die Zuzahlung zunächst Betriebsvermögen der Personengesellschaft wird und erst anschließend entnommen wird. **384**

Siehe BMF-Schreiben v. 11.11.2011, BStBl. I 2011, 1314, Rz. 24.11.

Die Einbringung nach § 24 UmwStG kann mit steuerlich mit Rückwirkung erfolgen, wenn ein Fall der Gesamtrechtsnachfolge nach dem UmwG oder ein vergleichbarer ausländischer Vorgang vorliegt. Die Finanzverwaltung fordert nunmehr jedoch, dass die Betriebs- oder Teilbetriebseigenschaft bzw. **385** der Mitunternehmeranteil bereits zum steuerlichen Übertragungsstichtag vorgelegen hat.

> Siehe BMF-Schreiben v. 11.11.2011, BStBl. I 2011, 1314, Rz. 20.14.

bb) Joint-Venture-Gesellschaft in der Rechtsform einer GmbH

386 Auch die **Übertragung von Vermögenswerten des Betriebsvermögens** aus dem Eigentum des Joint-Venture-Partners in das Eigentum einer Joint Venture GmbH ist grundsätzlich erfolgswirksam. Dieser Grundsatz wird durch folgende Vorschriften durchbrochen:

- § 8b Abs. 2 KStG (Anteilsübertragung)
- § 20 UmwStG (Einbringung, Verschmelzung einer PersG auf eine KapG)
- § 11 UmwStG (Verschmelzung einer KapG auf eine KapG)
- §§ 15, 16 UmwStG (Spaltung)

(1) § 8b Abs. 2 KStG (Anteilsübertragung)

387 Gemäß § 8b Abs. 2 KStG ist der **Anteilsveräußerungsgewinn** einer beteiligten Kapitalgesellschaft unabhängig davon **körper- und gewerbesteuerfrei**, ob es sich um eine inländische oder ausländische Tochterkapitalgesellschaft handelt. Auf Mindestbeteiligungsquoten, die Erfüllung von Aktivitätsklauseln, das Vorliegen von Doppelbesteuerungsabkommen u. Ä. kommt es nicht an. Allerdings gelten 5 % des Gewinns als nicht abzugsfähige Betriebsausgaben, § 8b Abs. 3 Satz 1 KStG, so dass im wirtschaftlichen Ergebnis nur 95 % steuerfrei sind. Zu der fortgeltenden Ausnahme von der Steuerfreiheit nach § 8b Abs. 4 KStG a. F. und auch zur Steuerpflicht nach § 8b Abs. 7 KStG siehe bereits Rz. 284, 290.

(2) § 20 UmwStG (Einbringung, Verschmelzung einer PersG auf eine KapG)

388 Die **Übertragung von Einzelwirtschaftsgütern des Betriebsvermögens** im Wege der **offenen Einlagen** (gegen Gewährung von Gesellschaftsrechten) in die Joint-Venture-Kapitalgesellschaft ist gem. § 6 Abs. 6 EStG als Tausch zu qualifizieren und ist beim Übertragenden erfolgswirksam. Offene Einlagen von Anteilen an Kapitalgesellschaften können u. U. nach § 21 UmwStG erfolgsneutral erfolgen.

389 Die Übertragungen von Einzelwirtschaftsgütern des Betriebsvermögens, von Teilbetrieben, Betrieben und Mitunternehmeranteilen auf eine Kapitalgesellschaft führen **grundsätzlich zur Gewinnrealisierung**. Im Gegensatz zu Übertragungen auf eine Personengesellschaft wird der Grundsatz der Gewinnrealisierung bei Kapitalgesellschaften **nur durch § 20 UmwStG eingeschränkt**. Danach ist die **Einbringung eines Betriebes, Teilbetriebes oder**

III. Steuerrecht

eines Mitunternehmeranteils in eine Kapitalgesellschaft gegen Gewährung von Gesellschaftsrechten zum gemeinen Wert, Zwischen- oder Buchwert und damit grundsätzlich bei Wahl des Buchwertansatzes auch erfolgsneutral möglich. Entsprechendes gilt für Verschmelzungen einer Personengesellschaft auf eine Kapitalgesellschaft. Insoweit hat § 20 UmwStG einen mit § 24 UmwStG vergleichbaren Anwendungsbereich.

> Alternativ zu § 24 UmwStG kommt allerdings bei Personengesellschaften für Kapitalgesellschaftsanteile des Betriebsvermögens § 6 Abs. 5 Satz 3 EStG und für die des Privatvermögens verdeckte Einlagen in eine Personengesellschaft in Betracht.

In der Praxis ist es bei Begründung einer Joint Venture GmbH häufig sehr schwierig zu beurteilen, ob ein **Teilbetrieb** eingebracht wird. Die Finanzverwaltung wendet nunmehr nach dem Umwandlungssteuererlass den **europäischen Teilbetriebsbegriff** aus Art. 2 lit. J der Fusionsrichtlinie an. Danach ist ein Teilbetrieb die Gesamtheit der in einem Unternehmensteil einer Gesellschaft vorhandenen aktiven und passiven Wirtschaftsgüter, die in organisatorischer Hinsicht einen selbständigen Betrieb, d. h. eine aus eigenen Mitteln funktionsfähige Einheit darstellen. **390**

> Siehe BMF-Schreiben v. 11.11.2011, BStBl. I 2011, 1314, Rz. 20.06 i. V. m. Rz. 15.02.

Bisher wurden die rechtlichen Vorgaben für Inlandssachverhalte dagegen aus der **einkommensteuerrechtlichen Rechtsprechung zum Teilbetrieb im Fall einer Veräußerung nach § 16 EStG** entnommen. Unter einem Teilbetrieb wird danach ein organisch geschlossener, mit gewisser Selbstständigkeit ausgestatteter Teil eines Gesamtbetriebes verstanden, der – isoliert betrachtet – alle Merkmale eines Betriebes aufweist und auch alleine lebensfähig ist. Indizien sind insbesondere eigenes Anlagevermögen, selbstständige Organisation, eigener Kundenstamm, Bestimmung von Wareneinkauf und Preisgestaltung, eigenes Personal. **391**

> Vgl. *Patt*, in Doetsch/Jost/Pung/Witt, UmwStG, § 24 (SEStEG) Rz. 77 ff.

Beim europäischen Teilbetriebsbegriff fehlt eine Anknüpfung an abgrenzte Tätigkeitsbereiche und es wird nur auf die organisatorische Selbstständigkeit abgestellt. Der europäische Teilbetriebsbegriff ist teils großzügiger, es ist andererseits aber zu beachten, dass die Fusionsrichtlinie auch strengere Anforderungen stellen kann. Ein **Teilbetrieb im** Aufbau erfüllt demnach gerade nicht die Teilbetriebseigenschaft. **392**

> Siehe BMF-Schreiben v. 11.11.2011, BStBl. I 2011, 1314, Rz. 20.06 i. V. m. Rz. 15.03;
> *Patt*, in Doetsch/Jost/Pung/Witt, § 20 UmwStG (SEStEG), Rz. 106.

Hier ist eine sorgfältige und umfassende Sachverhaltsermittlung und -würdigung gefordert. Denn auch eine (gebührenpflichtige) verbindliche Auskunft des Finanzamtes nutzt nichts, wenn der später ermittelte Sachverhalt von dem Angefragten abweicht.

393 Voraussetzung für die Anwendung des § 20 UmwStG ist, dass die **Gegenleistung** der übernehmenden Kapitalgesellschaft für das eingebrachte Vermögen **zumindest zum Teil in neuen Gesellschaftsanteilen** besteht, also eine Sachgründung oder Sachkapitalerhöhung erfolgt. Neben den Gesellschaftsanteilen können gem. § 20 Abs. 2 Satz 4 abweichend von § 24 UmwStG auch andere Wirtschaftsgüter gewährt werden. Eine Steuerneutralität bleibt möglich, soweit diese zusätzlichen Leistungen die fortzuführenden Buchwerte nicht übersteigen. Darin liegt bei Gründung eines Joint Ventures eine elegante Lösung, unterschiedliche Werte der von den Partnern eingebrachten Betriebe auszugleichen, indem die Joint-Venture-Kapitalgesellschaft bspw. entsprechende Darlehensforderungen gewährt. Außerdem besteht die Möglichkeit, das eingebrachte Betriebsvermögen teilweise statt durch die Ausgabe neuer Anteile auch durch Zuführung zur Kapitalrücklage zu belegen.

> Siehe BMF-Schreiben v. 11.11.2011, BStBl. I 2011, 1314,
> Rz. 20.06 i. V. m. Rz. E 20.11.

Beispiel:

Die GmbH bilanziert die eingebrachte Sacheinlage mit € 20.000, als Gegenleistung gewährt sie neue Gesellschaftsrechte im Nennwert von € 15.000, € 1.000 stellt sie in die Kapitalrücklage ein und € 4.000 werden als Spitzenausgleich in bar bezahlt oder einem Gesellschafterdarlehenskonto gutgebracht.

394 Wie auch bei Einbringungen in eine Personengesellschaft müssen die **Einbringungsgegenstände (Teilbetriebe, Betriebe oder Mitunternehmeranteile) mit ihren funktional wesentlichen Betriebsgrundlagen** einschließlich des Sonderbetriebsvermögens in die Kapitalgesellschaft eingebracht werden.

> BMF-Schreiben v. 11.11.2011, BStBl. I 2011, 1314, Rz. 20.06
> i. V. m. Rz. 20.06.

395 Die **Überlassung** der wesentlichen Betriebsgrundlagen **zur Nutzung** an die Kapitalgesellschaft reicht grundsätzlich nicht aus. Werden wesentliche Betriebsgrundlagen zurückbehalten, sind mangels Anwendbarkeit des § 20 UmwStG die gesamten stillen Reserven aufzudecken und zu versteuern.

396 Insbesondere sind in der Praxis die Fälle problematisch, in denen eine **wesentliche Betriebsgrundlage von mehreren Teilbetrieben genutzt** wird. Die Zurückbehaltung einer solchen Betriebsgrundlage ist nicht möglich. Im Fall eines Grundstück etwa könnte dieses zivilrechtlich real geteilt werden oder insgesamt mit eingebracht und dann teilweise zurückgepachtet werden.

> Siehe BMF-Schreiben v. 11.11.2011, BStBl. I 2011, 1314,
> Rz. 20.06 i. V. m. Rz. 15.08;
> *Patt*, in Doetsch/Jost/Pung/Witt, UmwStG, § 20 (SESTEG)
> Rz. 110.

III. Steuerrecht

Die Einbringung nach § 20 UmwStG erfolgt grundsätzlich zu dem Zeitpunkt, in dem das wirtschaftliche Eigentum an dem eingebrachten Vermögen übergehen, kann aber auf Antrag mit steuerlich mit Rückwirkung von bis zu acht Monaten erfolgen.. Die Finanzverwaltung fordert nunmehr jedoch, dass die Betriebs- oder Teilbetriebseigenschaft bzw. der Mitunternehmeranteil bereits zum steuerlichen Übertragungsstichtag vorgelegen hat. 397

> Siehe BMF-Schreiben v. 11.11.2011, BStBl. I 2011, 1314, Rz. 20.14.

Das eingebrachte Betriebsvermögen kann mit dem **Buchwert, dem gemeinen Wert oder einem Zwischenwert** angesetzt werden, § 20 Abs. 2 UmwStG. Ohne Antrag ist der gemeine Wert anzusetzen. Ein Buch- oder Zwischenwertansatz kann nur erfolgen, soweit sichergestellt ist, dass das übertragene Betriebsvermögen bei der übernehmenden Körperschaft der Körperschaftsteuer unterliegt und auch das Besteuerungsrecht bei der Veräußerung weder ausgeschlossen noch beschränkt wird. Es kann daher auch eine steuerneutrale Einbringung in eine ausländische nur beschränkt steuerpflichtige Kapitalgesellschaft erfolgen, soweit diese das Betriebsvermögen in einer inländischen Betriebsstätte hält. Zu beachten ist auch, dass die Passivposten des eingebrachten Betriebsvermögens die Aktivposten nicht übersteigen dürfen. Ansonsten ist insoweit eine zwingende Gewinnrealisierung vorgesehen. 398

Der **Antrag auf Fortführung der Buchwerte** oder einen Zwischenwertansatz ist bis zur erstmaligen Abgabe der steuerlichen Schlussbilanz bei dem für die Besteuerung der übernehmenden Gesellschaft zuständigen Finanzamt zu stellen. Eine **Maßgeblichkeit der Handels- für die Steuerbilanz besteht nicht**. 399

> BMF-Schreiben v. 11.11.2011, BStBl. I 2011, 1314, Rz. 20.20; vgl. *Herlinghaus*, in: Rödder/Herlinghaus/van Lishaut, UmwStG, § 20 Rz. 147.

Soweit der **Einbringende** die bei Ansatz des Buchwerts oder eines Zwischenwerts erhaltenen Anteile an der aufnehmenden Kapitalgesellschaft später **veräußert** (oder ein dem gleichgestellter Vorgang i. S. v. § 22 Abs. 1 Satz 6 UmwStG vorliegt), kommt es zur (teilweisen) rückwirkenden Besteuerung der Einbringung. Technisch vollzieht sich dies wie folgt: Die Differenz zwischen dem gemeinen Wert des eingebrachten Betriebsvermögens und dem erfolgten Buch- bzw. Zwischenwertansatz wird zunächst als sog. **Einbringungsgewinn I** festgehalten. 400

> In der Praxis ist es eine nicht unerhebliche Erschwernis, dadurch bei der Einbringung die gemeinen Werte festgehalten werden sollten. Im Falle eines Joint Ventures dürfte dies aber regelmäßig ohnehin erfolgen.

Dieser Einbringungsgewinn I schmilzt pro Jahr um 1/7 ab. Bei einer Veräußerung nach 4 Jahren sind also 3/7 des Einbringungsgewinns I rückwirkend im Jahr der Einbringung von dem Einbringenden zu versteuern. Dadurch er- 401 höhen sich bei dem Einbringenden anderseits rückwirkend die Anschaffungskosten für die erhaltenen Anteile an der aufnehmenden Gesellschaft. Dementsprechend mindert sich der bei der Veräußerung der erhaltenen Anteile im Jahr 04 erzielte Veräußerungsgewinn, der aber ohnehin bei einer Kapitalgesellschaft nach § 8b Abs. 2 KStG steuerfrei ist (bei natürlichen Personen besteht nach § 3 Nr. 40 EStG zu 40 % Steuerfreiheit). Das bisherige Sonderregime für einbringungsgeborene Anteile für Einbringungen vor der Reform des UmwStG durch das SEStEG (Antrag im Handelsregister vor dem 13.12.2006) wurde nicht fortgeführt, gilt aber für die Veräußerung entsprechender Altanteile fort (siehe Rz. 283, 842). Zugleich erhöhen sich rückwirkend bei der aufnehmenden Kapitalgesellschaft die anzusetzenden Steuerbilanzwerte. **Für das höhere Abschreibungspotential sollte zwischen den Joint-Venture-Partnern ggf. eine Ausgleichsklausel vorgesehen werden.**

402 Ergänzend zur Einbringung von Betrieben, Teilbetrieben oder Mitunternehmeranteilen nach § 20 UmwStG ist der sog. Anteilstausch nach § 21 UmwStG zu beachten. Abweichend von § 24 UmwStG kann auch die **Einbringung von Anteilen an einer Kapitalgesellschaft** steuerneutral nach § 21 UmwStG erfolgen, wenn die übernehmende Kapitalgesellschaft nach der Einbringung nachweisbar unmittelbar die Mehrheit der Stimmrechte an der Gesellschaft hat, deren Anteile eingebracht werden (sog. qualifizierter Anteilstausch). Unter bestimmten Umständen ist es daher auch möglich, **Anteile an Kapitalgesellschaften des Betriebs- und Privatvermögens**, gegen Gewährung von Gesellschaftsrechten gem. § 21 UmwStG zum Buchwert in eine Kapitalgesellschaft einzubringen. Wie bei der Einbringung von Betrieben, Teilbetreiben oder Mitunternehmeranteilen nach § 20 UmwStG ist die Buchwertfortführung nur auf Antrag möglich. Eine steuerliche Rückwirkung sieht das Gesetz dagegen beim Anteilstausch nicht vor.

403 Für natürliche Personen ist nach einem Anteilstausch die Regelung zum **Einbringungsgewinn II** zu beachten. Nach § 22 Abs. 2 UmwStG löst die Veräußerung der eingebrachten Anteile durch die übernehmende Kapitalgesellschaft bei der natürlichen Person rückwirkend die Besteuerung der Einbringung aus. Auch hier gilt die Abschmelzung über den Zeitraum von sieben Jahren. Durch die Besteuerung des Einbringungsgewinns II wird die Gestaltung erschwert, dass die aufnehmende Kapitalgesellschaft die erhaltenen Anteile nach Einbringung nach § 8b Abs. 2 KStG steuerfrei veräußert.

(3) § 11 UmwStG (Verschmelzung einer KapG auf eine KapG)

404 Im Fall der **Verschmelzung** einer Kapitalgesellschaft auf eine andere Kapitalgesellschaft überträgt die zu verschmelzende Kapitalgesellschaft ihr Vermögen (ihren Betrieb) auf eine bestehende oder neu gegründete Kapitalgesellschaft gegen Gewährung von Gesellschaftsrechten an die Gesellschafter der übertragenden Kapitalgesellschaft unter gleichzeitiger Auflösung der Gesellschaft ohne Abwicklung.

III. Steuerrecht

Verschmelzung

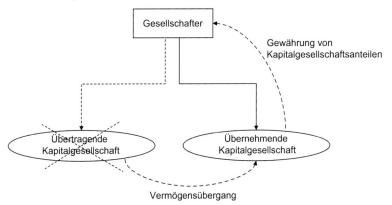

Siehe hierzu *Schaumburg/Schumacher*, in Lutter/Winter, UmwG, Anhang 1 nach § 122l, Rz. 71 ff.

Auf die Verschmelzung von einer Kapitalgesellschaft auf eine andere Kapitalgesellschaft ist § 11 UmwStG anwendbar. 405

Gemäß § 11 Abs. 1 UmwStG hat die **übertragende Körperschaft** in der steuerlichen Schlussbilanz für das letzte Wirtschaftsjahr eine Übertragungsbilanz aufzustellen, in der sie die übertragenden Wirtschaftsgüter mit dem Buchwert, einem Zwischenwert oder dem gemeinen Wert ansetzen kann. Zumindest seit der Reform des UmwStG durch das SEStEG läuft das Wahlrecht auch nicht mehr faktisch dadurch leer, dass die übertragende Körperschaft in ihrer Handelsbilanz kein entsprechendes Wahlrecht hat, sondern die Buchwerte in der handelsrechtlichen Schlussbilanz nach § 17 Abs. 2 Satz 2 UmwG fortzuführen hat. Es gibt insoweit keine Maßgeblichkeit der Handels- für die Steuerbilanz (mehr). 406

Siehe hierzu *Rödder*, in: Rödder/Herlinghaus/van Lishaut, UmwStG, § 11 Rz. 54.

Das Wahlrecht zum Ansatz des gemeinen Werts oder eines Zwischenwerts ist insbesondere deshalb von Bedeutung, weil der **Verlustvortrag der verschmolzenen Gesellschaft untergeht.** Hier kann durch die Aufdeckung von stillen Reserven eine Verrechnung mit dem Verlustvortrag und zukünftiges Abschreibungspotential bei der übernehmenden Gesellschaft erreicht werden. Zu beachten ist dabei aber die sog. Mindestbesteuerung (§ 10d Abs. 2 EStG, Versteuerung von 40 % des 1 Mio. € übersteigenden Gewinns trotz Verlustvortrag) und die bisherige Auffassung der Finanzverwaltung, dass ein bis zum schädlichen Beteiligungserwerb erzielter laufender Gewinn eines Wirtschaftsjahres nicht mit bestehenden Verlustvorträgen verrechnet werden kann. Der BFH hat mittlerweile jedoch entschieden, dass diese Einschränkung weder aus dem Gesetzeswortlaut noch dem Sinn und Zweck der Regelung herzuleiten ist. 407

BMF-Schreiben v. 4.7.2007, BStBl. I 2007, 736, Tz. 31;
BFH, v. 30.11.2011 – I R 14/11, DStR 2012, 458.

408 Die **übernehmende Körperschaft** hat die übergehenden Wirtschaftsgüter mit den in der steuerlichen Übertragungsbilanz der übertragenden Körperschaft ausgewiesenen Werten gem. §§ 12 Abs. 1, 4 Abs. 1 Sätze 2 und 3 UmwStG zu übernehmen. Soweit die übernehmende Körperschaft an der übertragenden beteiligt war, bleibt ein Übernahmegewinn oder -verlust (Differenz zwischen Ansatz der übernommenen Wirtschaftsgüter in der Steuerbilanz und dem bisherigen Buchwert der Beteiligung an der untergehenden Gesellschaft) außer Ansatz, § 12 Abs. 2 Satz 1 UmwStG. Allerdings gelten 5 % eines Übernahmegewinns nach § 12 Abs. 2 Satz 2 UmwStG als nicht abzugsfähige Betriebsausgabe, so dass im wirtschaftlichen Ergebnis nur eine 95 % Steuerbefreiung vorliegt. Im Zuge der Verschmelzung kann sich aber ein zu versteuernder **Übernahmefolgegewinn** auf der Ebene der übernehmenden Körperschaft ergeben. Dies ist der Fall, wenn der Vermögensübergang zum Erlöschen von Forderungen und Verbindlichkeiten zwischen der übertragenden und der übernehmenden Körperschaft führt. Dieser Übernahmefolgegewinn, der sich aus Bewertungsinkongruenzen der Forderungen und Verbindlichkeiten ergibt, kann gem. § 12 Abs. 4 i. V. m. § 6 Abs. 1 UmwStG einer Rücklage zugeführt werden, die in den folgenden drei Wirtschaftsjahren mit mindestens je einem Drittel gewinnerhöhend aufzulösen ist.

409 Auf Ebene der **Gesellschafter der übertragenden Körperschaft** gilt Folgendes: Grundsätzlich gelten die Anteile an der übertragenden Körperschaft als zum gemeinen Wert veräußert und die Anteile an der übernehmenden Körperschaft als mit diesem Wert angeschafft, § 13 Abs. 1 UmwStG. Auf Antrag wird der Buchwertansatz bzw. bei Anteilen im Privatvermögen der Ansatz zu den Anschaffungskosten gewährt, wenn das Besteuerungsrecht Deutschlands an den Anteilen an der übernehmenden Körperschaft nicht ausgeschlossen oder beschränkt wird oder die Fusionsrichtlinie anzuwenden ist.

(4) § 15 UmwStG (Spaltung einer KapG auf eine KapG)

410 Vermögen einer Kapitalgesellschaft kann im Wege der Auf- und Abspaltung und Teilübertragung auf eine andere Kapitalgesellschaft nach § 15 UmwStG i. V. m. §§ 11–13 UmwStG übertragen werden.

Siehe hierzu ausführlich Rz. 865 ff.

cc) Zusammenfassende Übersicht zur steuerlichen Behandlung der Übertragungen von inländischem Betriebsvermögen

411 In den nachfolgenden Übersichten bedeutet „plus", dass in Deutschland grundsätzlich eine steuerneutrale Einlage möglich ist. „minus" bedeutet, dass in Deutschland grundsätzlich keine steuerneutrale Einlage möglich ist.

Eingebrachtes Vermögen	Deutsche Joint-Venture-Gesellschaft	
	Personengesellschaft	Kapitalgesellschaft
Inländisches Betriebsvermögen		
1. Betrieb	+ / § 24 UmwStG; §§ 3 ff UmwStG	+ / § 20 UmwStG; § 11 UmwStG
Teilbetrieb	+ / § 24 UmwStG	+ / § 20 UmwStG
2. Mitunternehmeranteil	+ / § 24 UmwStG	+ / § 20 UmwStG
3. Einzelwirtschaftsgüter	+ / § 6 Abs. 5 Satz 3 EStG; § 16 Abs. 3 EStG	− / § 6 Abs. 6 EStG
4. Anteile an Kapitalgesellschaft		
100 %ige Beteiligung	+ / § 24 UmwStG (*strittig*, a.A. § 6 Abs. 5 Satz 3 EStG)	+ / § 21 UmwStG
unter 100 %-Beteiligung	+ / § 6 Abs. 5 Satz 3 EStG	+ / u. U. § 21 UmwStG bzw. − / § 6 Abs. 6 EStG

b) Umsatzsteuer

Ist der **übertragende Rechtsträger umsatzsteuerlicher Unternehmer** i. S. d. 412
§ 2 UStG, sind die Übertragungen auf die Joint-Venture- Gesellschaft umsatzsteuerlich relevant.

Eine **Übertragung von Einzelwirtschaftsgütern** ist grundsätzlich als **Lie-** 413
ferung gem. § 1 Abs. 1 Nr. 1 UStG umsatzsteuerbar und -pflichtig, wenn sie entgeltlich erfolgt. In Ausnahmefällen ist der Umsatz steuerbefreit, so z. B. die Übertragung einer Forderung gem. § 4 Nr. 8c UStG oder die Übertragung eines Grundstückes gem. § 4 Nr. 9a UStG. Soweit die Voraussetzungen des § 9 UStG erfüllt sind, kann bei Vorliegen steuerfreier Umsätze für die Umsatzsteuerpflicht optiert werden. Der Umsatzsteuersatz beträgt gem. § 12 Abs. 1 und 2 UStG in der Regel 19 %, in bestimmten Fällen ermäßigt er sich auf 7 %. Die Umsatzsteuerpflicht ist regelmäßig unproblematisch, wenn das aufnehmende Unternehmen zum Vorsteuerabzug nach § 15 UStG berechtigt ist (insbesondere im Banken- und Versicherungsbereich ist das aber nicht der Fall).

Die **entgeltliche** oder **unentgeltliche Übertragung eines Betriebes oder** 414
Teilbetriebes ist nach § 1 Abs. 1a UStG **nicht umsatzsteuerbar** (sog. **Geschäftsveräußerung im Ganzen**). Die Finanzverwaltung lässt aus Vereinfachungsgründen eine Übernahme der ertragsteuerlichen Beurteilung zu.

> Vgl. Abschn. 1.5 Abs. 6 Satz 4 UStAE;
> *Rasche,* in: Rödder/Herlinghaus/van Lishaut, Anh. 9 Rz. 49.

415 Die **Übertragung eines Mitunternehmeranteils** ist umsatzsteuerlich eine Übertragung eines Gesellschaftsanteils und, soweit vorhanden, von einzelnen Wirtschaftsgütern des Sonderbetriebsvermögens. Soweit aufgrund der Unternehmereigenschaft des Einbringenden die entgeltliche Übertragung des Gesellschaftsanteils eine Lieferung darstellt, ist diese gem. § 4 Nr. 8f UStG von der Umsatzsteuer befreit. Für die Wirtschaftsgüter des Sonderbetriebsvermögens gilt das zu der Übertragung einzelner Wirtschaftsgüter Gesagte entsprechend.

416 Die **Übertragung von Anteilen an einer Kapitalgesellschaft** ist ebenfalls eine steuerbare Lieferung, wenn sie gegen Entgelt erfolgt. Sie ist aber gem. § 4 Nr. 8f UStG **umsatzsteuerbefreit**. Auch hier besteht die Möglichkeit für die Umsatzsteuerpflicht gem. § 9 UStG zu optieren.

417 **Bemessungsgrundlage** für die umsatzpflichtigen Umsätze ist gem. § 10 Abs. 1 Satz 1 UStG das Entgelt.

418 Die die Leistung empfangende Gesellschaft kann die ihr in Rechnung gestellte Umsatzsteuer unter den weiteren Voraussetzungen des § 15 UStG als **Vorsteuer** abziehen.

419 Bei hohen in Rechnung gestellten Umsatzsteuerbeträgen ist zu überlegen, ob eine **Abtretung des Vorsteuererstattungsanspruchs** erfolgen soll. Hierfür sprechen zwei Gründe. Zum einen muss die entstehende Umsatzsteuer nicht (oder nicht ganz) zwischen der einbringenden und der aufnehmenden Gesellschaft ausgeglichen werden. Zum anderen muss die mit der Umsatzsteuer liquiditätsmäßig belastete aufnehmende Gesellschaft nicht auf die Erstattung der Vorsteuer warten. Zu beachten ist in diesem Zusammenhang aber, dass abtretbar nicht die Vorsteuer aus der Übertragung ist, sondern maximal nur der Vorsteuererstattungsanspruch, der sich in dem maßgebenden Voranmeldungszeitraum ergibt. Dieser wird nicht selten niedriger sein, da er durch die abzuführende Umsatzsteuer abzüglich der übrigen Vorsteuer der aufnehmenden Gesellschaft gemindert wird. Zu den besonderen Formerfordernissen nach § 46 AO:

> Vgl. *Heidel/Pohl,* in: Heidel/Pauly/Amend, AnwaltFormulare, Steuerrecht, Rz. 69 ff.

420 Auch wenn die **Umsatzsteuer** in der Regel wegen des gleich hohen Vorsteuererstattungsanspruchs keine echte Belastung darstellt, sollte sie gleichwohl wegen möglicher Zinsbelastungen **nicht vernachlässigt** werden. So führt beispielsweise eine durch eine spätere Betriebsprüfung aufgedeckte falsche Anwendung des § 1 Abs. 1a UStG (Nicht-Umsatzsteuerbarkeit von Betriebs- und Teilbetriebsübertragungen) zur Entstehung einer Umsatzsteuerbelastung im Zeitpunkt der Übertragung, die gem. § 233a AO zu einer entsprechenden Verzinsung in Höhe von 0,5 % pro Monat (beginnend mit Ab-

lauf des 15. Monats nach dem jeweiligen Veranlagungszeitraum) führt. Demgegenüber entsteht der sich ergebende gleich hohe Vorsteuererstattungsanspruch erst im Zeitpunkt der Rechnungserteilung, d. h. im Zeitpunkt der Aufdeckung der Umsatzsteuerpflicht. Entsprechend später beginnt der Zinslauf für die Erstattungszinsen.

Auch **zivilrechtlich** sollte gerade bei einem Joint Venture an eine **Ausgleichsklausel** gedacht werden, wonach eine evtl. Umsatzsteuer von der vorsteuerabzugsberechtigten Joint-Venture-Gesellschaft zusätzlich geschuldet wird. 421

c) Grunderwerbsteuer

Ist **Gegenstand** der **Übertragung** auch ein **Grundstück**, fällt Grunderwerbsteuer an. Bemessungsgrundlage ist gem. § 8 Abs. 1 GrEStG grundsätzlich die Gegenleistung. In den hier in Rede stehenden Übertragungsfällen dürfte aber häufig gem. § 8 Abs. 2 GrEStG in Verbindung mit § 138 Abs. 2 bzw. 3 BewG der Bedarfswert maßgeblich sein. 422

Werden **Anteile an einer Personen- oder Kapitalgesellschaft** übertragen und gehört **Grundvermögen** zum Vermögen dieser Gesellschaft, so ist der Vorgang u. U. ebenfalls grunderwerbsteuerbar. **Nach § 1 Abs. 2a GrEStG** entsteht beim Übergang von Anteilen an einer Personengesellschaft Grunderwerbsteuer, wenn zum Vermögen der Personengesellschaft ein inländisches Grundstück gehört und sich innerhalb von fünf Jahren der Gesellschafterbestand unmittelbar oder mittelbar dergestalt geändert hat, dass mindestens 95 % der Anteile auf neue Gesellschafter übergegangen sind. Gemäß § 1 Abs. 3 GrEStG ist die Übertragung von Anteilen an einer Kapitalgesellschaft grunderwerbsteuerbar, wenn zum Vermögen der Gesellschaft ein inländisches Grundstück gehört und wenn durch die Übertragung unmittelbar oder mittelbar mindestens 95 % der Anteile übertragen werden. Ausreichend sind auch die **mittelbaren Anteilsübertragungen.** Daher können sich auch Grunderwerbsteuerbelastungen bei nachgelagerten Gesellschaften ergeben, wenn Anteile an übergeordneten Gesellschaften übertragen werden und diese Anteilsübertragung dazu führt, dass auch in Bezug auf die nachgeordneten Gesellschaften die Voraussetzungen des § 1 Abs. 2a und Abs. 3 GrEStG erfüllt sind. 423

Die Steuer wird in den Fällen des § 1 Abs. 2a und 3 GrEStG nach dem **Bedarfswert** i. S. d. § 138 Abs. 2 oder 3 BewG bemessen. 424

Bei **Übertragungen von Grundstücken und Anteilen** an Grundstücken **haltenden Personengesellschaften** auf eine Personengesellschaft sind die **Befreiungen** gem. §§ 5, 6 GrEStG zu beachten. So ist die Übertragung eines Grundstücks auf eine Joint-Venture-Personengesellschaft in Höhe des rechnerischen Anteils des Joint-Venture-Partners an der Personengesellschaft grunderwerbsteuerbefreit. 425

Werden mehrere Umstrukturierungsschritte erforderlich, kann bei jedem Umstrukturierungsschritt Grunderwerbsteuer anfallen. 426

427 Die **Grunderwerbsteuer** hat sich **im Zusammenhang mit Umstrukturierungsmaßnahmen** zu einem echten **Ärgernis** entwickelt. Dies hat sich zumindest in den hier in Rede stehenden Übertragungsfällen durch die Einführung der Konzernklausel in § 6a GrEStG nach dem Wachstumsbeschleunigungsgesetz vom 22.12.2009 nicht entscheidend geändert. Eine Steuerbefreiung wird zunächst nur gewährt, wenn ein Umwandlungsvorgang nach § 1 Abs. 1 Nr. 1–3 UmwG oder ein vergleichbarer ausländischer Vorgang vorliegt, d. h. eine Verschmelzung, Spaltung oder Vermögensübertragung. Die in der Praxis wichtige Einbringung im Wege der Einzelrechtsnachfolge wird gerade nicht erfasst. Darüber hinaus fordert die Konzernklausel die Beteiligung von herrschenden und abhängigen Gesellschaften, wobei eine Gesellschaft nur abhängig ist, wenn das herrschende Unternehmen an ihr innerhalb von fünf Jahren vor und nach dem Rechtsvorgang unmittelbar oder mittelbar zu mindestens 95 % beteiligt ist. Auch aus diesem Grund scheidet die Nutzung der Konzernklausel bei Joint Venture Gesellschaften aus Die Grunderwerbsteuer lässt sich damit in vielen Umstrukturierungsfällen weiterhin nur durch eine Minimierung der Umstrukturierungsschritte reduzieren.

IV. Arbeitsrecht

1. Einleitung

428 Die an einem Joint Venture beteiligten Unternehmen beschäftigen im Regelfall eine mehr oder weniger große Zahl von Arbeitnehmern. Für die Betriebe oder Betriebsteile, die in das Joint Venture eingebracht werden sollen, besteht ggf. ein auf der Grundlage des BetrVG gewählter Betriebsrat. Darüber hinaus sind die Unternehmen möglicherweise an Betriebsvereinbarungen und Tarifverträge gebunden.

429 Unternehmerische Entscheidungen bei der Gründung eines Joint Venture haben daher immer auch die arbeitsrechtlichen Implikationen zu berücksichtigen. Die Unternehmen und ihre Berater müssen, wenn Betriebe eingebracht bzw. übertragen werden, ein komplexes System arbeitsrechtlicher Vorschriften beachten. Gleiches gilt für mögliche, im Zuge der Errichtung des inkorporierten Joint Ventures geplante Umstrukturierungs- und Reorganisationsmaßnahmen. Der § 613a BGB, das BetrVG, das KSchG und andere spezialgesetzliche Vorschriften können wesentliche Auswirkungen auf die inhaltliche, zeitliche und finanzielle Gestaltung des inkorporierten Joint Ventures haben. Eine Vernachlässigung der arbeitsrechtlichen Probleme wäre insbesondere dann fahrlässig, wenn das Joint Venture zu einem erheblichen Personalabbau oder einer wesentlichen Veränderung der Arbeitsbedingungen bei bestimmten Arbeitnehmern führt. Wegen der diffizilen Einzelfragen ist es nahezu unmöglich, im Rahmen dieser Darstellung einen vollständigen Überblick über die bei der Errichtung eines Joint Ventures zu berücksichtigenden arbeitsrechtlichen Gesichtspunkte zu geben. Für die Detailbetrachtung verweisen wir vielmehr auf die veröffentlichte Spezialliteratur.

Siehe insbesondere
Willemsen/Hohenstatt/Schweibert/Seibt, Umstrukturierung
und Übertragung von Unternehmen, 4. Aufl., 2011.

Im Hinblick auf die arbeitsrechtliche Relevanz eines Joint Venture sind – neben den Beteiligungsrechten der Organe der Betriebsverfassung (dazu Rz. 56) – im Wesentlichen vier Bereiche zu nennen: Der Übergang von Arbeitsverhältnissen, der Inhaltsschutz, der Bestandsschutz (Kündigungsschutz) der Arbeitsverhältnisse sowie die Unternehmensmitbestimmung. Während Fragen des Inhaltsschutzes im Wesentlichen allein bezüglich der auf das Gemeinschaftsunternehmen übergehenden Arbeitsverhältnisse aufgeworfen werden, betrifft der Kündigungsschutz sämtliche Arbeitsverhältnisse, das heißt neben den übergehenden auch die bei den Joint-Venture-Partnern verbleibenden Arbeitsverhältnisse. 430

2. Übergang von Arbeitsverhältnissen

Der zunächst angesprochene Fragenkreis des Übergangs von Arbeitsverhältnissen betrifft diejenigen Konstellationen, in denen zumindest eines der an dem Joint Venture beteiligten Unternehmen einen oder mehrere Betriebe hat und 431

- entweder einige Arbeitsverhältnisse auf das Gemeinschaftsunternehmen übergehen sollen, der Betrieb bzw. Betriebsteil aber, dem diese Arbeitsverhältnisse zugehören, bei dem Gründungsunternehmen verbleibt,
- oder ein bei dem Gründungsunternehmen bestehender Betrieb oder Betriebsteil einschließlich der dort bestehenden Arbeitsverhältnisse auf das Gemeinschaftsunternehmen übertragen wird.

In diesen Fällen ist zu klären, ob der Tatbestand des § 613a BGB erfüllt ist. Der Anwendungsbereich des § 613a Abs. 1 Satz 1 BGB lässt sich im Hinblick auf die verschiedenen Formen, in denen sich Übertragungsvorgänge auf das Gemeinschaftsunternehmen vollziehen können, wie folgt eingrenzen: 432

a) Einbringung/Übertragung von Betriebsmitteln oder Betrieben

Werden die Betriebsmittel eines Unternehmens oder Betriebes auf das Gemeinschaftsunternehmen im Wege der Einzelrechtsnachfolge (Singularsukzession) übertragen, so können die Voraussetzungen eines Betriebsübergangs i. S. d. § 613a Abs. 1 Satz 1 BGB vorliegen. Diese Frage muss auf Grundlage der einschlägigen Rechtsprechung des Europäischen Gerichtshofs und des Bundesarbeitsgerichts beantwortet werden. Dabei gilt, dass nicht jede Übertragung von Betriebsmitteln den Tatbestand eines Betriebsübergangs erfüllt. Die übertragenen Betriebsmittel müssen vielmehr eine **wirtschaftliche Einheit** im Sinne der höchstrichterlichen Rechtsprechung darstellen. 433

Auf der anderen Seite ist eine Übertragung von materiellen Betriebsmitteln in bestimmten Fällen nicht zwingend erforderlich, um einen Betriebsübergang auszulösen. 434

b) Einbringung/Übertragung von Anteilen

435 Bringt einer der künftig an dem Joint Venture beteiligten Gesellschafter hingegen seine Beteiligung an dritten Gesellschaften im Wege der Sachkapitalerhöhung gegen Gewährung von Anteilen an der Joint-Venture-Gesellschaft in diese ein, erfüllt diese Einbringung nicht die Voraussetzungen eines Betriebsübergangs i. S. d. § 613a Abs. 1 Satz 1 BGB. Es kommt zu keinem Wechsel des Arbeitgebers. Vielmehr wechselt nur der Gesellschafter derjenigen Gesellschaft, deren Anteile eingebracht werden.

> Vgl. BAG ZIP 1990, 1609 = NJW 1991, 247.

436 Mit anderen Worten ist der § 613a BGB bei einer Anteilsübertragung nicht einschlägig. Dies gilt für die gesamte Vorschrift, so dass auch die Rechtsfolgen des § 613a Abs. 1–6 BGB bei einer Änderung von Arbeitsbedingungen keine Anwendung findet. Insbesondere gilt keine Änderungssperre von einem Jahr.

c) Umwandlung

437 Joint Ventures können durch Umwandlungsvorgänge im Sinne des Umwandlungsgesetzes (UmwG) errichtet werden. Die Anwendbarkeit des § 613a Abs. 1 Satz 1 BGB war bei Einführung des UmwG zunächst zweifelhaft. Mittlerweile ist jedoch geklärt, dass § 613a Abs. 1 Satz 1 BGB im Fall der Umwandlung von Rechtsträgern nach Maßgabe des UmwG in Form der Verschmelzung, Spaltung oder Vermögensübertragung grundsätzlich anwendbar ist. Dies folgt bereits, trotz der sprachlichen Ungenauigkeiten, aus § 324 UmwG.

> Vgl. BAG, v. 25.5.2000, AP Nr. 209 zu § 613a BGB;
> *Willemsen/Hohenstatt/Schweibert/Seibt*, B 90 f.

438 Entsteht ein Joint Venture durch Umwandlung, ist jedoch stets zu prüfen, ob die tatbestandlichen Voraussetzungen des § 613a Abs. 1 Satz 1 BGB tatsächlich erfüllt sind. Im Fall einer Verschmelzung oder vollständigen Vermögensübertragung dürfte dies regelmäßig der Fall sein. Wenn und soweit auf Seiten des übertragenden Rechtsträgers Betriebe oder Betriebsteile bestanden, müssen diese infolge der für die Verschmelzung angeordneten Gesamtrechtsnachfolge zwangsläufig auf das Joint Venture übertragen werden. Im Fall einer Spaltung und Vermögensteilübertragung jedoch ist der Tatbestand nicht zwangsläufig erfüllt, denn die Spaltungsvorschriften (die auf die Vermögensteilübertragung entsprechend anzuwenden sind) erlauben es, sämtliche Gegenstände des Aktiv- und Passivvermögens den an der Umwandlung beteiligten Rechtsträgern zuzuordnen. Deshalb ist es keineswegs zwingend, dass Betriebe oder Betriebsteile i. S. d. § 613a Abs. 1 Satz 1 BGB im Rahmen der Spaltung auf das Joint Venture übertragen werden. Es kann vielmehr eine reine Übertragung von Sachmitteln vorliegen, wenngleich dies in der Praxis selten der Fall sein wird. Maßgeblich ist in diesem Zusammenhang der Spaltungsvertrag bzw. Spaltungsplan: Wenn die auf dieser Grundlage auf das Joint Venture übertragenen Gegenstände des Aktiv- und Passivvermögens eine wirtschaftliche Einheit (Betrieb oder Betriebsteil) darstellen, ist der Tatbestand des § 613a Abs. 1 Satz 1 BGB erfüllt.

> Zum Ganzen vgl. ausführlich
> *Willemsen/Hohenstatt/Schweibert/Seibt*, B 69 ff, 88 ff.

Erfolgt im Spaltungs- und Übernahmevertrag bzw. Spaltungsplan gleichwohl eine fehlerhafte Zuordnung eines Arbeitsverhältnisses, so kann diese im Hinblick auf den zwingenden § 613a Abs. 1 Satz 1 BGB keine Wirkung entfalten. 439

> Vgl. *Willemsen*, RdA 1993, 133, 137.

Die Joint-Venture-Gesellschaft also, auf die der Betrieb bzw. der Betriebsteil im Wege der partiellen Gesamtrechtsnachfolge übergeht, tritt gem. § 613a Abs. 1 Satz 1 BGB auch in die fehlerhaft zugeordneten Arbeitsverhältnisse ein. Dieser Umstand ist durch entsprechende Haftungs- und Freistellungsregelungen zwischen den Partnern zu berücksichtigen. 440

d) § 613a Abs. 5 und Abs. 6 BGB

Ist § 613a BGB einschlägig, weil es durch die Errichtung des Gemeinschaftsunternehmens zu einem Betriebsübergang kommt, dann müssen die beteiligten Unternehmen die umfassenden Informationspflichten in Abs. 5 beachten. Soweit in Abs. 5 einzeln aufgeführte Informationen nur unvollständig, falsch oder gar nicht den betroffenen Arbeitnehmern mitgeteilt werden, wird die einmonatige Widerspruchsfrist nach Abs. 6 nicht in Gang gesetzt. Folge ist, dass ein Widerspruch des Übergangs auf das Gemeinschaftsunternehmen noch nach vielen Monaten – bis zur Grenze der Verwirkung – möglich sein kann. 441

> Zum Ganzen *Willemsen/Hohenstatt/Schweibert/Seibt*, G 210 ff.

3. Inhaltsschutz übergehender Arbeitsverhältnisse

Des Weiteren ist der Fragenkreis des Inhaltsschutzes der auf das Joint Venture übergehenden Arbeitsverhältnisse hervorzuheben. Die das Verhältnis zwischen den Arbeitsvertragsparteien bestimmenden Rechte und Pflichten können auf durchaus unterschiedlichen Grundlagen beruhen. Neben der einzelvertraglichen Vereinbarung kommen als kollektivvertragliche Regelungsinstrumente vor allem Betriebsvereinbarungen und Tarifverträge in Betracht. 442

a) Fortgeltung einzelvertraglich vereinbarter Rechte und Pflichten

Unter einzelvertraglich vereinbarten Rechten und Pflichten sind die zwischen dem Arbeitgeber und dem Arbeitnehmer bei Vertragsschluss oder in einem späteren Zeitpunkt festgelegten Arbeitsbedingungen zu verstehen. 443

Erfolgt der Übergang der Arbeitsverhältnisse gem. § 613a Abs. 1 Satz 1 BGB, so tritt das Gemeinschaftsunternehmen als übernehmender oder neu ge- 444 gründeter Rechtsträger von Gesetzes wegen in die Rechte und Pflichten aus den im Zeitpunkt des Übergangs bestehenden Arbeitsverhältnissen ein. Damit gehen die einzelvertraglich vereinbarten Rechte und Pflichten mit dem Inhalt, den sie vor der Umwandlung hatten, auf das den Betrieb bzw. den Betriebsteil übernehmende Joint Venture über. Der § 613a Abs. 1 Satz 1 BGB ist zwingendes Recht, so dass der Eintritt der übernehmenden oder neu gegründeten Joint-Venture-Gesellschaft in die einzelvertraglichen Rechte und Pflichten aus dem Arbeitsverhältnis nicht durch Vereinbarung mit dem übertragenden Partner ausgeschlossen werden kann.

Erfk/*Preis*, § 613a BGB Rz. 82.

445 Damit gehen auf die Joint-Venture-Gesellschaft vor allem über alle (i) Ansprüche auf Erbringung der arbeitsvertraglichen Dienstleistung und Vergütung, (ii) Ansprüche aus einzelvertraglich vereinbarter Zusage einer betrieblichen Altersversorgung und (iii) Ansprüche aus Gesamtzusage oder betrieblicher Übung.

Vgl. Erfk/*Preis*, § 613a BGB Rz. 73 ff.

b) Fortgeltung von Betriebsvereinbarungen

446 Auch Betriebsvereinbarungen können in und für die Joint-Venture-Gesellschaft fortgelten. Wir müssen jedoch unterscheiden zwischen der kollektivrechtlichen Fortgeltung einerseits und der individualrechtlichen Fortgeltung andererseits in dem Sinne, dass die in der Betriebsvereinbarung geregelten Rechte und Pflichten mit dem Übergang der Arbeitsverhältnisse schuldrechtlicher Inhalt des einzelnen Arbeitsvertrags werden.

aa) Kollektivrechtliche Fortgeltung

447 Soweit bei der Übertragung eines Betriebs auf das Gemeinschaftsunternehmen die Identität des Betriebes gewahrt bleibt, dieser also als Organisationseinheit ohne wesentliche Veränderung selbstständig bei dem übernehmenden oder neu gegründeten Gemeinschaftsunternehmen fortgeführt wird, kommt es zu einer kollektivrechtlichen Fortgeltung der zwischen dem übertragenden Joint-Venture-Partner und dem dortigen Betriebsrat abgeschlossenen Einzelbetriebsvereinbarungen. Diese wirken damit auch normativ auf die übergegangenen Arbeitsverhältnisse ein. Der kollektivrechtlichen Fortgeltung von Betriebsvereinbarungen im Falle der Wahrung der Betriebsidentität steht auch nicht die Regelung des § 613a Abs. 1 Satz 2 BGB entgegen. § 613a Abs. 1 Satz 2 BGB enthält keine abschließende Regelung, die eine kollektivrechtliche Fortgeltung von Betriebsvereinbarungen generell ausschließen sollte, sondern ist als Auffangtatbestand einzuordnen, der zum Schutz der Arbeitnehmer eingreift, sofern eine kollektivrechtliche Fortgeltung ausgeschlossen ist.

Vgl. BAG NZA 1991, 639, 641;
BAG NZA 1995, 222, 224 f.

Gleiches gilt, wenn einer der Joint-Venture-Partner nur einen Betriebsteil auf 448
das Gemeinschaftsunternehmen überträgt und dieser dort als selbstständiger
Betrieb fortgeführt wird. Insoweit hat das BAG – entgegen vieler Stimmen in
der Literatur – der kollektiven Geltung der Einzelbetriebsvereinbarungen eine
starke Priorität eingeräumt.

> BAG v. 18.9.2002, AP Nr. 7 zu § 77 BetrVG 1972 Betriebs-
> vereinbarung;
> vgl. zum Ganzen Erfk/*Preis*, § 613a BGB Rz. 115 f.

Sofern sie kollektivrechtlich fortgelten, behalten Betriebsvereinbarungen ihre 449
unmittelbare und zwingende Wirkung i. S. v. § 77 Abs. 4 Satz 1 BetrVG. Alleinige Vertragspartei als Arbeitgeber ist nunmehr, neben dem Betriebsrat, die Joint-Venture-Gesellschaft, die diese Rolle vom übertragenden Partnerunternehmen übernimmt. Folgerichtig kann nur die Joint-Venture-Gesellschaft, neben dem Betriebsrat, die Betriebsvereinbarung kündigen. Dem Kündigungsrecht steht die einjährige Veränderungssperre des § 613a Abs. 1 Satz 2 BGB nicht entgegen; diese Schutzregelung zugunsten der Arbeitnehmer gilt nur bei einer individualrechtlichen Fortgeltung von Kollektivvereinbarungen.

> Vgl. Erfk/*Preis*, § 613a BGB Rz. 119.

Besteht in dem Gemeinschaftsunternehmen ein Tarifvertrag, ist die Frage der 450
Konkurrenz zwischen diesem und der fortgeltenden Betriebsvereinbarung im
Sinne eines Vorrangs des Tarifvertrags zu beantworten (§ 77 Abs. 3 BetrVG),
allerdings unter Berücksichtigung der nach § 4 Abs. 3 TVG möglichen Abweichungen.

bb) Individualrechtliche Fortgeltung (§ 613a BGB)

Ist eine kollektivrechtliche Fortgeltung von Betriebsvereinbarungen mangels 451
Wahrung der Betriebsidentität ausgeschlossen, können diese immerhin individualrechtlich fortgelten. Gehen die Arbeitsverhältnisse gem. § 613a Abs. 1 Satz 1 BGB auf die Joint-Venture-Gesellschaft über, sind für die Frage der individualrechtlichen Fortgeltung von Betriebsvereinbarungen die in § 613a Abs. 1 Satz 2–4 BGB normierten Schutzregelungen maßgebend. Gemäß § 613a Abs. 1 Satz 2 BGB werden die bei dem übertragenden Unternehmen durch eine Betriebsvereinbarung geregelten Rechte und Pflichten Inhalt des Arbeitsverhältnisses zwischen der Joint-Venture-Gesellschaft und dem Arbeitnehmer. Die auf der individualvertraglichen Ebene fortgeltenden, vormaligen kollektivrechtlichen Regelungen können vorbehaltlich der in § 613a Abs. 1 Satz 3 und 4 BGB enthaltenen Ausnahmen innerhalb eines Jahres nach dem Zeitpunkt des Betriebs(teil)übergangs nicht durch einzelvertragliche Vereinbarungen zum Nachteil der Arbeitnehmer geändert werden.

Gemäß § 613a Abs. 1 Satz 3 BGB scheidet eine Umwandlung („Transforma- 452
tion") der in der Betriebsvereinbarung aufgeführten Regelungen in einzelvertragliche Rechte und Pflichten aus, wenn diese Rechte und Pflichten bei der

Joint-Venture-Gesellschaft durch einen bei dieser geltenden Kollektivvertrag geregelt werden. Der Ausschluss der Transformation von Betriebsvereinbarungsregelungen kann sowohl durch eine Betriebsvereinbarung als auch einen Tarifvertrag erfolgen, im letzteren Fall die jeweilige beiderseitige Tarifgebundenheit vorausgesetzt. Darüber hinaus kommt es zu einer Verdrängung des § 613a Abs. 1 Satz 2 BGB nicht nur dann, wenn ein solcher Kollektivvertrag bereits im Zeitpunkt des Übergangs besteht, sondern auch für den Fall eines erst nach diesem Zeitpunkt erfolgenden Abschlusses.

Erfk/*Preis*, § 613a BGB Rz. 125.

453 In beiden Fällen greift § 613a Abs. 1 Satz 3 BGB unabhängig davon ein, ob die „neuen" Kollektivverträge im Vergleich mit der bislang geltenden Betriebsvereinbarung für die übernommenen Arbeitnehmer ungünstigere Regelungen vorsehen. Freilich bleibt die Voraussetzung bestehen, dass der bei dem Gemeinschaftsunternehmen als übernehmendem Rechtsträger geltende Kollektivvertrag die an sich gem. § 613a Absatz 1 Satz 2 BGB transformierbaren Arbeitsbedingungen inhaltlich überhaupt erfasst. Andernfalls gelten diese „vormaligen" Bedingungen auf der Grundlage von § 613a Abs. 1 Satz 2 BGB einzelvertraglich fort.

Erfk/*Preis*, § 613a BGB Rz. 125.

c) Fortgeltung von Verbandstarifverträgen

454 Auch hinsichtlich von in Verbandstarifverträgen normierten Rechten und Pflichten der Arbeitsvertragsparteien ist im Zusammenhang mit der Gründung eines Joint Venture zwischen einem kollektivrechtlichen Fortbestand entsprechender Regelungen und einer individualrechtlichen Fortgeltung zu unterscheiden. Diese Frage stellt sich, wie stets, nicht, wenn die Anteile eines Unternehmens, das Mitglied im Arbeitgeberverband ist, in die Joint-Venture-Gesellschaft eingebracht werden. Dann gelten die Normen des Verbandstarifvertrages nach den allgemeinen Regeln fort.

aa) Kollektivrechtliche Fortgeltung

455 Rechtsnormen eines auf der Grundlage von § 5 TVG für allgemein verbindlich erklärten Verbandstarifvertrages können gem. § 5 Abs. 4 TVG auch ein in den räumlichen und fachlichen Geltungsbereich dieses Tarifvertrages fallendes Joint Venture unabhängig davon erfassen, ob dieses tarifgebunden ist. Unabhängig davon kommt eine kollektivrechtliche Fortgeltung von verbandstarifvertraglich geregelten Normen nur dann in Betracht, wenn der bei dem übertragenden Joint-Venture-Partner maßgebende Tarifvertrag seinem räumlichen und fachlichen Geltungsbereich nach auch für die Joint-Venture-Gesellschaft gilt und diese Mitglied desselben Arbeitgeberverbandes wie der übertragende Joint-Venture-Partner ist. Denn in diesem Fall ist die Joint-Venture-Gesellschaft gem. § 3 Abs. 1 TVG an denselben Tarifvertrag gebunden, was bei Tarifgebundenheit der von dem Übergang betroffenen Arbeit-

nehmer zu einer unmittelbaren und zwingenden Fortgeltung der in dem Tarifvertrag geregelten Rechte und Pflichten führt. Insoweit steht die Regelung des § 613a Abs. 1 Satz 2 BGB nicht entgegen, was auch hier auf den Auffangcharakter der Norm zurück zu führen ist.

Vgl. BAG NZA 1995, 222, 225.

456 Fehlt es hingegen an einer Mitgliedschaft des übernehmenden bzw. neu gegründeten Gemeinschaftsunternehmens in dem Arbeitgeberverband, der den für den übertragenden Joint-Venture-Partner maßgebenden Tarifvertrag abgeschlossen hat, ist eine kollektivrechtliche Fortgeltung des Tarifvertrags ausgeschlossen. Nicht ausgeschlossen ist jedoch die Möglichkeit für die zuständigen Gewerkschaften, das Joint Venture auf Abschluss eines Firmentarifvertrages (siehe unten Rz. 465) – zumindest in der Form eines Anschlusstarifvertrages – in Anspruch zu nehmen.

bb) Individualrechtliche Fortgeltung

457 Gelten verbandstarifvertragliche Rechte und Pflichten mangels Tarifgebundenheit der Joint-Venture-Gesellschaft nicht kollektivrechtlich fort, kommt ihr individualrechtlicher Fortbestand in Betracht.

458 Gehen wegen der Übertragung eines Betriebs bzw. Betriebsteils auf das Gemeinschaftsunternehmen gem. § 613a Abs. 1 Satz 1 BGB Arbeitsverhältnisse auf dieses über, ist damit auch die unmittelbare Anwendbarkeit der Sätze 2 bis 4 des § 613a Abs. 1 BGB eröffnet. Das bedeutet, dass die verbandstarifvertraglich geregelten Rechte und Pflichten gem. § 613a Abs. 1 Satz 2 BGB – vorbehaltlich der in den Sätzen 3 und 4 dieser Norm niedergelegten Einschränkungen – auf die individualvertragliche Ebene transformiert werden.

Vgl. BAG NZA 1995, 740, 741.

459 Insoweit gilt grundsätzlich nichts anderes als bei der Transformation von in Betriebsvereinbarungen geregelten Rechten und Pflichten, weshalb in Ergänzung der nachfolgenden Darstellung auf die diesbezüglichen Ausführungen verwiesen werden kann.

460 Nach § 613a Abs. 1 Satz 2 BGB transformierbar sind jedoch nur solche Rechtsnormen des Tarifvertrages, die Rechte und Pflichten im Arbeitsverhältnis festlegen. Dazu zählen die sog. „Inhaltsnormen" i. S. v. § 1 Abs. 1 TVG (z. B. zu Vergütung, Arbeitszeit oder Urlaub) und die sog. „Beendigungsnormen" von § 1 Abs. 1 TVG (z. B. Altersgrenzen, Kündigungsfristen oder Kündigungsgründe).

Vgl. *Gaul*, NZA 1995, 717, 721.

461 Die in § 1 Abs. 1 TVG ebenfalls erwähnten Rechtsnormen über den Abschluss von Arbeitsverhältnissen sind hingegen grundsätzlich nicht transformationsfähig, da diese Bestimmungen in der Regel nur auf Arbeitsverhältnisse bezogen sind, die in der Zukunft abgeschlossen werden, § 613a

Abs. 1 Satz 2 BGB als Inhaltsschutzregelung jedoch nur bestehende Arbeitsverhältnisse erfasst.

462 Schließlich unterfällt der die Tarifparteien als solche verpflichtende und berechtigende schuldrechtliche Teil eines Tarifvertrages nicht der Transformation gem. § 613a Abs. 1 Satz 2 BGB. Entsprechendes gilt für die in § 1 Abs. 1 TVG ebenfalls genannten Normen über betriebliche Fragen, also solche, die sich auf die Organisationsgewalt des Arbeitgebers im Betrieb beziehen.

Erfk/*Preis*, § 613a BGB Rz. 118;
BAG NZA 2010, 238, 241.

463 Gemäß § 613a Abs. 1 Satz 3 BGB findet eine Transformation schließlich dann nicht statt, wenn die Rechte und Pflichten bei dem Gemeinschaftsunternehmen durch Rechtsnormen eines anderen Tarifvertrages oder durch eine andere Betriebsvereinbarung geregelt werden. Die Fragen der sog. Tarifablösung sind äußerst diffizil und häufig nur durch pragmatisches Zusammenwirken aller Beteiligten zu lösen, was eine vorherige sorgfältige Beratung erforderlich, wenn nicht unentbehrlich macht.

Erfk/*Preis*, § 613a BGB Rz. 123.

464 Besteht bei dem Gemeinschaftsunternehmen ein Tarifvertrag, so ist zu beachten, dass dieser für die übernommenen Arbeitsverhältnisse in der Regel nur dann unmittelbare und zwingende Wirkung entfalten kann, wenn die Arbeitnehmer der vertragsschließenden Gewerkschaft angehören und damit gem. § 3 Abs. 1 TVG tarifgebunden sind. Ansonsten bleibt es bei der Transformationswirkung des § 613a Abs. 1 Satz 2 BGB.

d) Fortgeltung von Firmentarifverträgen

465 Die für Arbeitsverhältnisse maßgebenden Rechte und Pflichten können auch in einem Firmentarifvertrag geregelt sein. An einem Firmentarifvertrag sind als Vertragsparteien eine Gewerkschaft und – darin unterscheidet sich dieser Tarifvertrag von einem Verbandstarifvertrag – anstelle eines Arbeitgeberverbandes ein einzelner Arbeitgeber beteiligt, der nach § 2 Abs. 1 TVG ebenfalls Tarifvertragspartei sein kann. Nicht anders als bezogen auf Betriebsvereinbarungen und Verbandstarifverträge ist für die Frage der Fortgeltung von in einem Firmentarifvertrag geregelten Rechten und Pflichten zwischen einem kollektivrechtlichen und einem individualrechtlichen Fortbestand zu unterscheiden.

aa) Kollektivrechtliche Fortgeltung

466 Bei der Stellung eines der an einem Joint Venture beteiligten Unternehmen als Vertragspartei eines Firmentarifvertrages handelt es sich, anders als bei der Mitgliedschaft in einem vereinsrechtlich organisierten Arbeitgeberverband, nicht um eine höchstpersönliche Rechtsposition; die Vertragsparteistellung als solche ist mithin übertragbar.

Vgl. *Däubler*, RdA 1995, 136, 140.

IV. Arbeitsrecht

Dies hat zur Konsequenz, dass bei einer Einbringung bzw. Übertragung von Einzelwirtschaftsgütern zur Gründung der Joint-Venture-Gesellschaft eine kollektivrechtliche Fortgeltung nicht in Betracht kommt. Anderes gilt nur dann, wenn die Joint-Venture-Gesellschaft dem Firmentarifvertrag beitritt. Allerdings kann hierzu unter bestimmten Umständen eine Verpflichtung bestehen. 467

Vgl. BAG DB 1992, 98.

Bei einer Einbringung von Anteilen an einer Gesellschaft in das Gemeinschaftsunternehmen hingegen gilt der entsprechende Haus- bzw. Firmentarifvertrag des eingebrachten Unternehmens kollektivrechtlich fort. 468

bb) Individualrechtliche Fortgeltung

Hinsichtlich der individualrechtlichen Fortgeltung von Rechten und Pflichten eines Firmentarifvertrages kann auf die obigen Ausführungen zu Betriebsvereinbarungen und Verbandstarifverträgen Bezug genommen werden; die dortigen Ausführungen gelten entsprechend. 469

4. Kündigungsschutz

Mit der Gründung eines Joint Venture gehen nicht selten auch Veränderungen der Personalstruktur einher. Damit stellt sich im Hinblick auf die von einer möglichen Umstrukturierung betroffenen Arbeitsverhältnisse die Frage des Kündigungsschutzes. 470

Soweit die Arbeitsverhältnisse wegen der Übertragung eines Betriebs bzw. Betriebsteils gem. § 613a Abs. 1 Satz 1 BGB (also im Wege der Übertragung von Einzelwirtschaftsgütern) auf die Joint-Venture-Gesellschaft übergehen, findet die Bestandsschutzregelung des § 613a Abs. 4 BGB unmittelbare Anwendung. Hiernach ist die Kündigung des Arbeitsverhältnisses eines Arbeitnehmers durch den bisherigen Arbeitgeber oder durch den neuen Inhaber *wegen* des Übergangs eine Betriebs oder Betriebsteils unwirksam. § 613a Abs. 4 Satz 1 BGB wird als ein vom KSchG unabhängiges selbstständiges Kündigungsverbot eingeordnet, das – bei Vorliegen der maßgebenden Voraussetzungen aus „anderen als den in § 1 Abs. 2, 3 KSchG bezeichneten Gründen" (§ 13 Abs. 3 KSchG) – zur Unwirksamkeit der Kündigung nach § 134 BGB führt. Diese Ausführungen gelten ebenfalls für den Fall des Ausspruchs einer Änderungskündigung wegen des Betriebsübergangs. 471

BAG NZA 1985, 593, 594;
Erfk/*Preis*, § 613a BGB Rz. 153.

Auf die Regelung des § 613a Abs. 4 Satz 1 BGB können sich deshalb auch Arbeitnehmer berufen, deren Arbeitsverhältnisse noch nicht ohne Unterbrechung länger als sechs Monate in demselben Betrieb oder Unternehmen bestanden haben oder die in einem die Anwendbarkeit des KSchG ebenfalls ausschließenden Kleinbetrieb i. S. v. § 23 Abs. 1 Satz 2 KSchG tätig sind. Seit 472 der Neufassung des § 4 KSchG zum 1.1.2004 sind die Arbeitnehmer zur Geltendmachung der Unwirksamkeit einer Kündigung gem. §§ 613a Abs. 4 Satz 1, 134 BGB jedoch an die Einhaltung der in § 4 KSchG niedergelegten Drei-Wochen-Frist gebunden.

473 Das Verbot einer Kündigung wegen des Betriebs(teil)übergangs ist an den bisherigen Arbeitgeber wie auch an den neuen Betriebs(teil)inhaber gerichtet und erfasst mithin seinem personellen Anwendungsbereich nach neben der Joint-Venture-Gesellschaft auch das einbringende Unternehmen, dem die übergegangenen Arbeitsverhältnisse bislang zugeordnet waren. Ihrem sachlichen Anwendungsbereich nach verbietet die auf jede Kündigungsart (ordentliche oder außerordentliche Kündigung sowie Änderungskündigung) bezogene Regelung des § 613a Abs. 4 Satz 1 BGB nicht nur arbeitgeberseitige Kündigungen wegen des Betriebsübergangs. Darüber hinaus können entsprechend dem Zweck der Bestimmung auch Kündigungen der Arbeitnehmer sowie Aufhebungsverträge erfasst sein, sofern diese Rechtsgeschäfte missbräuchlich mit dem Ziel einer Umgehung des Kündigungsverbotes vorgenommen werden.

474 § 613a Abs. 4 Satz 2 BGB stellt indes klar, dass das Recht zur Kündigung aus anderen Gründen unberührt bleibt. Eine Kündigung ist deshalb nicht schon dann nach §§ 613a Abs. 4 Satz 1, 134 BGB unwirksam, wenn der Betriebsübergang für die Kündigung (mit)ursächlich ist, sondern nur dann, wenn das Motiv der Kündigung wesentlich durch den Betriebsinhaberwechsel bestimmt wird. Aus diesem Grunde ist bei der Anwendung von § 613a Abs. 4 Satz 1 BGB stets zu prüfen, ob neben dem Betriebsübergang ein sachlicher Grund gegeben ist, der aus sich heraus die Kündigung zu rechtfertigen vermag und sich insoweit der Betriebsübergang lediglich als äußerer Anlass, nicht aber als tragender Grund der Kündigung darstellt.

Vgl. BAG AP Nr. 34 zu § 613a BGB.

475 Unter den in § 613a Abs. 4 Satz 2 BGB genannten „anderen Gründen" für eine Kündigung sind neben personen- und verhaltensbedingten Gründen in besonderem Maße dringende betriebliche Erfordernisse i. S. d. § 1 Abs. 2 KSchG zu verstehen. Kündigungen zur Rationalisierung sind somit nicht gem. § 613a Abs. 4 BGB ausgeschlossen.

Vgl. etwa die umstrittene sog. Veräußererkündigung auf Erwerberkonzept *Willemsen/Hohenstatt/Schweibert/Seibt*, H 107 ff.

5. Unternehmensmitbestimmung

476 Die Errichtung einer klassischen Joint-Venture-Gesellschaft kann insbesondere auch Auswirkungen auf die Unternehmensmitbestimmung haben. Sofern die Joint-Venture-Gesellschaft, wie regelmäßig, von beiden Gründungsbzw. Muttergesellschaftern beherrscht wird, führt dies nach der arbeitsgerichtlichen Rechtsprechung zur Bildung eines Unterkonzerns mit beiden Muttergesellschaften. Unmittelbare Folge ist, dass die Arbeitnehmer der

Joint-Venture-Gesellschaft gem. § 5 Abs. 1 MitbestG nicht nur in beiden Muttergesellschaften mitgezählt werden, sondern auch in beiden Konzernverhältnissen wahlberechtigt sind.

Willemsen/Hohenstatt/Schweibert/Seibt, F 1 ff. m. w. N.
auch zu weitergehenden Fragen.

V. Gemeinschaftsunternehmen und Kartellrecht

Die Gründung von inkorporierten Joint Ventures sowie Änderungen des Kreises der beteiligten Unternehmen unterliegen grundsätzlich der Kontrolle durch die Kartellbehörden. In Betracht kommt hier zum einen die Fusionskontrolle, bei kooperativen Vorgängen zusätzlich aber auch das allgemeine Kartellverbot (Art. 101 AEUV, § 1 GWB). 477

1. Beurteilung nach europäischem Wettbewerbsrecht

a) EU-Fusionskontrollverordnung

Bei der Prüfung der Vereinbarkeit eines Gemeinschaftsunternehmens mit der EU-Fusionskontrollverordnung (FKVO) ist zu unterscheiden zwischen der formellen Fusionskontrolle, d. h. der Frage, ob das Vorhaben in den Anwendungsbereich der FKVO fällt, und der materiellen Fusionskontrolle, d. h. der Frage, ob das Gemeinschaftsunternehmen inhaltlich mit der FKVO vereinbar ist. Zusätzlich soll auf einige verfahrensrechtliche Aspekte hingewiesen werden. 478

Die Anwendbarkeit der FKVO ist immer zuerst zu prüfen, da die FKVO grundsätzlich die Anwendbarkeit der nationalen Zusammenschlusskontrolle ausschließt. 479

aa) Formelle Fusionskontrolle

Die Gründung eines Gemeinschaftsunternehmens fällt in den Anwendungsbereich der FKVO, wenn das Gemeinschaftsunternehmen ein Vollfunktionsgemeinschaftsunternehmen ist und die beteiligten Unternehmen, im Falle einer Neugründung sind das die Gründerunternehmen, die Schwellenwerte des Art. 1 FKVO erreichen. 480

(1) Begriff des Gemeinschaftsunternehmens – Gemeinsame Kontrolle

Die FKVO setzt den Begriff des Gemeinschaftsunternehmens voraus. Ein Gemeinschaftsunternehmen im Sinne der FKVO liegt nur vor, wenn das Joint Venture von mindestens zwei Muttergesellschaften gemeinsam kontrolliert wird. Eine bloße Beteiligung als solche ist nicht ausreichend und fällt nicht unter die EU-Fusionskontrolle. 481

> Vgl. zum Begriff der gemeinsamen Kontrolle ABl. 2009 Nr. C 43/09, Rz. 17 ff;
> *Immenga/Körber*, in: Immenga/Mestmäcker, EG-WbR, Teil 2, Art. 3 FKVO, Rz. 109.

482 Für eine gemeinsame Kontrolle ist eine auf Dauer angelegte, bestimmende Einflussmöglichkeit der Muttergesellschaften auf das Gemeinschaftsunternehmen erforderlich. Dies bedeutet in der Regel die Möglichkeit, Aktionen zu blockieren, die das strategische Wirtschaftsverhalten eines Unternehmens bestimmen.

483 Eine gemeinsame Kontrolle kann sich aus rechtlichen wie faktischen Umständen ergeben. Am deutlichsten ist die gemeinsame Kontrolle, wenn das Gemeinschaftsunternehmen zwei Muttergesellschaften mit gleichen Stimmrechten hat. Gemeinsame Kontrolle liegt aber auch dann vor, wenn (Minderheits-)Gesellschafter zusätzliche Rechte haben, die es ihnen ermöglichen, gegen Entscheidungen, die für das strategische Wirtschaftsverhalten des Gemeinschaftsunternehmens wesentlich sind, ein Veto einzulegen.

484 Die Vetorechte können sich aus der Satzung, aus einer Gesellschaftervereinbarung oder aus anderen Umständen ergeben. Sie müssen auf strategische Entscheidungen gerichtet sein, wozu insbesondere Entscheidungen über die Besetzung der Unternehmensleitung, über die Finanzplanung und über den Geschäftsplan gehören.

(2) Vollfunktions-Gemeinschaftsunternehmen

485 Nach Art. 3 Abs. 4 FKVO ist die Gründung eines Gemeinschaftsunternehmens ein Zusammenschluss im Sinne der FKVO, soweit das Gemeinschaftsunternehmen auf Dauer alle Funktionen einer selbstständigen wirtschaftlichen Einheit darstellt. Das Gemeinschaftsunternehmen muss ein sog. Vollfunktions-Gemeinschaftsunternehmen sein.

> Vgl. zu diesem Begriff ABl. 2009 Nr. C 43/09, Rz. 23 ff;
> *Immenga/Körber*, in: Immenga/Mestmäcker, EG-WbR, Teil 2, Art. 3 FKVO, Rz. 112.

486 Dies setzt voraus, dass das Gemeinschaftsunternehmen auf einem Markt diejenigen Funktionen ausüben muss, die auch von anderen Unternehmen in diesem Markt wahrgenommen werden. Nimmt das Gemeinschaftsunternehmen demgegenüber nur reine Hilfstätigkeiten für die Mütter wahr, so wird es als sog. Teilfunktions-Gemeinschaftsunternehmen nicht von der FKVO erfasst.

487 Entscheidend für die Abgrenzung im Einzelfall ist die Ausstattung, die ein Gemeinschaftsunternehmen von seinen Müttern in finanzieller, sachlicher, personeller und sonstiger Hinsicht erhält. Um sich im Markt selbstständig entwickeln zu können, benötigt das Gemeinschaftsunternehmen so viele Ressourcen (Immobilien, Produktionsanlagen, Finanzmittel, Vertriebsnetze,

Personal, Patente, Lizenzen usw.), dass eine ausreichende sachliche Grundlage zur Lebensfähigkeit geschaffen wird.

Immenga/Körber, in: Immenga/Mestmäcker, EG-WbR, Teil 2, Art. 3 FKVO, Rz. 113.

Das Gemeinschaftsunternehmen muss nicht nur selbstständig agieren können, sondern auch auf Dauer angelegt sein. Das ist zu bejahen, wenn das Gemeinschaftsunternehmen seine Tätigkeit zeitlich unbegrenzt oder zumindest langfristig ausübt. Eine solche Langfristigkeit wird üblicherweise bei fünf Jahren angenommen, wobei diese Frage einzelfallbezogen zu beantworten ist. 488

Immenga/Körber, in: Immenga/Mestmäcker, EG-WbR, Teil 2, Art. 3 FKVO, Rz. 133.

(3) Gemeinschaftsweite Bedeutung

Soweit das Gemeinschaftsunternehmen diese Voraussetzungen erfüllt und damit als ein Zusammenschluss im Sinne der FKVO gilt, muss es weiterhin gemeinschaftsweite Bedeutung i. S. d. Art. 1 FKVO haben, um in den Anwendungsbereich der FKVO zu fallen. Dies hängt von den Umsätzen der Mütterunternehmen einschließlich aller diese kontrollierenden und von diesen kontrollierten Unternehmen ab. 489

Die FKVO enthält in Art. 1 Abs. 2 und Abs. 3 zwei alternative umsatzbezogene Schwellenwerte, nach denen sich bestimmt, ob ein Zusammenschlussvorhaben in den Anwendungsbereich der FKVO fällt und bei der Kommission anzumelden ist. Maßgeblich ist jeweils der Umsatz der beteiligten Unternehmen (zum Begriff vgl. Mitteilung der Kommission ABl. Nr. C 43/09 v. 21.2.2009, Rz. 31 ff). 490

(a) Art. 1 Abs. 2 FKVO

Nach Art. 1 Abs. 2 FKVO ist ein Zusammenschluss anzumelden, wenn 491

- alle am Zusammenschluss beteiligten Unternehmen zusammen einen weltweiten Gesamtumsatz von mehr als 5 Mrd. € haben **und**
- von mindestens zwei der beteiligten Unternehmen ein gemeinschaftsweiter Umsatz von jeweils mehr als 250 Mio. € erzielt wird,

es sei denn, die beteiligten Unternehmen erzielen jeweils 2/3 ihres gemeinschaftsweiten Umsatzes in ein und demselben Mitgliedstaat.

(b) Art. 1 Abs. 3 FKVO

Soweit die Schwellenwerte nach Art. 1 Abs. 2 FKVO nicht erreicht werden, kann ein Zusammenschluss immer noch in den Anwendungsbereich der 492

FKVO fallen, soweit die Schwellenwerte nach Art. 1 Abs. 3 FKVO erfüllt sind. Hiernach ist ein Zusammenschluss anzumelden, wenn

- alle am Zusammenschluss beteiligten Unternehmen zusammen einen weltweiten Gesamtumsatz von mehr als 2,5 Mrd. € haben **und**

- alle am Zusammenschluss beteiligten Unternehmen zusammen in mindestens drei Mitgliedstaaten einen Gesamtumsatz von jeweils mehr als 100 Mio. € erzielt haben **und**

- von mindestens zwei der beteiligten Unternehmen in jedem dieser drei Mitgliedstaaten ein Umsatz von jeweils mehr als 25 Mio. € erzielt wird **und**

- von mindestens zwei der beteiligten Unternehmen ein gemeinschaftsweiter Umsatz von jeweils mehr als 100 Mio. € erzielt wird,

es sei denn, die beteiligten Unternehmen erzielen jeweils 2/3 ihres gemeinschaftsweiten Umsatzes in ein und demselben Mitgliedstaat.

bb) Materielle Fusionskontrolle

493 Bei Vorliegen eines Vollfunktions-Gemeinschaftsunternehmens mit gemeinschaftsweiter Bedeutung im vorgenannten Sinne findet gem. Art. 2 FKVO materiell eine „Doppelkontrolle" statt:

(1) Vereinbarkeit der Gründung des Vollfunktions-Gemeinschaftsunternehmens mit dem Gemeinsamen Markt

494 Zum einen muss die Gründung des Vollfunktions-Gemeinschaftsunternehmens vereinbar mit dem Gemeinsamen Markt sein. Dies bestimmt sich nach dem von der EU-Kommission anzuwendenden sog. „Significant Impediment to Effective Competition-Test" (auch „Wettbewerbsbehinderungstest" oder kurz „SIEC-Test", Art. 2 Abs. 2 und Abs. 3 FKVO) danach, ob durch den Zusammenschluss wirksamer Wettbewerb im Gemeinsamen Markt oder in einem wesentlichen Teil desselben erheblich behindert würde. Dies kann insbesondere durch Begründung oder Verstärkung einer sog. marktbeherrschenden Stellung (Einzelmarktbeherrschung oder kollektive Marktbeherrschung) der Fall sein, aber auch dann, wenn ein beträchtlicher Wettbewerbsdruck beseitigt wird, den die fusionierenden Unternehmen aufeinander ausgeübt haben, und der Wettbewerbsdruck auf die verbleibenden Wettbewerber gemindert wird.

> *Immenga/Körber*, in: Immenga/Mestmäcker, EG-WbR, Teil 2, FKVO, Art. 2 Rz. 541 und 183 ff;
> MünchKomm-*Montag/v. Bonin*, EU-WbR, Art. 2 FKVO, Rz. 23 ff.

Hierfür sind zunächst die sachlich und räumlich durch die Gründung des Voll- 495
funktions-Gemeinschaftsunternehmen betroffenen Märkte zu bestimmen, um
überhaupt feststellen zu können, welcher Wettbewerb betroffen ist.

>Vgl. zum Begriff des relevanten Marktes ABl. 1997 Nr. C 372/02.

Die Bestimmung des relevanten Marktes kann im Einzelfall schwierig sein. 496
Grundsätzlich gilt: Sämtliche Waren und Dienstleistungen, die sich nach
ihren Eigenschaften, ihrem wirtschaftlichen Verwendungszweck sowie ihrer
Preislage so nahe stehen, dass der verständige Abnehmer bzw. Anbieter sie
als für die Deckung eines bestimmten Bedarfs geeignet in berechtigter Weise
abwägend miteinander vergleicht und als gegeneinander austauschbar ansieht,
bilden den relevanten Markt. Je nach Produkt bzw. Dienstleistung kann in
räumlicher Hinsicht ein lokaler, regionaler, nationaler, europäischer oder
weltweiter Markt vorliegen. Dies richtet sich danach, in welchem Umkreis
tatsächlich nachgefragt wird bzw. in sinnvoller Weise nachgefragt werden
könnte.

>*Riesenkampff/Lehr*, in: Loewenheim/Meessen/Riesenkampff,
>Art. 2 FKVO, Rz. 10 ff.

Sodann betrachtet die Kommission in diesem Zusammenhang u. a. die Markt- 497
anteile des Gemeinschaftsunternehmens sowie seiner Wettbewerber, die
wirtschaftliche Macht und die Finanzkraft der beteiligten Unternehmen, die
Wahlmöglichkeiten der Lieferanten und Abnehmer und die Zugangsmöglichkeiten von Lieferanten und Nachfragern zu den Absatz- und Beschaffungsmärkten.

>MünchKomm-*Montag/v. Bonin*, EU-WbR, Art. 2 FKVO,
>Rz. 49 ff;
>*Riesenkampff/Lehr*, in: Loewenheim/Meessen/Riesenkampff,
>Art. 2 FKVO, Rz. 71 ff.

**(2) Keine koordinierenden Effekte auf die das
Gemeinschaftsunternehmen gründenden Unternehmen**

Zusätzlich für Gemeinschaftsunternehmen prüft die Kommission nach Art. 2 498
Abs. 4 und 5 FKVO, ob mindestens zwei der das Gemeinschaftsunternehmen
kontrollierenden, voneinander unabhängigen „Mütter" auf den Märkten des
Gemeinschaftsunternehmens oder damit in Zusammenhang stehenden Märkten (zusammenhängend, wenn vor-, nachgelagerter oder benachbarter Markt)
aktiv bleiben oder ihr Wettbewerbsverhalten aufeinander abstimmen. Aus
der Gründung des Gemeinschaftsunternehmens dürfen keine spürbaren Beschränkungen des Wettbewerbs aus sog. „Gruppen-" oder „Spill-Over-
Effekten" resultieren.

>*Immenga/Körber*, in: Immenga/Mestmäcker, EG-WbR,
>Teil 2, Art. 2 FKVO, Rz. 541 ff.

Diese Prüfung hat den verfahrensrechtlichen Vorteil, dass innerhalb des Fu- 499
sionskontrollverfahrens gleichzeitig Aspekte des allgemeinen Kartellverbotes

gem. Art. 101 AEUV betrachtet werden und dadurch die künftigen Gesellschafter innerhalb überschaubarer Fristen eine abschließende Entscheidung der Kommission über die Vereinbarkeit des Vorhabens nach Art. 101 AEUV erhalten.

> Vgl. auch *Immenga/Körber*, in: Immenga/Mestmäcker, EG-WbR, Teil 2, Art. 2 FKVO, Rz. 541 ff.

cc) Verfahren

500 Das Fusionskontrollverfahren unterliegt strengen gesetzlichen Fristen. Es ist grundsätzlich in zwei Abschnitte unterteilt.

501 Zunächst beginnt ein sog. „Vorverfahren", sobald die Anmeldung des Vorhabens der Kommission vollständig vorliegt (Art. 6 Abs. 1 und Art. 10 Abs. 1 FKVO). Die Kommission hat sodann eine Frist von 25 Arbeitstagen (ggf. 35 Arbeitstagen, Art. 10 Abs. 1 Satz 3 FKVO), innerhalb derer sie zu prüfen hat, ob ernsthafte Bedenken gegen den angemeldeten Zusammenschluss bestehen (Art. 6 Abs. 1 lit. b), Art. 10 Abs. 1 FKVO).

502 Bestehen keine Bedenken gegen das beabsichtigte Vorhaben, wird die Freigabe erklärt (Art. 6 Abs. 1 lit. b) FKVO), die jedoch mit Auflagen oder Bedingungen verbunden werden kann (Art. 6 Abs. 2 Satz 2 FKVO).

503 Besteht nach Auffassung der Kommission nach summarischer Prüfung im Vorverfahren jedoch Anlass zu ernsthaften Bedenken, ob das angemeldete Vorhaben vereinbar mit dem Gemeinsamen Markt ist, leitet sie das sog. „Hauptverfahren" ein (Art. 6 Abs. 1 lit c) FKVO). Sodann hat die Kommission eine Entscheidung spätestens nach weiteren 90 Arbeitstagen (Verlängerung auf maximal 110 Arbeitstage möglich) zu erlassen (Art. 10 Abs. 3 FKVO). Diese ist entweder auf Freigabe (ggf. in Verbindung mit Auflagen oder Bedingungen) oder Untersagung des Vorhabens gerichtet (Art. 8 Abs. 1–3 FKVO).

504 Trifft die Kommission innerhalb der Fristen des Vorverfahrens oder des Hauptverfahrens keine Entscheidung, so gilt der Zusammenschluss als mit dem Gemeinsamen Markt für vereinbar erklärt (Fiktion gem. Art. 10 Abs. 6 FKVO).

505 Zusammenschlüsse unterliegen bis zur Entscheidung der Kommission einem strengen **Vollzugsverbot** (Art. 7 Abs. 1 FKVO). Verstöße gegen das Vollzugsverbot ziehen sog. Entflechtungsmaßnahmen, d. h. Rückabwicklung, nach sich. Sie können ferner mit empfindlichen Bußgeldern geahndet werden. Ferner sind die bereits vorgenommenen Vollziehungsmaßnahmen zivilrechtlich unwirksam (Art. 7 Abs. 4 FKVO). Von einem Vollzug vor Abschluss des Fusionskontrollverfahrens ist also abzuraten.

> *Ablasser-Neuhuber*, in: Loewenheim/Meessen/Riesenkampff, Art. 7 FKVO, Rz. 1 ff und 11 ff.

b) Art. 101 AEUV

Selbst wenn ein Gemeinschaftsunternehmen nicht der EU-Zusammenschlusskontrolle unterfällt, kann es weiterhin in den Anwendungsbereich des Art. 101 AEUV fallen. Art. 101 Abs. 1 AEUV verbietet Vereinbarungen zwischen Unternehmen, die den Handel zwischen den Mitgliedstaaten spürbar zu beeinträchtigen geeignet sind und eine Verhinderung, Einschränkung oder Verfälschung des Wettbewerbs innerhalb des Gemeinsamen Marktes bezwecken oder bewirken, sog. „allgemeines Kartellverbot". 506

Zimmer, in: Immenga/Mestmäcker, EG-WbR, Teil 1 Art. 81 Abs. 1, Rz. 380 ff;
MünchKomm-*Pohlmann*, EU-WbR, Art. 81 EG, Rz. 315 ff.

Allerdings können Vorhaben selbst bei Vorliegen der Voraussetzungen des Art. 101 Abs. 1 AEUV in bestimmten Fällen entweder über eine sog. „Einzelfreistellung" gem. Art. 101 Abs. 3 AEUV oder eine sog. „Gruppenfreistellung" gem. Art. 101 Abs. 3 AEUV in Verbindung mit einer sog. „Gruppenfreistellungsverordnung" erlaubt sein. Voraussetzung hierfür ist, dass die Gründung oder Durchführung des Gemeinschaftsunternehmens zur Verbesserung der Warenerzeugung und -verteilung oder zur Förderung des technischen oder wirtschaftlichen Fortschritts beitragen. Ferner müssen die Verbraucher an dem dadurch entstandenen Gewinn angemessen beteiligt werden und es dürfen den beteiligten Unternehmen keine Beschränkungen auferlegt werden, die für die Erreichung dieser Ziele nicht unerlässlich sind. Natürlich darf auch der Wettbewerb für einen wesentlichen Teil der betroffenen Waren oder Dienstleistungen nicht ausgeschaltet werden. 507

MünchKomm-*Habermeier*, EU-WbR, Art. 81 EG, Rz. 657 ff;
Meessen, in: Loewenheim/Meessen/Riesenkampff, Art. 81 Abs. 3 EG, Rz. 15 ff.

Bei Vorliegen der Voraussetzungen einer Einzel- oder Gruppenfreistellung tritt die Freistellung kraft Gesetzes ein. Eine explizite Freistellung durch die Kommission findet (anders als bei der fusionskontrollrechtlichen Inzidentprüfung bei Vollfunktions-Gemeinschaftsunternehmen mit gemeinschaftsweiter Bedeutung, siehe oben Rz. 478 ff) nicht statt. Vielmehr obliegt den beteiligten Unternehmen selbst die Einschätzung, ob die Voraussetzungen einer Einzel- oder Gruppenfreistellung vorliegen. 508

Ellger in: Immenga/Mestmäcker, EG-WbR, Teil 1,
Art. 81 Abs. 3 Rz. 20 ff.

Im Falle einer Gruppenfreistellung nach einer Gruppenfreistellungsverordnung (z. B. sog. Vertikal-GVO, Forschungs- und Entwicklungs-GVO, Technologie-Transfer-GVO, Spezialisierungs-GVO, KFZ-GVO) ist das Vorhaben vom Kartellverbot ausgenommen, wenn die Voraussetzungen der entsprechenden Gruppenfreistellungsverordnung erfüllt sind. 509

MünchKomm-*Habermeier*, EU-WbR, Art. 81 EG, Rz. 663 ff;
ausführlich zu Gruppenfreistellungsverordnungen
Vogel, in: Loewenheim/Meessen/Riesenkampff, 7. Teil, Rz. 1 ff.

510 Rechtsfolge bei einem Verstoß gegen das allgemeine Kartellverbot ist die zivilrechtliche Unwirksamkeit der auf die Gründung des Gemeinschaftsunternehmens gerichteten Akte (Art. 101 Abs. 2 AEUV). Darüber hinaus können empfindliche Bußgelder und Schadensersatzansprüche Dritter drohen.

> MünchKomm-*Säcker/Jaecks*, EU-WbR, Art. 81 EG, Rz. 772 ff und 885 ff.

2. Beurteilung nach deutschem Recht

511 Die Zusammenschlusskontrolle nach dem deutschen GWB kommt nur dann zur Anwendung, soweit das Gemeinschaftsunternehmen nicht von der FKVO erfasst wird. Ist das Gemeinschaftsunternehmen entweder kein Vollfunktions-Gemeinschaftsunternehmen oder werden von den Muttergesellschaften einschließlich der sie kontrollierenden und der von ihr kontrollierten Unternehmen die Umsatzschwellen des Art. 1 FKVO nicht erreicht, so findet die Zusammenschlusskontrolle nach deutschem Recht (§§ 35 ff GWB) statt, soweit deren Voraussetzungen vorliegen.

> Vgl. *Mestmäcker/Veelken*, in: Immenga/Mestmäcker, GWB, § 35 Rz. 41;
> *Bauer*, in: Loewenheim/Meessen/Riesenkampff, GWB, § 35 Rz. 24.

512 Die deutsche Fusionskontrolle ist im Gegensatz zur EU-Fusionskontrolle auch dann anwendbar, wenn das Joint Venture kein Vollfunktionsunternehmen ist oder wenn die „Mütter" keine gemeinsame Kontrolle ausüben.

513 Daneben bleibt das allgemeine Kartellverbot bei sog. „kooperativen" Gemeinschaftsunternehmen anwendbar, welches sich bei solchen Vorhaben, die den innergemeinschaftlichen Handel betreffen können, nach Art. 101 AEUV bestimmt, während bei rein deutschen Vorhaben §§ 1 ff GWB maßgeblich sind.

> *Bechtold*, GWB, § 1 Rz. 4, 71 ff.

a) Fusionskontrolle, §§ 35 ff GWB

514 Im deutschen Recht gilt wie im europäischen Recht die Unterscheidung zwischen formeller und materieller Fusionskontrolle.

aa) Formelle Fusionskontrolle

(1) Zusammenschlusstatbestand

515 Im Gegensatz zum europäischen Fusionskontrollrecht ist im deutschen Recht die Gründung oder Beteiligung an einem Gemeinschaftsunternehmen ein Zusammenschluss im Sinne des GWB, wenn ein oder mehrere Unternehmen 25 % oder mehr der Anteile an einem anderen Unternehmen erwerben (§ 37 Abs. 1 Nr. 3 GWB) oder mittelbar oder unmittelbar gemeinsam

V. Gemeinschaftsunternehmen und Kartellrecht

ein anderes Unternehmen kontrollieren (§ 37 Abs. 1 Nr. 2 GWB) oder sonst unmittelbar oder mittelbar einen wettbewerblich erheblichen Einfluss auf ein anderes Unternehmen ausüben können (§ 37 Abs. 1 Nr. 4 GWB).

Damit deckt die deutsche Fusionskontrolle neben dem Fall der gemeinsamen Kontrolle auch Situationen ab, bei der der (Minderheits-)Gesellschafter keine Kontrolle über das Gemeinschaftsunternehmen erlangt. Gerade hinsichtlich des Tatbestandes des „wettbewerblich erheblichen Einflusses" ist hier Vorsicht angesagt, da bereits der Erwerb von Anteilen erheblich unter 25 % zusammen mit anderen Faktoren zur Anwendung der Fusionskontrolle führen kann. 516

(2) Schwellenwerte

Weitere Voraussetzung der Anwendung der deutschen Fusionskontrolle ist nach § 35 Abs. 1 GWB, dass 517

- die am Zusammenschluss beteiligten Unternehmen im letzten Geschäftsjahr vor dem Zusammenschluss weltweit insgesamt Umsatzerlöse von mehr als 500 Mio. € erzielt haben **und**

- mindestens ein beteiligtes Unternehmen im Inland Umsatzerlöse von mehr als 25 Mio. € erzielt hat **und**

- mindestens ein anderes beteiligtes Unternehmen im Inland Umsatzerlöse von mehr als 5 Mio. € erzielt hat.

Trotz Erreichens dieser Schwellenwerte entfällt die Anmeldepflicht aber nach § 35 Abs. 2 GWB, wenn 518

- sich ein Unternehmen, das weder abhängig i. S. d. § 17 AktG noch Konzernunternehmen i. S. d. § 18 AktG ist und im letzten Geschäftsjahr weltweit Umsatzerlöse von weniger als 10 Mio. € erzielt hat, mit einem anderen Unternehmen zusammenschließt (sog. Anschlussklausel) **oder**

- wenn ein Markt betroffen ist, auf dem seit mindestens fünf Jahren Waren oder gewerbliche Leistungen angeboten werden und auf dem im letzten Kalenderjahr weniger als 15 Mio. € umgesetzt wurden (sog. Bagatellmarktklausel).

Mestmäcker/Veelken, in: Immenga/Mestmäcker, GWB,
§ 35 Rz. 13 ff.

Die Anschlussklausel greift auch ein, wenn das veräußerte Unternehmen abhängig oder Konzernunternehmen ist, der Veräußerer und das veräußerte Unternehmen zusammen aber unter der Umsatzschwelle von weltweiten Umsatzerlösen von 10 Mio. € bleiben. 519

bb) Materielle Fusionskontrolle

Das Bundeskartellamt hat einen Zusammenschluss zu untersagen, wenn zu erwarten ist, dass er eine marktbeherrschende Stellung des Gemeinschaftsun- 520 ternehmens begründet oder verstärkt, es sei denn die beteiligten Unternehmen weisen nach, dass durch den Zusammenschluss auch Verbesserungen der Wettbewerbsbedingungen eintreten, die die Nachteile der Marktbeherrschung überwiegen (§ 36 Abs. 1 GWB).

Bechtold, GWB, § 36 Rz. 4 ff, 26 ff.

cc) Verfahren

521 Bis zu einer Entscheidung durch das Bundeskartellamt unterliegen Zusammenschlüsse, die in den Anwendungsbereich der deutschen Zusammenschlusskontrolle fallen, einem strengen **Vollzugsverbot** (§ 41 Abs. 1 GWB). Rechtsgeschäfte, die gegen das Vollzugsverbot verstoßen, sind schwebend unwirksam. Überdies ist der Verstoß gegen das Vollzugsverbot eine bußgeldbewehrte Ordnungswidrigkeit.

522 Zusammenschlüsse müssen vom Bundeskartellamt spätestens innerhalb eines Monats seit Eingang der vollständigen Anmeldung des Vorhabens in einem ersten Schritt beschieden werden (sog. Vorverfahren, § 40 Abs. 1 GWB).

523 Ist das Bundeskartellamt der Ansicht, durch das Vorhaben werde eine marktbeherrschende Stellung nicht begründet oder verstärkt bzw. dass durch den Zusammenschluss auch Verbesserungen der Wettbewerbsbedingungen eintreten, die die Nachteile der Marktbeherrschung überwiegen, so teilt das Bundeskartellamt dies den Anmeldern innerhalb der Monatsfrist formlos mit. Der Zusammenschluss kann sodann ohne Gefahr eines Verstoßes gegen das Vollzugsverbot vollzogen werden.

Bechtold, GWB, § 40 Rz. 5 ff.

524 Hat das Bundeskartellamt dagegen Bedenken, dass durch das Vorhaben eine marktbeherrschende Stellung begründet oder verstärkt wird und dass auch keine Verbesserungen der Wettbewerbsbedingungen eintreten, welche die Nachteile der Marktbeherrschung überwiegen, so tritt das Bundeskartellamt in das sog. Hauptprüfverfahren ein. Dies teilt das Bundeskartellamt den Anmeldern in einem sog. „Monatsbrief" mit.

Bechtold, GWB, § 40 Rz. 5 ff;
MünchKomm-*Dubberstein*, GWB, § 40 Rz. 16 ff.

525 In dem Hauptprüfverfahren hat das Bundeskartellamt sodann weitere Ermittlungen durchzuführen und das Verfahren grundsätzlich innerhalb von vier Monaten nach Eingang der vollständigen Anmeldung (Verlängerungen sind mit Zustimmung der Anmelder jedoch möglich) entweder durch eine Freigabe (ggf. verbunden mit Bedingungen und Auflagen, § 40 Abs. 3 GWB) oder durch eine Untersagung des Vorhabens zum Abschluss zu bringen (§ 40 Abs. 2 GWB). Wird den Anmeldern eine entsprechende Entscheidung nicht innerhalb der Vier-Monats-Frist (ggf. zuzüglich Verlängerung mit Zustimmung der Anmelder) zugestellt, so gilt das Vorhaben als freigegeben (Fiktion nach § 40 Abs. 2 Satz 2 GWB).

V. Gemeinschaftsunternehmen und Kartellrecht

Im Gegensatz zur EG-Fusionskontrolle findet im deutschen Verfahren jedoch innerhalb der Fristen der Zusammenschlusskontrolle keine abschließende Prüfung etwaiger kooperativer Auswirkungen des Gemeinschaftsunternehmens im Verhältnis zu den Müttern statt. Diese erfolgt in einem getrennten Verfahren nach § 1 GWB bzw. Art. 101 AEUV. 526

b) § 1 GWB, Art. 101 AEUV

Auch im deutschen Recht schließt die Anwendung der Fusionskontrolle die gleichzeitige Anwendung des allgemeinen Kartellverbots des § 1 GWB bzw. Art. 101 AEUV nicht aus. Insoweit kann es auch im deutschen Recht zu der sog. **Doppelkontrolle** kommen, die im Extremfall dazu führen kann, dass selbst ein vom Bundeskartellamt als fusionskontrollrechtlich unbedenklich eingestuftes Gemeinschaftsunternehmen gegen das allgemeine Kartellverbot verstoßen kann (und unter Umständen nachträglich entflochten werden muss). 527

Bechtold, GWB, § 22 Rz. 18;
Zimmer, in: Immenga/Mestmäcker, GWB, § 1 Rz. 325, 331 ff.

Wie angesprochen, entsprechen §§ 1 und 2 GWB inhaltlich grundsätzlich Art. 101 Abs. 1 und 3 AEUV, so dass hier auf die Ausführungen oben unter Rz. 506 ff verwiesen werden kann. 528

Allerdings bestimmt § 3 GWB als weitere Legalausnahme zum Kartellverbot des § 1 GWB, dass Vereinbarungen zwischen miteinander im Wettbewerb stehenden Unternehmen, welche die Rationalisierung wirtschaftlicher Vorgänge durch zwischenbetriebliche Zusammenarbeit zum Gegenstand haben, von Gesetzes wegen vom allgemeinen Kartellverbot freigestellt sind, wenn dadurch der Wettbewerb auf den betroffenen relevanten Märkten nicht wesentlich beeinträchtigt wird und die Vereinbarung dazu dient, die Wettbewerbsfähigkeit kleiner und mittlerer Unternehmen („KMU") zu verbessern. Diese Vorschrift kommt allerdings nur zur Anwendung, soweit sie im Einklang mit den – vorrangigen – Vorgaben des Art. 101 AEUV steht. 529

Fuchs, in: Immenga/Mestmäcker, GWB, § 3 Rz. 18 ff.

Wann Unternehmen als solche „kleine und mittlere Unternehmen" gelten, ist nicht abstrakt anhand absoluter Größenzahlen (z. B. Jahresumsatz, Beschäftigtenzahl etc.) zu bestimmen. Vielmehr ist dies je nach Einzelfall durch Betrachtung der Marktstrukturen festzulegen. Maßgeblich ist die Bedeutung der Unternehmensgrößen im jeweiligen betroffenen Wirtschaftszweig im Vergleich zu ihren Wettbewerbern. Als Faustformel kann angenommen werden, dass ein KMU regelmäßig dann vorliegt, wenn die Jahres-Gesamtumsätze aller beteiligten Unternehmen zusammen unter 25 Mio. € liegen. Eine vergleichbare Norm auf europäischer Ebene existiert nicht. 530

MünchKomm-*Pampel*, GWB, § 3 Rz. 1 ff und 61 ff;
Bechtold, GWB, § 3, Rz. 11.

D. Das Leben des Joint Ventures

In den vorangegangenen Abschnitten haben wir gesehen, welche rechtlichen 531
und steuerlichen Überlegungen notwendig sind, um ein inkorporiertes Joint
Venture erfolgreich zu errichten. In diesem Abschnitt D betrachten wir eine
Auswahl beachtenswerter bzw. regelungsbedürftiger Gesichtspunkte, die das
„Leben" – also die Zeit der operativen Tätigkeit – des Joint Ventures betreffen.
Wir werden uns dabei auf die für typische Gemeinschaftsunternehmen relevanten Fragen des Gesellschafts- und des Steuerrechts beschränken. Des
Weiteren werden wir – wie oben unter Rz. 78 angekündigt – lediglich die
„klassischen" Rechtsformen der GmbH und der Personengesellschaft bzw.
GmbH & Co. KG beleuchten.

I. Gesellschaftsrecht

1. Gesellschaftsorgane und Zuständigkeiten

Inkorporierte Joint Ventures verfügen durch die Wahl einer bestimmten 532
Rechtsform über eine gesellschaftsrechtliche Grundstruktur und teilweise
gesetzlich festgelegte Zuständigkeiten ihrer Organe. Daran anknüpfend besteht die Hauptaufgabe bei der Ausgestaltung der internen Aufgaben- und
Kompetenzverteilung in einem Gemeinschaftsunternehmen darin, die gesetzlichen Gestaltungsmöglichkeiten zum Zwecke einer effektiven und effizienten Entscheidungsfindung und unter Berücksichtigung der Bedürfnisse
der Joint-Venture-Partner zu nutzen.

Die Gesellschafterversammlung ist oberstes Willensorgan jeder **GmbH** und 533
jeder **Personengesellschaft**. Die Geschäftsführung wird von den dazu berufenen Organen ausgeübt, bei der GmbH durch ihre Geschäftsführer, bei der
Personengesellschaft (auch) durch ihre persönlich haftenden Gesellschafter,
bei der GmbH & Co. KG also regelmäßig durch die Geschäftsführer der
Komplementärin. Bei der GmbH und der Personengesellschaft ist die Bildung eines Aufsichtsrates als ein die Geschäftsführung überwachendes Kontrollorgan jedenfalls, anders als im Aktienrecht (§§ 95 ff AktG), nicht der
gesetzliche Regelfall. Die Verpflichtung zur Einrichtung eines Aufsichtsrates
kann sich hingegen aus dem MitbestG, dem DrittelbG, dem BetrVG oder
dem MontanMitbestG ergeben. Abgesehen von einer solchen gesetzlichen
Verpflichtung kann es für die Führung eines Gemeinschaftsunternehmens
ratsam sein, im Gesellschaftsvertrag die Errichtung eines fakultativen Aufsichtsrats bzw. Beirats vorzusehen.

a) Gesellschafterversammlung

Die Rechte und Pflichten sowie das Verfahren der Gesellschafterversamm- 534
lung ergeben sich für die **GmbH** aus den Vorschriften der §§ 46 ff GmbHG
sowie weiteren Einzelbestimmungen, sofern nicht der Gesellschaftsvertrag
(oder etwa eine Grundlagenvereinbarung) andere Regelungen trifft, vgl. § 45

GmbHG. Für die **Personengesellschaft** greifen insoweit die Vorschriften des Handelsgesetzbuches und des BGB.

535 Nachfolgend werden wir uns vor allem auf die für Joint Ventures wichtigen Fragen der internen Willensbildung konzentrieren, wobei die Gesellschafterversammlung der **Joint-Venture-Gesellschaft**, nicht die der BGB-Innengesellschaft, in den Blick genommen wird (vgl. zur „Doppelstufigkeit" unter Rz. 16).

aa) Zuständigkeit

536 Die Gesellschafterversammlung ist als oberstes Willensbildungsorgan jeder GmbH und jeder Personengesellschaft quasi allzuständig, sofern der Gesellschaftsvertrag nicht Abweichendes regelt. Zudem hat die Gesellschafterversammlung der GmbH gegenüber den Geschäftsführern ein umfassendes Weisungsrecht (vgl. §§ 45, 46 Nr. 5 und 6, 37 GmbHG). In der klassischen GmbH & Co. KG können diejenigen Kommanditisten, die auch Gesellschafter der Komplementärin sind, dieses Weisungsrecht (indirekt) ebenfalls für die GmbH & Co. KG ausüben.

bb) Willensbildung, insbesondere Stimmbindungsvereinbarungen

537 Besonderes Charakteristikum einer paritätisch ausgestalteten Joint-Venture-Gesellschaft ist der Zwang zur gemeinsamen Willensbildung. Während in sonstigen Gesellschaften überwiegend (Grundlagengeschäfte müssen allerdings im Personengesellschaftsrecht einstimmig vereinbart werden) das Mehrheitsprinzip gilt, wird in der Gesellschafterversammlung eines paritätischen Joint Ventures regelmäßig Einstimmigkeit für alle (wesentlichen) Entscheidungen verlangt.

> *Stengel*, in: Beck'sches Handbuch der Personengesellschaften, § 21 Rz. 130.

538 Dadurch steigt die Gefahr eines Entscheidungsstillstandes (Patt) erheblich.

(1) Vorwegeinigung durch Stimmbindungsvereinbarungen

539 Um die Handlungsfähigkeit der Joint-Venture-Gesellschaft zu erhalten, ist es sinnvoll und üblich, in der Grundlagenvereinbarung eine Einigung über bestimmte Grundsatzentscheidungen vorwegzunehmen. Dies geschieht vornehmlich durch Stimmbindungsvereinbarungen.

> *Baumanns/Wirbel*, in: Münchener Handbuch des Gesellschaftsrechts, Bd. 1, § 28 Rz. 47 ff.

540 Solche Grundsatzentscheidungen können sich rein gesellschaftsrechtlich in einer Vielzahl von Fragen stellen, sei es die Besetzung von Geschäftsführerpositionen, die Finanzierung der Joint-Venture-Gesellschaft durch Eigen- oder Fremdmittel, Abschluss oder Änderung wesentlicher Verträge, die Auflösung der Gesellschaft, der Börsengang u. a. m. Denkbar ist, auf der eher

kaufmännischen Seite, auch die Festlegung eines bindenden Geschäftsplans einschließlich der Meilensteine des Projekts, durch die beide Partner eine gewisse Planbarkeit ihres Joint-Venture-Investments erreichen. Das gilt vor allem bei Großprojekten, so etwa im Immobilienbereich.

Stimmbindungsvereinbarungen in der **GmbH** sind in den Grenzen des § 47 Abs. 4 GmbHG und der innergesellschaftlichen Treupflicht, die stets Vorrang hat, zulässig. 541

Baumanns/Wirbel, a. a. O.

In der **Personengesellschaft**, einschließlich der GmbH & Co. KG, können ebenfalls Stimmbindungsverträge wirksam geschlossen werden. Zu beachten sind aber die Schranken aus §§ 138, 826 BGB und der (allgemeinen) Treupflicht. 542

Vgl. *W. Müller*, in: Beck'sches Handbuch der Personengesellschaften, § 4 Rz. 107.

Rein praktisch stellt sich für (wirksame) Stimmbindungsvereinbarungen die Frage nach ihrer tatsächlichen Durchsetzung bzw. Durchsetzbarkeit. In Betracht kommen insbesondere Stimmrechtsvollmachten und Vertragsstrafen. Beide Maßnahmen gewähren dem Berechtigten jedoch keinen absoluten Schutz: die Vertragsstrafe ist ohnehin nur monetäres Druckmittel und die Stimmrechtsvollmacht bedeutet keinen dinglichen Stimmrechtsverzicht des Gesellschafters. Stärkeren Schutz bietet regelmäßig die Aufnahme der betreffenden Sachverhalte in den Gesellschaftsvertrag der Joint-Venture-Gesellschaft. 543

Baumanns/Wirbel, in: Münchener Handbuch des Gesellschaftsrechts, Bd. 1, § 28 Rz. 49 ff.

(2) Stimmverbote

(a) Recht der GmbH

Stets zu beachten sind bei der **GmbH** die Stimmverbote aus § 47 Abs. 4 GmbHG. Anerkannt ist zunächst, dass diese Stimmverbote ergänzt bzw. erweitert werden können. 544

Baumbach/Hueck/Zöllner, GmbHG, § 47 Rz. 106.

Umstritten ist indes, ob und inwieweit § 47 Abs. 4 GmbHG im Rahmen einer gewünschten Beseitigung oder Einschränkung der Stimmverbote dispositives Recht darstellt. 545

Baumbach/Hueck/Zöllner, GmbHG, § 47 Rz. 106 m. w. N.

Für die hinsichtlich von Gemeinschaftsunternehmen regelmäßig einschlägigen Fallgestaltungen ist zu differenzieren. So hat ein Gesellschafter nach § 47 Abs. 4 Satz 2 Alt. 1 GmbHG bei der Beschlussfassung über ein Rechtsgeschäft, das ihn selbst betrifft, kein Stimmrecht. Das Stimmverbot kann sogar 546 darüber hinausgehen, wenn etwa die Satzung der Joint-Venture-Gesellschaft regelt, dass ihre Geschäftsführer für den Abschluss, die Änderung und Beendigung von Verträgen mit Gesellschaftern und damit verbundenen Unternehmen die Zustimmung der Gesellschafterversammlung benötigen. Dadurch unterliegt ein Gesellschafter einem Stimmrechtsverbot, wenn die Joint-Venture-Gesellschaft einen Vertrag mit einem Unternehmen schließt, das ein mit dem betreffenden Gesellschafter verbundenes Unternehmen ist.

> *Baumanns/Wirbel*, in: Münchener Handbuch des Gesellschaftsrechts, Bd. 1, § 28 Rz. 70.

547 Besondere Aufmerksamkeit verlangt § 47 Abs. 4 Satz 2 Alt. 1 GmbHG auch bei der Beschlussfassung über die Entlastung von Geschäftsführern in der Joint-Venture-Gesellschaft, die zugleich – was durchaus nicht unüblich ist – Geschäftsführer des Gesellschafters sind: Der Geschäftsführer darf sich nicht selbst entlasten.

> Vgl. BGHZ 108, 21, 26 = ZIP 1989, 913, dazu EWiR 19891103 *(Roth)*;
> BGH DStR 1994, 869, 870.

548 Für diese Konstellationen ist eine Lösung über die Entsendung eines anderen gesetzlichen Vertreters des Gesellschafters zu suchen.

> *Baumanns/Wirbel*, in: Münchener Handbuch des Gesellschaftsrechts, Bd. 1, § 28 Rz. 71.

(b) Recht der Personengesellschaften

549 Für Personengesellschaften hat das Gesetz keine den Kapitalgesellschaften vergleichbare einheitliche Regelung geschaffen, da das Gesetz vom Prinzip der Einstimmigkeit ausgeht, während die Problematik des Stimmverbots auf dem Mehrheitsprinzip beruht.

> Scholz/*K. Schmidt*, GmbHG, § 47 Rz. 184.

550 Gesetzlich geregelte Fälle von Stimmverboten finden sich lediglich in § 113 Abs. 2 HGB (Verletzung des gesetzlichen Wettbewerbsverbots), § 117 HGB (Entziehung der Geschäftsführungsbefugnis), § 127 HGB (Entziehung der Vertretungsmacht) und § 140 Abs. 1 HGB (Ausschließung eines Gesellschafters).

> Heymann/*Emmerich*, HGB, § 119 Rz. 21.

551 Darüber hinaus gilt allerdings auch im Personengesellschaftsrecht der allgemeine Grundsatz, dass niemand „Richter in eigenen Angelegenheiten" sein kann.

> Schlegelberger/*Martens*, HGB, § 119 Rz. 39.

552 Daher ist nahezu einhellig akzeptiert, dass auch im Rahmen von Personengesellschaften ein Stimmverbot gilt, wenn es um die Entlastung, die Befreiung

I. Gesellschaftsrecht

von einer Verbindlichkeit oder die Einleitung oder Verfolgung eines Rechtsstreites im Hinblick auf den betroffenen Gesellschafter geht.

Scholz/K. Schmidt, GmbHG, Anh. § 45 Rz. 46.

Umstritten ist allerdings, ob ein Stimmrechtsverbot auch für sog. „Insichgeschäfte", also Geschäfte zwischen dem Gesellschafter und der Gesellschaft gilt. Die überwiegende Meinung geht hier zu Recht davon aus, dass der Gesellschafter in solchen Fällen einem Stimmrechtsverbot unterliegt. 553

Baumbach/Hopt, HGB, § 119 Rz. 8;
Scholz/K. Schmidt, GmbHG, Anh. § 45 Rz. 46.

Für die für inkorporierte Joint Ventures klassische Rechtsform der GmbH & Co. KG wird zu Recht vertreten, dass § 47 Abs. 4 GmbHG analoge Anwendung findet. 554

OLG Hamburg NZG 2000, 421, 422;
Rowedder/*Koppensteiner*, GmbHG, § 47 Rz. 53.

(c) Gestaltungsvorschlag

Um den genannten Schwierigkeiten auszuweichen, kann es sich empfehlen, die gesetzlichen Stimmverbote bis zur Grenze der rechtlichen Zulässigkeit aufzuheben. Auch die Rechtsprechung erkennt im Recht der GmbH und der GmbH & Co. KG jedenfalls eine Gestaltung an, wonach die Stimmverbote für Beschlussfassungen über die Vornahme von Geschäften mit dem Gesellschafter ausgeschlossen werden können. 555

BGH NJW 1973, 1039, 1041.

Letztlich muss im Einzelfall eine für die Partner optimale Gestaltung in diesem praktisch relevanten, jedoch nicht einfach zu handhabenden Problemkreis gefunden werden. Die Thematik der Stimmverbote macht jedoch einmal mehr bewusst, welche Bedeutung die möglichst vollständige Verhandlung und Dokumentation auch der ergänzenden Verträge (dazu unter Rz. 99) hat. Durch die sorgfältige Vertragsdokumentation lassen sich rechtliche Schwierigkeiten im Hinblick auf Stimmverbote jedenfalls bis zu gewissen Grenzen vermeiden. 556

b) Geschäftsführung

Die Besetzung von Positionen in den Führungsgremien erhält vor allem bei paritätischen Gemeinschaftsunternehmen besonderes Gewicht, da Personalstreitigkeiten schneller als sonst zu einer Blockade wichtiger Entscheidungen, jedenfalls aber zu einer faktischen Verschiebung der nach den Verträgen rein rechtlich gleichwertigen Machtpositionen führen können. Um Auseinandersetzungen zu vermeiden, sollten möglichst eindeutige Absprachen getroffen werden, wem welche Position zusteht bzw. durch welches Verfahren hierüber entschieden wird. 557

aa) (Doppel-)Geschäftsführer und Entsendungsrechte

558 In paritätischen Joint-Venture-Gesellschaften ist es vor diesem Hintergrund üblich und sinnvoll, dass jeder Partner das ausdrückliche Recht hat, einen Geschäftsführer seines Vertrauens zu benennen bzw. zu entsenden. Zwar unterliegen die Geschäftsführer einer GmbH gem. § 37 Abs. 1 GmbHG, wie gesehen, einem Weisungsrecht, so dass letztlich die Gesellschafter die rechtliche Kontrolle über die Joint-Venture-Gesellschaft behalten. An anderer Stelle hatten wir jedoch gesehen, dass die Willensbildung in der Gesellschafterversammlung, ausgehend von der paritätischen Verteilung der Macht in einem typischen Joint Venture, eine solche Anweisung unmöglich machen kann. Im Übrigen ist immer wieder zu beobachten, dass die Gesellschafter von Joint-Venture-Gesellschaften häufiger als vertraglich vorausgesehen dem Management die beinahe vollständige Führung des Gemeinschaftsunternehmens überlassen, so dass der einem Gesellschafter mehr gewogene Geschäftsführer zu einer faktischen **Verschiebung der Machtverhältnisse** beitragen kann.

559 Entsendungsrechte lassen sich auf unterschiedliche Art und Weise rechtlich umsetzen. Die effektivste Gestaltungsvariante besteht darin, die Entsendungsrechte bei der GmbH in den Gesellschaftsvertrag aufzunehmen.

Vgl. Baumbach/Hueck/Zöllner/Noack, GmbHG, § 35 Rz. 7.

560 Dies ist insbesondere wegen § 45 Abs. 2 GmbH anzuraten. Als nachteilig wird bei dieser Variante teilweise die Registerpublizität und die Notwendigkeit notarieller Beurkundung für den Fall von Änderungen empfunden. Als Alternative kommt dann die Vereinbarung bloßer Vorschlagsrechte in Betracht, die flankierend durch Stimmbindungsvereinbarungen auf der Ebene der Gesellschafter (also in der Grundlagenvereinbarung) abgesichert werden.

Stephan, 113.

bb) „Sympathieklauseln"

561 Möglich, jedoch nach unserer Erfahrung weniger sinnvoll ist die Vereinbarung von „Sympathieklauseln" in der Grundlagenvereinbarung bzw. im Gesellschaftsvertrag. Solche Klauseln geben den jeweiligen Gesellschaftern das Recht, die Abberufung eines vom Partner benannten Geschäftsführers zu verlangen, wenn der betreffende Gesellschafter nach eigenem Ermessen das Vertrauen in den Geschäftsführer verloren hat. Für eine entsprechende Regelung spricht, dass die Geschäftsführung der Joint-Venture-Gesellschaft voraussichtlich eher bereit sein wird, die Joint-Venture-Gesellschaft ausgewogen und die Interessen aller Partner wahrend zu führen, um so dem Damoklesschwert jederzeitiger Abberufbarkeit das Drohpotential zu nehmen. Es zeigt sich jedoch, dass eine derartige Regelung empfindliche Konsequenzen für den Partner haben kann, dessen Managementressourcen beschränkt sind und der im Falle einer entsprechenden Abberufung auf Verlangen des Partners vor dem Problem der Wiederbesetzung steht.

I. Gesellschaftsrecht

c) Aufsichtsrat

aa) Fakultativer Aufsichtsrat

Im Recht der GmbH und der Personengesellschaften ist, im Unterschied zum Aktienrecht, im Regelfall kein obligatorischer Aufsichtsrat vorgesehen. Jedoch haben die Gesellschafter einer **GmbH** nach § 52 Abs. 1 GmbHG die Möglichkeit, die Bildung eines Aufsichtsrats im Gesellschaftsvertrag zu vereinbaren. 562

Lutter/Hommelhoff, GmbHG, § 52 Rz. 1;
Roth/Altmeppen, GmbHG, § 52 Rz. 2.

Im Recht der **Personengesellschaften** kann ein Aufsichtsrat zur Ausübung von Kontroll- und Aufsichtsfunktionen gebildet werden. 563

Vgl. nur *Baumbach/Hopt*, HGB, § 163 Rz. 12 ff.

Von den genannten Möglichkeiten machen die Gesellschafter größerer Joint-Venture-Gesellschaften regelmäßig Gebrauch und nutzen den Aufsichtsrat bzw. Beirat als Beratungs- und Kontrollorgan. Insbesondere die Beratungsfunktion sollte nicht unterschätzt werden, wenn in den Beirat solche Mitarbeiter oder externe Berater entsandt werden, die den technischen und/oder marktrelevanten Sachverstand mitbringen, der für eine sachgerechte Analyse des Geschäftsbereichs der Joint-Venture-Gesellschaft vonnöten ist. 564

Der fakultative Aufsichtsrat wird hinsichtlich seiner Gründung, seiner Zusammensetzung und seiner Kompetenzen allein durch den Gesellschaftsvertrag festgelegt. 565

Lutter/Hommelhoff, GmbHG, § 52 Rz. 3;
Roth/Altmeppen, GmbHG, § 52 Rz. 2.

Lediglich ergänzend verweist etwa § 52 Abs. 1 GmbHG hinsichtlich Ordnung und Aufgaben des Aufsichtsrats auf einige Vorschriften des AktG. 566

Hachenburg/Raiser, GmbHG, § 52 Rz. 1.

bb) Obligatorischer Aufsichtsrat

(1) GmbH

Auch wenn das GmbHG keine Bestimmung hinsichtlich eines obligatorischen Aufsichtsrats enthält, kann eine Verpflichtung zu dessen Errichtung kraft Gesetzes bestehen. In den gegenwärtig geltenden drei Varianten der Mitbestimmung, nämlich nach dem MitbestG von 1976, dem DrittelbG von 2004 und dem MontanMitbestG von 1951, ist in einer GmbH ein Aufsichtsrat obligatorisch zu errichten, wenn die Arbeitnehmerzahl in der GmbH eine im jeweiligen Gesetz festgelegte Mindestzahl übersteigt. 567

Fichtelmann, in: HK-GmbHG, § 52 Rz. 77;
Lutter/Hommelhoff, GmbHG, § 52 Rz. 1;
Roth/Altmeppen, GmbHG, § 52 Rz. 53.

568 Auf den obligatorischen Aufsichtsrat kommen dann weitgehend die Bestimmungen des AktG zur Anwendung.

569 (a) Nach dem **MontanMitbestG** ist zwingend ein Aufsichtsrat bei einer GmbH zu bilden, wenn in der überwiegend im sog. Montanbereich (Steinkohlen-, Braunkohlen- und Eisenerzbergbau) tätigen Gesellschaft in der Regel mehr als 1000 Arbeitnehmer beschäftigt werden. Die Zusammensetzung des Aufsichtsrates richtet sich im Montanbereich nach § 4 MontanMitbestG. Im Vergleich zum fakultativen Aufsichtsrat besteht die Besonderheit, dass nach den Regelungen des MontanMitbestG dem Aufsichtsrat abweichend vom allgemeinen GmbH-Recht die zwingende Personalkompetenz über die Geschäftsführer zusteht. Der Aufsichtsrat bestellt und beruft die Geschäftsführer ohne die Einschaltung der Gesellschafterversammlung ab, vgl. § 12 MontanMitbestG i. V. m. § 84 AktG.

Hachenburg/*Raiser*, GmbHG, § 52 Rz. 292;
Roth/Altmeppen, GmbHG, § 52 Rz. 59.

570 (b) Nach § 1 Abs. 1 Nr. 3 **DrittelbG** ist ein Aufsichtsrat zwingend zu bilden, wenn in der Regel mehr als 500 Arbeitnehmer in der GmbH, die über keinen besonderen Unternehmensgegenstand verfügen muss, beschäftigt werden. Bei der Berechnung der Arbeitnehmerzahl werden Geschäftsführer und leitende Angestellte nicht mitberücksichtigt.

Ulmer/Habersack/Henssler, DrittelbG, § 3 Rz. 4.

571 Der Aufsichtsrat setzt sich nach § 4 Abs. 1 DrittelbG zum einen aus 1/3 Arbeitnehmervertretern, zum anderen aus 2/3 Vertretern der Gesellschafter zusammen. Die Gesellschafter sind bei der Auswahl ihrer Aufsichtsratsmitglieder frei, dagegen müssen bei mehr als einem zu wählenden Arbeitnehmervertreter gewisse Auswahlkriterien beachtet werden.

Lutter/Hommelhoff, GmbHG, § 52 Rz. 41.

572 Die Kompetenzen des obligatorischen Aufsichtsrats entsprechen denen des fakultativen Aufsichtsrats und können ebenfalls erweitert, jedoch nicht reduziert werden.

Lutter/Hommelhoff, GmbHG, § 52 Rz. 47;
Roth/Altmeppen, GmbHG, § 52 Rz. 55.

573 (c) Nach § 1 Abs. 1 **MitbestG** ist zwingend ein Aufsichtsrat zu bilden, wenn mehr als 2000 Arbeitnehmer regelmäßig in der GmbH beschäftigt werden. Dabei wird die Hälfte der Aufsichtsratsposten zum einen an die Arbeitnehmervertreter, zum anderen an die Vertreter der Gesellschafter verteilt, vgl. § 7 Abs. 1 MitbestG.

Rowedder/*Schmidt-Leithoff*, GmbHG, Einl. Rz. 186.

574 Ebenso wie im MontanMitbestG hat der Aufsichtsrat nach § 31 Abs. 1 und 2 MitbestG i. V. m. § 84 AktG, im Gegensatz zum fakultativen Aufsichtsrat, die alleinige Personalkompetenz über die Geschäftsführer. Nach herrschender Meinung erstreckt sich im Geltungsbereich des MitbestG ebenso wie im MontanMitbestG diese Personalkompetenz des Aufsichtsrats auch auf das Anstellungsverhältnis des Geschäftsführers mit der Gesellschaft.

> BGHZ 89, 48, 52 ff;
> Hachenburg/*Raiser*, GmbHG, § 52 Rz. 293;
> *Roth/Altmeppen*, GmbHG, § 52 Rz. 59.

Ansonsten gelten die gleichen Grundsätze wie beim fakultativen Aufsichtsrat. 575

(d) Die Bestellung der Aufsichtsratsmitglieder erfolgt durch einen Beschluss 576 der Gesellschafterversammlung, wobei dieser grundsätzlich mit einfacher Mehrheit gefasst werden kann,

> *Lutter/Hommelhoff*, GmbHG, § 52 Rz. 6,

soweit die Satzung der Gesellschaft nicht eine andere Mehrheit für die Bestellung der Aufsichtsratsmitglieder vorsieht.

(2) GmbH & Co. KG

Bei der GmbH & Co. KG gelten demgegenüber folgende Abweichungen: 577

(a) Die Verpflichtung nach dem DrittelbG wird eine typische Komplementär- 578 GmbH nicht treffen, deren Funktion auf die Geschäftsführung des inkorporierten Joint Ventures beschränkt ist.

(b) Der in § 1 MitbestG vorgesehene Aufsichtsrat ist nach der Überleitungs- 579 vorschrift in § 4 MitbestG auch in einer Personengesellschaft einschließlich GmbH & Co. KG zu bilden, wenn

- eine deutsche Kapitalgesellschaft einziger persönlich haftender Gesellschafter der KG ist,
- die Komplementär-GmbH und die KG in der Regel gemeinsam mehr als 2000 Arbeitnehmer beschäftigen,
- die Mehrheit der Kommanditisten auch die Mehrheit der Geschäftsanteile oder der Stimmen der Komplementärin innehat und
- die Komplementärin über keinen eigenen Geschäftsbetrieb oder einen Geschäftsbetrieb mit weniger als 500 Arbeitnehmern verfügt.

Die Pflicht zur Bildung eines Aufsichtsrats nach § 4 MitBestG entfällt bereits 580 dann, wenn nur eine der genannten Voraussetzungen nicht erfüllt ist. Deshalb sind eine Reihe von Gestaltungsmaßnahmen denkbar, die im Einzelfall angemessen sein können, um die Errichtung eines solchen Gremiums zu vermeiden. Beispielhaft zu nennen sind etwa: Aufnahme einer natürlichen Person als Vollhafter oder einer ausländischen Kapitalgesellschaft als Komplementärin.

> Hierzu nur *Watermeyer*, in: Beck'sches Handbuch der Personengesellschaften, § 12 Rz. 51.

581 Im Übrigen unterliegt nach überwiegender Auffassung auch die Einheitsgesellschaft (dazu unter Rz. 69) der Mitbestimmungspflicht nach §§ 1, 4 MitbestG.

> *Raiser/Veil*, MitbestG, § 4 Rz. 13.

(3) Exkurs: „Ausländische Kapitalgesellschaft" & Co. KG

582 Insbesondere aus arbeitsrechtlichen Erwägungen (z.T. aber auch aus (gewerbe-)steuerlichen Gründen) werden manche Joint Ventures dergestalt errichtet, dass eine ausländische Kapitalgesellschaft einziger Vollhafter in einer ansonsten im deutschen Handelsregister eingetragenen Kommanditgesellschaft ist. Nicht unumstritten ist, ob derartige Konstruktionen (i) gesellschaftsrechtlich zulässig und wenn ja, (ii) unter arbeitsrechtlichen Gesichtspunkten tauglich sind, um die angestrebten Zwecke zu erreichen.

> Vgl. hierzu etwa *Mülsch/Nohlen*, ZIP 2008, 1358 ff.

d) Beirat

583 Die Gesellschafter einer GmbH oder Personengesellschaft können im Gesellschaftsvertrag einen Beirat einrichten. Dem Beirat können, mit Ausnahme der vom Gesetz zwingend zugewiesenen Kompetenzen anderer Organe, eine Vielzahl von Aufgaben übertragen werden, insbesondere die Beratung, Vertretung der Gesellschafter gegenüber den Geschäftsführern, Überwachung der Geschäftsführer und Mitwirkung bei bestimmten Entscheidungen.

> *Lutter/Hommelhoff*, GmbHG, § 52 Rz. 109;
> *Roth/Altmeppen*, GmbHG, § 52 Rz. 69 ff.

584 Letztendlich muss der Gesellschafterversammlung die alleinige Kompetenz verbleiben, die Auflösung der Gesellschaft zu beschließen, durch Satzungsänderung dem Beirat dessen Kompetenzen zu entziehen oder diesen ganz abzuschaffen.

> Hachenburg/*Raiser*, GmbHG, § 52 Rz. 345 f;
> Scholz/*K. Schmidt*, GmbHG, § 45 Rz. 10.

585 Nimmt ein Beirat überwiegend Überwachungsaufgaben wahr, handelt es sich tatsächlich um einen Aufsichtsrat.

> *Lutter/Hommelhoff*, GmbHG, § 52 Rz. 109.

2. Minderheitenschutz

586 In der „klassischen" Form eines inkorporierten Joint Ventures nehmen zwei in etwa gleich starke Partner unternehmerische Verantwortung wahr. Daneben gibt es eine Reihe von Gemeinschaftsunternehmen, an denen mehr als zwei Gesellschafter beteiligt sind, etwa drittel- oder viertelparitätische Joint Ventures.

I. Gesellschaftsrecht

Die drei- und mehrgliedrigen Joint Ventures werfen die Frage auf, wie die an ihnen beteiligten (Minderheits-)Gesellschafter in der Wahrnehmung eines Grundkatalogs von Rechten geschützt werden können. Zunächst stellt bereits das Gesetz eine Reihe von Minderheitsrechten zur Verfügung, die auch dem Joint-Venture-Gesellschafter einen Mindestschutz garantieren. So stehen den Gesellschaftern einer **GmbH** umfassende Auskunfts- und Einsichtsrechte gem. § 51a GmbHG zu. Änderungen des Gesellschaftsvertrages erfordern nach § 53 Abs. 2 Satz 1 GmbHG grundsätzlich einen Beschluss in der Gesellschafterversammlung mit drei Vierteln der abgegebenen Stimmen. Ferner stehen Gesellschaftern, deren Geschäftsanteile zusammen mindestens 10 % des Stammkapitals entsprechen, die in § 50 GmbHG bezeichneten Rechte zu. Sie können die Einberufung einer Gesellschafterversammlung und die Ergänzung der Tagesordnung verlangen.

587

Im **Personengesellschaftsrecht** ist der Schutz z. T. noch wirksamer ausgeprägt, da die sog. „Grundlagengeschäfte" nur mit Zustimmung aller Gesellschafter vorgenommen werden können.

588

Den Minderheitsgesellschaftern eines Joint Ventures werden diese gesetzlichen Vorkehrungen aber in der Regel nicht genügen. Gemeinschaftsunternehmen zeichnen sich unter anderem dadurch aus, dass bei ihnen – anders als bei sonstigen Gesellschaften – regelmäßig jeder Gesellschafter ein Mitsprache- und Mitentscheidungsrecht haben soll. Grundsätzlich wollen alle Partner das Joint Venture mitgestalten und sich nicht lediglich finanziell daran beteiligen. Dies aber ist nur möglich, wenn dem Minderheitsgesellschafter über den gesetzlichen Mindeststandard hinaus zusätzliche Rechte eingeräumt werden. Das Ausmaß des Einflusses, der einem Gesellschafter dabei zugebilligt wird, hängt ohne Zweifel von den Umständen des Einzelfalles ab. In einem Mehrparteien-Joint-Venture beispielsweise werden Partner mit niedriger Beteiligungsquote weniger Rechte beanspruchen können als der Minderheitsgesellschafter in einem 60 : 40 Joint Venture. Daher muss von Fall zu Fall beurteilt werden, welche der im Folgenden genannten, jedoch keineswegs abschließenden Regulatorien sinnvoll und durchsetzbar sind:

589

a) Benennung von Mitgliedern der Unternehmensführung

Ein Weg, allen Gesellschaftern hinreichenden Einfluss zu garantieren, besteht darin, ihnen das Recht zur Benennung von Geschäftsführern zuzubilligen. Sollen die Repräsentanten keinen unmittelbaren Einfluss auf das operative Geschäft haben, so kann auch die Entsendung von Aufsichtsratsmitgliedern vorgesehen werden.

590

Über diese Personen können die Minderheitsgesellschafter ihre Interessen in den Führungsorganen der Joint-Venture-Gesellschaft wahren, solange sie nicht die Mehrheitsgesellschafter durch Weisung daran hindern. Denkbar ist auch, dass mehrere Minderheitsgesellschafter zusammen ein gemeinsam auszuübendes Entsendungsrecht für Geschäftsführer und/oder Aufsichtsrats-

591

mitglieder erhalten. Darüber hinaus kann etwa die Beschlussfähigkeit des Aufsichtsrates an die Anwesenheit der Minderheitsvertreter geknüpft werden.

> Vgl. zu den Entsendungsrechten bereits unter Rz. 558 ff.

592 Rechtstechnisch kann das Entsendungsrecht zum einen unmittelbar im Gesellschaftsvertrag verankert werden. Dies hat für den Minderheitsgesellschafter den Vorteil der Publizität und einer erschwerten Abänderbarkeit dieser satzungsrechtlichen Regelung. Als Alternative kommt ein rein schuldrechtlicher Stimmbindungsvertrag in Betracht, in dem sich ein Gesellschafter verpflichtet, sein Stimmrecht in den Gremien der Gesellschaft im Sinne des Minderheitsgesellschafters auszuüben.

b) Qualifizierte Mehrheitserfordernisse

593 Beschlüsse in der Gesellschafterversammlung sind in der GmbH grundsätzlich mit einfacher Mehrheit zu fassen (vgl. § 47 GmbHG). Den Parteien steht es aber offen, für bestimmte Fragen qualifizierte Mehrheitserfordernisse vorzusehen. Möglich ist eine Staffelung bis hin zur Einstimmigkeit, je nach Bedeutung eines konkreten Beschlussgegenstandes. So entsteht häufig eine Liste wichtiger Themenkomplexe, die eine Beschlussfassung mit besonderer Mehrheit erfordern. Zu bedenken ist stets, dass derartige Regelungen zu Patt-Situationen führen können. Dies umso mehr, als es sich in den Fällen qualifizierter Mehrheitserfordernisse gerade um die zentralen Fragen der Zusammenarbeit im Joint Venture handeln wird.

c) Mindestdividende

594 Die Gewinnverteilung erfolgt grundsätzlich nach dem Verhältnis der Geschäftsanteile (§ 29 Abs. 3 Satz 1 GmbHG für die GmbH). Diese gesetzliche Dividendenregelung ist indes nicht zwingend. Somit ist eine Änderung der Gewinnverteilungsmaßstäbe zu Lasten eines Minderheitsgesellschafters möglich. Einen gewissen Schutz bietet hier zwar schon das Gesetz, da die Neuregelung der Gewinnverteilung nur durch Satzungsänderung zulässig ist. Minderheitsgesellschafter mit einer Beteiligungsquote von weniger als 25 % der Anteile werden hierdurch aber – sofern man zu ihren Gunsten nicht den Rechtsgedanken von § 53 Abs. 3 GmbHG heranziehen will – nicht geschützt. Ihnen kann mit der Garantie einer bestimmten Mindestdividende geholfen werden. Alternativ kann das Mehrheitserfordernis für Satzungsänderungen in der Frage der Dividendenpolitik qualifiziert werden.

d) Verwässerungsschutz

595 Jeder Minderheitsgesellschafter sollte darauf bedacht sein, dass seine Beteiligungsrechte nicht durch Kapitalmaßnahmen verwässert werden können. Dies gilt insbesondere für solche Minderheitsgesellschafter, die über bestimmte Schwellenbeteiligungen verfügen (etwa 10 % oder 25 %).

e) Ausstieg aus dem Joint Venture

Für einen Minderheitsgesellschafter hat die vertragliche Regelung verschiedener Ausstiegsvarianten besondere Bedeutung. Zum einen mag der Inhaber eines Minderheitsanteils schneller als erwartet zu der Einschätzung gelangen, dass sein Einfluss auf die Geschäfte des Joint Ventures zu gering ist, oder aber die Gesellschaftsmehrheit betreibt eine Neuausrichtung des Gemeinschaftsunternehmens, die sich mit den Vorstellungen des Minderheitsgesellschafters nicht mehr deckt, so dass er sich von seinem Engagement lösen möchte. 596

Der Ausstieg aus einem Joint Venture birgt für einen Minderheitsgesellschafter jedoch stets die Gefahr, seine Interessen zum Beispiel in Bewertungsfragen nicht durchsetzen zu können. Daher ist anzuraten, diese Risiken bei der Gestaltung des Ausstiegsverfahrens zu berücksichtigen. So kann ein Mindestpreis garantiert oder eine Formel zu dessen Berechnung festgelegt werden. Ferner muss vermieden werden, dass die Mehrheitsgesellschafter den Ausstieg des Minderheitsgesellschafters blockieren können. Konkret kommen alle auch sonst möglichen Beendigungsverfahren in Betracht. 597

Vgl. dazu unten E. „Beendigung von Joint Ventures".

Besonders sinnvoll sind regelmäßig sog. Put-Optionen, die es ermöglichen, die eigenen Anteile dem Mehrheitsgesellschafter zu verkaufen. Ergänzt werden kann dies durch ein **Tag-Along**-Recht, welches den Mehrheitsgesellschafter verpflichtet, im Falle des Verkaufs der eigenen Anteile an einen Dritten dafür Sorge zu tragen, dass der Minderheitsgesellschafter seine Anteile zu gleichen Bedingungen veräußern kann. 598

Vgl. dazu unten Rz. 776 f.

3. Finanzierung

a) Einführung

Die operativ tätige Joint-Venture-Gesellschaft muss während der Laufzeit ihrer unternehmerischen Aktivitäten mit dem notwendigen Kapital ausgestattet werden. Zu unterscheiden sind die Finanzierung durch Eigenkapital und die durch Fremdkapital. Dabei meint Eigenkapital das von den Gesellschaftern zur Verfügung gestellte, haftende Eigenvermögen der Kapital- oder Personengesellschaft, also (Stamm-)Einlagen, ausgewiesene Rücklagen, eventuellen Gewinnvortrag und ggf. stille Reserven. 599

Unter Fremdkapital sind alle Finanzierungsmittel zu verstehen, die der Gesellschaft von Dritten zur Verfügung gestellt werden. Gesellschafterdarlehen können sowohl Eigen- als auch Fremdkapital darstellen. 600

Das gesetzliche Mindestkapital (bei der GmbH 25.000 €) reicht jedoch regelmäßig nicht aus, um ein Joint Venture langfristig gegenüber Fremdkapitalgebern und am Markt zu etablieren. Deshalb ist schon zu Anfang zu ent- 601 scheiden, welche Eigenkapitalquote günstig ist und wie das notwendige Eigenkapital aufgebracht werden kann. Das richtige Verhältnis von Eigenkapital zu Fremdkapital wird von einer Reihe von Faktoren beeinflusst. Während für reine Vertriebs-Joint-Ventures eine geringe Eigenkapitalausstattung in Form von (Stamm-)Einlagen üblich ist, sind für inkorporierte Gemeinschaftsunternehmen, die auch in der Produktion tätig sind, höhere (Stamm-)Einlagen nötig.

602 Nicht zuletzt muss die Finanzierungsentscheidung auch auf Grundlage eines exakten Vergleichs der steuerlichen Belastungsunterschiede bei Bereitstellung von Eigen- bzw. Fremdkapital unter Einbeziehung der Refinanzierungskosten der Gesellschafter erfolgen (vgl. Rz. 717 ff). Hinzu tritt bei Joint Ventures aber in der Regel das Bemühen, den Umfang des finanziellen Engagements der Partner und die unternehmensinterne Aufgaben- bzw. Machtverteilung einander anzupassen. Oftmals wird indes die Höhe des finanziellen Beitrags den Grad des unternehmerischen Einflusses bestimmen und nicht umgekehrt, da Fragen der Finanzierung einer detaillierten gesellschaftsrechtlichen Ausgestaltung des Joint Ventures vorausgehen.

603 Schlussendlich spielen auch „weiche" Faktoren, wie etwa das Marktvertrauen, eine Rolle, wenn über die „richtige" Finanzierungsrelation zu entscheiden ist. Insofern sind inkorporierte Joint Ventures keinen anderen geschriebenen oder ungeschriebenen Regeln als die übrigen Unternehmen ausgesetzt.

b) Ausgestaltung

604 Insbesondere über Joint-Venture-Gesellschaften gesteuerte Großprojekte werden im Wege von ausgefeilten Fremdfinanzierungsvereinbarungen mit dem jeweils notwendigen Kapital ausgestattet. Die Rückführung der Kredite kann wahlweise über die Partner des Joint Ventures, deren Mutterunternehmen oder aber aus dem Cash-flow der Joint-Venture-Gesellschaft selbst erfolgen.

Vgl. *Stephan*, in: Schaumburg, Internationale Joint Ventures, 97, 114.

605 Da inkorporierte Joint Ventures im Gegensatz zu solchen Gemeinschaftsunternehmen, die auf rein schuldrechtlicher Basis errichtet werden, grundsätzlich unbefristet sind, sehen die Joint-Venture-Verträge häufig eine Finanzierung des neuen Unternehmens durch die Joint-Venture-Partner nur in der Anlaufphase vor. Dies geschieht in der Annahme, anschließend werde sich das Unternehmen aus eigenen Gewinnen finanzieren können. Da es aber selbst für viel versprechende Geschäftsideen keine Erfolgsgarantie geben kann, empfiehlt es sich, bereits zu Beginn der Zusammenarbeit Regelungen zu finden, in welchem Umfang die Partner zur Sicherung der künftigen Finanzierung beitragen sollen. Neben den beiden Extrempositionen (i) einer Verpflichtung zur Leistung aller notwendigen Mittel einerseits und (ii) einer

Vereinbarung, keine weitere Finanzierung mehr zu gewähren andererseits, besteht die dritte Möglichkeit (iii) in der Benennung einer Obergrenze, bis zu welcher die Partner Nachzahlungen zu leisten haben.

c) Sicherung

Die Sicherung der Finanzierung erfordert eine exakte Regelung der Voraussetzungen, unter denen die Zahlungen zu erbringen sind. Als **Mindestregelungsgehalt** sind insoweit Bestimmungen über Zahlungsfristen, die Konsequenzen verspäteter oder ausbleibender Zahlungen und eventuelle Nachschusspflichten im Krisenfall zu nennen. Zu berücksichtigen ist ferner, dass sich die Bereitschaft oder Fähigkeit eines Partners zur finanziellen Ausstattung des Joint Venture verändern kann. Ein starres Festhalten an den ursprünglich vereinbarten Finanzierungsleitlinien seitens des anderen Partners kann hier keine dauerhafte Lösung sein. Ratsam sind daher Regelungen, die es den Beteiligten ermöglichen, ihre prozentuale Beteiligung am Unternehmen einem veränderten Finanzierungsbeitrag anzupassen – so kann der finanzierungswillige(re) Partner letztlich auch ein Recht erhalten, die Anteile der anderen Seite ganz zu übernehmen. 606

Stephan, in: Schaumburg, Internationale Joint Ventures, 97, 115.

Wegen der Bedeutung der Kapitalanteile für Stimm- und Gewinnrechte ist insbesondere das Regelungsregime für **Kapitalmaßnahmen** sorgfältig zu strukturieren. Kapitalerhöhungen sowie -herabsetzungen bei bereits existierenden Joint Ventures sind zwar schon nach den gesetzlichen Bestimmungen des deutschen Gesellschaftsrechts an eine ganze Reihe von Voraussetzungen geknüpft (vgl. etwa §§ 55 ff GmbHG). Die Partner eines Joint Ventures können diese Vorschriften aber teilweise modifizieren. So sollten Kapitalerhöhungen oder eine Veränderung der Beteiligungsquoten nur mit Zustimmung aller Beteiligten möglich sein. 607

4. Haftung

Die Gesellschafter eines inkorporierten Joint Ventures sind regelmäßig daran interessiert, ihre eigene Haftung gegenüber Gläubigern der Joint-Venture-Gesellschaft zu minimieren bzw. nach Möglichkeit ganz auszuschließen. Diese Motivation hatten wir als einen Grund dafür kennen gelernt, als Rechtsform des inkorporierten Joint Ventures die GmbH oder die GmbH & Co. KG zu wählen. 608

Wegen der Abschirmwirkung der Joint-Venture-Gesellschaft kommt eine (unmittelbare) Haftung der Partner also prinzipiell nur (i) aufgrund separater Rechtsgrundlage bzw. vertraglicher Absprache wie Bürgschaft, Patronatserklärung etc., (ii) wegen Haftungsdurchgriffs aufgrund der allgemeinen Regeln (Deliktsrecht, Rechtsscheinhaftung, § 311 Abs. 3 BGB) oder (iii) einer Durchgriffshaftung auf Grundlage des geltenden Konzernrechts bzw. in 609

Folge einer Verletzung der Vorschriften zur Eigenkapitalerhaltung bzw. zum Recht des Eigenkapitalersatzes in Betracht.

a) Konzernrechtliche Durchgriffshaftung

610 Die (konzernrechtliche) Durchgriffshaftung bei inkorporierten Joint Ventures wird in der Rechtswirklichkeit eher selten sein, da bereits der in Geschäftsführung und Gesellschafterkreis notwendige Interessenausgleich für eine sorgfältige und haftungsresistente Unternehmensführung sorgen wird. Zumindest eine Haftung wegen latenter Vermögensvermischung bzw. fehlender Vermögensabgrenzung wird kaum praktisch sein.

Stephan, in: Schaumburg, Internationale Joint Ventures, 97, 129.

aa) GmbH

(1) Vertragskonzern

611 Hat die Joint-Venture-Gesellschaft einen Beherrschungs- und Ergebnisabführungsvertrag geschlossen, dann sind die herrschenden Unternehmen von Rechts wegen zum Verlustausgleich verpflichtet, vgl. § 302 Abs. 1 AktG analog. Die Besonderheit bei den inkorporierten Gemeinschaftsunternehmen besteht hier darin, dass es faktisch und rechtlich eine Mehrmütterherrschaft gibt. Allerdings spielt diese Konstellation seit geraumer Zeit keine bedeutende Rolle mehr.

Vgl. zu den Gründen auch *Baumanns/Wirbel*, in: Münchener Handbuch des Gesellschaftsrechts, Bd. 1, § 28 Rz. 21.

(2) Faktischer Konzern

612 Für das Aktienrecht regeln die §§ 311 ff AktG den Ausgleich und die Haftung für den einfach faktischen Konzern. Für die **GmbH** und die **Personengesellschaften** sind die Haftungsfragen nicht ausdrücklich geregelt, sondern Gegenstand einer inzwischen recht umfassenden Rechtsprechung. Auch für den einfach faktischen Konzern im GmbH-Recht und im Personengesellschaftsrecht wird für Ausgleich und Haftung auf eine für die abhängige Gesellschaft nachteilige Einzelmaßnahme abgestellt. Tatbestandliche Grundlage sind jedoch nicht die §§ 311, 317 Abs. 1 AktG, sondern die (gesteigerte) Treupflicht des herrschenden Unternehmens gegenüber der abhängigen Gesellschaft, die eine angemessene Rücksichtnahme auf deren Interessen und die Interessen der Mitgesellschafter verlangt.

BGHZ 65, 15;
Henze, Konzernrecht, Rz. 247 ff *(GmbH)*;
BGH NJW 1980, 231 *(Personengesellschaft)*.

I. Gesellschaftsrecht

(3) Qualifiziert faktischer Konzern

Quasi zwischen dem Vertragskonzern und dem einfach faktischen Konzern steht das Haftungsmodell des qualifiziert faktischen Konzerns. **613**

So gibt es Fälle, in denen ein Einzelausgleich nicht mehr in Betracht kommt, weil die sog. Nachteile für das beherrschte Unternehmen verursachenden Eingriffe des herrschenden Unternehmens nicht mehr isoliert und in Folge dessen auch die zugefügten Nachteile oder Schäden keiner bestimmten Weisung oder Maßnahme mehr zugeordnet werden können. **614**

Henze, Konzernrecht, 267.

In diesen Fällen eines regelmäßig als rechtswidrig einzustufenden qualifiziert faktischen Konzerns hat die Rechtsprechung des BGH ein richterrechtliches Haftungsmodell entwickelt, das auf den Regelungen der §§ 302 ff. AktG fußt. Der BGH hat die Tatbestandsmerkmale in mehreren Entscheidungen allmählich entwickelt und laufend präzisiert, wobei die konkrete Umschreibung in der sog. „TBB"-Entscheidung erfolgte. **615**

BGHZ 95, 330 = ZIP 1985, 1263
– Autokran,
dazu EWiR 1985, 885 *(Hommelhoff)*;
BGHZ 107, 7 = ZIP 1989, 440
– Tiefbau,
dazu EWiR 1989, 431 *(Fleck)*;
BGHZ 115, 187 = ZIP 1991, 1354
– Video,
dazu EWiR 1991, 945 *(Altmeppen)*;
BGHZ 122, 123 = ZIP 1993, 589
– TBB,
dazu EWiR 1993, 327 *(Altmeppen)*.

Der BGH hat seine Rechtsprechung zur Haftung aus qualifiziert faktischem Konzern in der Folgezeit jedoch aufgegeben. An ihre Stelle war zunächst ein neuer Tatbestand der Durchgriffshaftung, die sog. Haftung wegen existenzvernichtenden Eingriffs getreten. **616**

Siehe ausführlich zur Entwicklung dieses Rechtsinstituts und zu den Voraussetzungen der Durchgriffshaftung Scholz/*Emmerich*, GmbHG, § 13 Rz. 98 ff.

Mit seinen Entscheidungen „Trihotel" und „Gamma" hat der BGH sodann seine vorherige Rechtsprechung zugunsten des neuen, an § 826 BGB orientierten Rechtsinstituts der „Existenzvernichtungshaftung" aufgegeben. **617**

BGHZ 173, 246 = ZIP 2007, 1552
– Trihotel,
dazu EWiR 2007, 557 *(Wilhelm)*;
BGHZ 176, 204 = ZIP 2008, 1232
– Gamma,
dazu EWiR 2008, 493 *(Bruns)*.

Damit die Partner (bzw. die BGB-Innengesellschaft) nicht aufgrund dieser Haftungsregelungen für die Verbindlichkeiten des inkorporierten Joint Ven- **618** tures einzustehen haben, sollte die Joint-Venture-Gesellschaft (stets) unter angemessener Wahrung ihrer Eigeninteressen geführt werden. Eine Joint-Venture-Gesellschaft muss im typischen Fall einer gemeinsamen Beherrschung vor kompensationslosen bzw. zur Insolvenz führenden Eingriffen der Gesellschafter in das Vermögen der Gesellschaft geschützt werden.

(4) Beschränkung auf oder Entzug von Teilfunktionen

619 Wir hatten gesehen, dass Joint-Venture-Investments zum Teil dadurch motiviert sind, lediglich bestimmte Teilgeschäftsbereiche zusammenzuführen, beispielsweise durch Errichtung eines Gemeinschaftsunternehmens für den Vertrieb bestimmter Waren (sog. Teilfunktions-Gemeinschaftsunternehmen). Auf der anderen Seite streben die Partner und Gesellschafter von Vollfunktions-Gemeinschaftsunternehmen nicht selten eine Verlagerung von bestimmten Funktionen von der Joint-Venture-Gesellschaft auf einen der Gesellschafter oder ein damit verbundenes Unternehmen an. Dies kann sich auf alle Teilbereiche der Verwaltung oder sonstigen (strategischen) Unternehmensführung erstrecken. Klassischerweise fallen hierunter die Buchführung und das Controlling, aber auch andere Unternehmensfunktionen können betroffen sein.

620 Als Grundregel gilt insoweit, dass allein die Beschränkung auf Teilfunktionen oder der Abzug von bestimmten Teilfunktionen nicht **per se** eine Konzernhaftung des herrschenden Gesellschafters begründet.

621 Vielmehr wird, in Anwendung der allgemeinen Regeln, die Grenze zur Haftung erst dann überschritten, wenn – im Falle des Abzugs von Teilfunktionen – die Joint-Venture-Gesellschaft bei Ausscheiden aus dem Verbund keinen hinreichend zügigen Ersatz für diese Funktionen schaffen kann, um selbstständig am Markt auftreten bzw. überleben zu können.

bb) GmbH & Co. KG

622 Die Rechtsprechung lässt auch für das Recht der GmbH & Co. KG den Durchgriff der Gläubiger durch die Komplementär-GmbH auf die Kommanditisten zu, wenn und soweit ein qualifiziert faktisches Konzernverhältnis tatbestandlich vorliegt. In diesem Fall wird den Gläubigern in der Insolvenz der GmbH & Co. KG ein unmittelbarer Anspruch gegen den bzw. die beherrschenden Gesellschafter zuerkannt.

> BAG ZIP 1991, 884 = GmbHR 1991, 413, 415;
> dazu EWiR 1991, 957 *(Schulte)*.

623 Im Übrigen dürfte die jüngere Rechtsprechung zur „Existenzvernichtungshaftung" auch für die GmbH & Co. KG gelten.

> So auch *Binz/Sorg*, 11. Auflage, Rz. 71.

b) Kapitalerhaltungs- und Kapitalersatzrecht

Mit ihren unmittelbaren oder mittelbaren Haftungsfolgen stets zu beachten sind die gesetzlichen und richterrechtlichen Regeln zur Kapitalerhaltung sowie zum Kapitalersatzrecht in der GmbH und der GmbH & Co. KG. **624**

aa) Kapitalerhaltung

Nach § 30 Abs. 1 GmbHG darf das zur Erhaltung des Stammkapitals erforderliche Vermögen einer **GmbH** nicht an die Gesellschafter ausgeschüttet werden. Diejenigen Zahlungen, die entgegen diesem Verbot geleistet werden, müssen der Gesellschaft in bestimmten Grenzen erstattet werden, vgl. § 31 Abs. 1 und 2 GmbHG. Bei Uneinbringlichkeit haften die übrigen Gesellschafter nach dem Verhältnis ihrer Geschäftsanteile, vgl. § 31 Abs. 3 GmbHG. Auch für die inkorporierten Gemeinschaftsunternehmen in der Rechtsform der GmbH gilt es also, jedenfalls den Betrag des Stammkapitals unangetastet zu lassen. **625**

Durch das MoMiG wurde § 30 Abs. 1 GmbHG jedoch um Privilegierungen für Leistungen bei Bestehen eines Gewinnabführungsvertrages und für den gerade für Joint Ventures relevanten Fall der (Rückzahlung von) Gesellschafterdarlehen ergänzt. Insofern werden sich einige Problemstellungen zukünftig entschärfen. **626**

Für die Personengesellschaften, insbesondere die **GmbH & Co. KG**, gelten die Kapitalerhaltungsregeln des § 172 HGB. Die Haftung des Kommanditisten, der seine Einlage ursprünglich erbracht hatte, lebt wieder auf, wenn und soweit ihm seine Einlage zurückgewährt wird, vgl. § 172 Abs. 4 Satz 1 HGB. Dabei ist die Haftung des Kommanditisten aus § 172 Abs. 4 HGB stets auf die Haftsumme begrenzt. **627**

Hesselmann/Tillmann, § 5 Rz. 58.

In bestimmten Konstellationen ist im Hinblick auf die mittelbaren Folgen einer Auszahlung zudem der Anwendungsbereich der §§ 30, 31 GmbHG für die KG eröffnet. **628**

Vgl. hierzu *Schmolke*, Rz. 223 ff.

bb) Eigenkapitalersetzende Gesellschafterleistungen

(1) Sog. Novellenregelungen vor MoMiG

Bis zur Geltung des MoMiG sahen die Eigenkapitalersatzregeln des GmbH-Gesetzes zum Schutz der Gesellschaftsgläubiger vor, dass ein Gesellschafter, der seiner Gesellschaft in der Krise ein Darlehen (oder andere Finanzierungsinstrumente) gewährt, im Insolvenzverfahren über das Vermögen der Gesellschaft den Anspruch auf Rückgewähr des Darlehens (bzw. der sonstigen Finanzierungshilfe) nur als nachrangiger Insolvenzgläubiger geltend machen kann, § 32a Abs. 1 und 3 GmbHG a. F. Entsprechendes galt für Darlehen **629**

Dritter, für die sich der Gesellschafter verbürgt oder denen er eine Sicherung bestellt hat, § 32a Abs. 2 GmbHG a. F. Hatte die Joint-Venture-Gesellschaft im Falle des § 32a Abs. 2 oder 3 GmbHG a. F. das Darlehen im letzten Jahr vor der Insolvenzeröffnung oder nach dem Antrag darauf zurückgezahlt, so war der entsprechende Betrag zurückzuerstatten, § 32b GmbHG a. F.

630 Mit Inkrafttreten des MoMiG zum 1.11.2008 sind diese sog. „Novellenregelungen" der §§ 32a, 32b GmbHG a. F. allerdings aufgehoben worden. Das Recht der Gesellschafterdarlehen wurde aus dem GmbHG in die InsO und das AnfG verlagert und dort rechtsformneutral neugeregelt.

> Vgl. zu dieser Rechtsentwicklung Baumbach/*Hueck*/*Fastrich*, GmbHG, § 30 Anh. Rz. 1 ff.

(2) „BGH-Regeln" vor MoMiG

631 Neben den gesetzlichen Regelungen der §§ 32a, 32b GmbHG fanden, allerdings ebenfalls nur bis zum Inkrafttreten des MoMiG (vgl. § 30 Abs. 1 Satz 3 GmbHG) die sog. BGH-Regeln zu §§ 30, 31 GmbHG Anwendung. Diese richterrechtlichen Kapitalersatzregeln sahen vor, dass ein Gesellschafterdarlehen unabhängig vom Eintritt der Insolvenz wie Eigenkapital behandelt wird, wenn und soweit das Darlehen verlorenes Stammkapital der GmbH oder eine weitergehende Überschuldung ausgleichen soll.

> *Eilers/Sieger/Wienands*, Rz. 205 m. w. N.

cc) Erstreckung auf GmbH & Co. KG

632 Auch für die **GmbH & Co. KG** als klassischer Form eines inkorporierten Joint Ventures im Rechtskleid der **Personengesellschaft** finden die wesentlichen Regelungen zum Kapitalersatzrecht Anwendung, mit der Folge einer Haftung auch der Kommanditisten.

> Siehe zum Kapitalersatzrecht der GmbH & Co. KG *Lüdicke/Arndt*, 32 ff.

633 Besondere Beachtung verdiente der vor Inkrafttreten des MoMiG geltende § 172a HGB, der für die Grundform der GmbH & Co. KG, bei der kein persönlich haftender Gesellschafter eine natürliche Person ist, die entsprechende Anwendung der §§ 32a, 32b GmbHG anordnete. Aber auch die BGH-Regeln zu den §§ 30, 31 GmbHG galten, bis zum Inkrafttreten des MoMiG, für die GmbH & Co. KG.

5. Wettbewerbsverbot

634 Für die Partner des inkorporierten Joint Ventures stellt sich die Frage, ob ihnen und ihren verbundenen Unternehmen auf dem Geschäftsfeld der Joint-Venture-Gesellschaft eine wirtschaftliche Betätigung weiterhin grundsätzlich offen steht, oder ob allein die Joint-Venture-Gesellschaft auf dem betreffenden Geschäftsfeld tätig werden soll.

a) Wettbewerbsverbot und Unternehmensgegenstand

635 Der Unternehmensgegenstand, der zugleich auch Teil des Gesellschaftsvertrages der Joint-Venture-Gesellschaft ist, muss stets mit besonderer Sorgfalt formuliert werden. Dies gilt vor allem für Joint-Venture-Investments großer, international tätiger Konzerne. Denn der Unternehmensgegenstand ist in unmittelbarem Zusammenhang zum Wettbewerbsverbot zu sehen. Die präzise Formulierung des Unternehmensgegenstandes und des Vertragsgebiets sollte in einer sehr frühen Phase intern mit den zuständigen Gremien geklärt werden, damit das Joint Venture nicht ungewollt zum Hemmschuh für andere Konzernteile wird oder der Gesellschafter ungewollt gegen laufende vertragliche Vereinbarungen mit Dritten verstößt.

b) Ungeschriebenes Wettbewerbsverbot aus Treuepflicht

636 Die Hoffnung der Parteien, durch die Nichtregelung eines Wettbewerbsverbots sich selbst bzw. den hinter ihnen stehenden Konzernunternehmen eine weitestgehende Freiheit in der Unternehmenspolitik, d. h. insbesondere im Tätigkeitsfeld der Joint-Venture-Gesellschaft, zu belassen, wird zumeist nicht erfüllt. Zu bedenken ist nämlich, dass eine erhöhte Treuepflicht und ein gesetzliches Wettbewerbsverbot auch für denjenigen Gesellschafter besteht, der zwar nicht mehrheitlich am Kapital der Joint-Venture-Gesellschaft beteiligt ist, aber aufgrund der ihm eingeräumten Stimmrechte über eine Sperrminorität wesentliche Entscheidungen der Gesellschaft blockieren kann. Auch ohne eine ausdrückliche Vereinbarung können die Joint-Venture-Partner als Gesellschafter also von einem Wettbewerbsverbot zugunsten der gegründeten Gemeinschaftsunternehmung betroffen sein.

637 Im **Personengesellschaftsrecht**, also insbesondere auch für die GmbH & Co. KG, gilt für die persönlich haftenden Gesellschafter das Wettbewerbsverbot aus § 112 HGB. Zwar unterliegen die Kommanditisten nach § 165 HGB in der Regel keinem Wettbewerbsverbot; jedoch werden sie bei einem Joint Venture in der Form einer GmbH & Co. KG regelmäßig als herrschende Gesellschafter maßgeblichen Einfluss auf die Geschäftsführung ausüben, mit der Folge, dass auch sie einem Wettbewerbsverbot unterliegen.

> BGHZ 89, 162 = ZIP 1984, 446.

638 Im Gegensatz zum Personengesellschaftsrecht kennt das **GmbH-Gesetz** zwar kein ausdrücklich normiertes Wettbewerbsverbot, jedoch ist diese Lücke des geschriebenen Rechts nicht als generelle Freistellung der GmbH-Gesellschafter zu verstehen. Vielmehr unterliegen auch die Gesellschafter einer GmbH in gewissen Grenzen einem ungeschriebenen Wettbewerbsverbot, wobei umstritten ist, ob dieses Wettbewerbsverbot entweder auf eine analoge Anwendung des § 88 AktG bzw. § 112 HGB gestützt oder als Ausfluss der Treuepflicht der Gesellschafter verstanden werden kann.

Vgl. BGHZ 80, 69 = ZIP 1981, 399;
Baumbach/Hueck/*Fastrich*, GmbHG, § 13 Rz. 28;
Lutter, AcP 180 (1980), 84, 110;
K. Schmidt, § 20 IV;
Roth/Altmeppen, GmbHG, § 13 Rz. 45;
Hachenburg/*Raiser*, GmbHG, § 14 Rz. 52.

639 Inhalt und Grenzen des aus der Treuepflicht folgenden Wettbewerbsverbotes bestimmen sich individuell für jeden Einzelfall und orientieren sich an den jeweiligen Befugnissen der Gesellschafter und ihrem Einfluss hinsichtlich der Geschicke der GmbH. Die Reichweite muss deshalb weiterhin als ungeklärt bezeichnet werden.

Stengel, in: Beck'sches Handbuch der Personengesellschaften, § 21 Rz. 136.

c) Vorteile eines ausdrücklichen Wettbewerbsverbotes

640 Vor dem Hintergrund der bestehenden Unsicherheiten hinsichtlich Umfang und Reichweite des ungeschriebenen Wettbewerbsverbots ist für Gemeinschaftsunternehmen ein Wettbewerbsverbot entweder ausdrücklich zu vereinbaren oder festzuschreiben, dass die Gesellschafter keinem Wettbewerbsverbot unterliegen sollen.

Sudhoff, S. 559 ff.
Hachenburg/*Ulmer*, GmbHG, § 14 Rz. 62.

641 Mit Hilfe einer expliziten Regelung der sachlichen, räumlichen, zeitlichen und personellen Reichweite eines solchen Verbotes kann für alle Beteiligten recht präzise festgelegt werden, welche Betätigung in Zukunft untersagt ist. Etwaige Verstöße sind dadurch einfacher definierbar, vorhersehbar und damit auch vermeidbar; die Zusammenarbeit der Partnerunternehmen gewinnt insgesamt an Transparenz. Unsicherheiten oder mögliche Meinungsverschiedenheiten bezüglich der Frage, ob ein bestimmtes Verhalten tatsächlich von dem Verbot umfasst wird oder nicht, werden zumindest reduziert.

642 Die ausdrückliche Regelung eines Wettbewerbsverbotes bietet sich überdies aufgrund der Tatsache an, dass branchenabhängig unterschiedliche Vorstellungen darüber bestehen, welche Art und welches Maß an konkurrierenden Geschäften zu tolerieren ist und welche Art von Geschäften von vornherein aus dem akzeptablen Rahmen fällt. Durch eine explizite Regelung des verbotenen Verhaltens kann diesen branchenspezifischen Unterschieden Rechnung getragen werden.

d) Inhalt eines Wettbewerbsverbotes

643 Die inhaltliche Formulierung eines Wettbewerbsverbots gehört bei zahlreichen Joint Ventures, insbesondere bei solchen im Hochtechnologiebereich, zu den Fragen, die volle Aufmerksamkeit der beteiligten Unternehmen und

ihrer Berater verlangen. Ein ungeschickt formuliertes Wettbewerbsverbot kann ungeahnte Konsequenzen für eine ganze Unternehmensgruppe haben.

Die Klausel sollte in jedem Fall die Reichweite des Verbotes in sachlicher, räumlicher, zeitlicher und personeller Hinsicht unter Berücksichtigung der jeweiligen Bedürfnisse der Joint-Venture-Partner festlegen. Da diese Bedürfnisse aufgrund der jeweiligen Branche, Intensität und Dauer der Kooperation, der Marktmacht der Partner oder auch des mit dem Gemeinschaftsunternehmen verbundenen finanziellen Risikos variieren, gibt es keine schematischen Vorgaben für eine allgemein den jeweiligen Ansprüchen genügende Klausel. Vielmehr bedarf ein Joint-Venture-Unternehmen einer maßgeschneiderten Vereinbarung zur Unterbindung von Wettbewerb durch die Gesellschafter, sofern Letzteres tatsächlich gewollt ist. 644

e) Grenzen von Wettbewerbsverboten

Bei der Vereinbarung von Wettbewerbsverboten für die Gesellschafter einer GmbH oder GmbH & Co. KG sind stets die rechtlichen Grenzen zu berücksichtigen, innerhalb derer ein solches Verbot einer konkurrierenden Tätigkeit zulässig ist. Satzungsmäßig vereinbarte Wettbewerbsverbote können dabei insbesondere in einen Konflikt mit den Verbotsnormen von § 138 BGB, § 1 GWB und auch Art. 101 AEUV geraten. 645

aa) Kartellrechtliche Schranken

Bei Beschränkungen der Gründerunternehmen in ihrem Marktverhalten durch Wettbewerbsverbote zugunsten der Tätigkeit der Joint-Venture-Gesellschaft sind vor allem die durch das Kartellverbot in § 1 GWB und Art. 101 AEUV gesetzten Grenzen zu berücksichtigen. 646

> *Zimmer*, in: Immenga/Mestmäcker, GWB, § 1 Rz. 382 ff.

Beschränkt das vereinbarte Verbot die wettbewerbsrechtliche Handlungsfreiheit der Gründerunternehmen als aktuelle oder mögliche Wettbewerber und werden dadurch die Marktverhältnisse spürbar beeinträchtigt, so ist ein satzungsmäßiges Wettbewerbsverbot nur dann gem. § 1 GWB und Art. 101 AEUV zulässig, wenn es einzig dem Bestand und der Erhaltung der im Übrigen kartellrechtlich neutralen Joint-Venture-Gesellschaft dient. 647

> Vgl. BGHZ 104, 246, 251 = ZIP 1988, 1080,
> dazu EWiR 1988, 901 *(Leube)*;
> BGH ZIP 1994, 61, 62 = NJW 1994, 384;
> Hachenburg/*Raiser*, GmbHG, § 14 Rz. 63;
> *Bechtold*, GWB, § 1 Rz. 48;
> *Schiessl*, in: Münchener Handbuch des Gesellschaftsrechts,
> Bd. 3, § 34 Rz. 9;
> *Zimmer*, in: Immenga/Mestmäcker, GWB, § 1 Rz. 382 ff.

Eine solche Sachlage ist beispielsweise gegeben, wenn das Wettbewerbsverbot lediglich verhindern soll, dass die entsprechende Gesellschaft durch das Betreiben eines Gründerunternehmens in ihrem Bestand gefährdet wird. 648

BGHZ 70, 331, 336;
BGHZ 89, 162, 166;
Bechtold, GWB, § 1 Rz. 48;
Hachenburg/*Raiser*, GmbHG, § 14 Rz. 63.

649 In Fällen, in denen ein Gesellschafter herrschend ist, wird ein solcher Fall, in dem die Mitgesellschafter auf den Bestand des Verbotes geradezu angewiesen sind, regelmäßig vorliegen.

Schiessl, in: Münchener Handbuch des Gesellschaftsrechts, Bd. 3, § 34 Rz. 9;
Hachenburg/*Raiser*, GmbHG, § 14 Rz. 63.

650 Die Rechtsprechung hat die Gefahr einer Aushöhlung aber auch für einen Fall anerkannt, in dem ein zu 50 % beteiligter Gesellschafter kraft Sonderrechts einen Geschäftsführerposten besetzen und jederzeit wieder abberufen konnte.

BGHZ 104, 246, 251 ff = ZIP 1988, 1080,
dazu EWiR 1988, 901 *(Leube).*

651 Dagegen wird eine rein kapitalistische Beteiligung regelmäßig nicht ausreichen, um ein schützenswertes Interesse der Gesellschafter begründen zu können.

BGHZ 38, 306, 311 ff;
Hachenburg/*Raiser*, GmbHG, § 14 Rz. 63.

652 Kartellrechtliche Schranken für die Beschränkung der Gründerunternehmen in ihrer Tätigkeit können je nach dem Tätigkeitsfeld des Gemeinschaftsunternehmens auch aus Art. 101 AEUV folgen. Ist ein Wettbewerbsverbot aber unerlässlich für den Bestand der Joint-Venture-Gesellschaft, liegt regelmäßig auch kein Verstoß gegen diese Vorschrift vor.

BGHZ 104, 246, 254;
Schiessl, in: Münchener Handbuch des Gesellschaftsrechts, Bd. 3, § 34 Rz. 9.

bb) Schranke des § 138 BGB

653 Ein zu Lasten der Gründungsunternehmen einer Joint-Venture-Gesellschaft satzungsmäßig vereinbartes Wettbewerbsverbot kann zudem mit § 138 BGB kollidieren, soweit die wirtschaftliche Betätigungsfreiheit der Betroffenen nach Art, Dauer, und räumlicher Reichweite in unangemessener Weise eingeschränkt wird.

Staudinger/*Sack/Fischinger*, BGB, § 138 Rz. 348.

654 Wegen der unterschiedlichen Schutzrichtungen bleibt § 138 BGB auch neben den Kartellverboten aus § 1 GWB und Art. 101 AEUV anwendbar.

BGH ZIP 1994, 61;
BGH NJW-RR 1989, 900.

Im Unterschied zu den Kartellvorschriften, die Wettbewerbsbeschränkungen 655
grundsätzlich verbieten, es sei denn, diese sind durch besondere Umstände
gerechtfertigt, steht § 138 BGB solchen Vereinbarungen nur dann entgegen,
wenn besondere Umstände die Sittenwidrigkeit begründen.

Staudinger/*Sack/Fischinger*, BGB, § 138 Rz. 369.

Praktische Bedeutung erhält § 138 BGB vor allem bei Sachverhalten, in de- 656
nen der Wettbewerb nach kartellrechtlichen Grundsätzen zwar nicht spürbar
beeinträchtigt wird, die Vereinbarung aber an sich wegen ihrer weit reichenden Regelung sittenwidrig ist.

BGH NW-RR 1989, 900;
BGH NJW 1982, 2000, 2001;
BGH ZIP 1994, 61.

f) Nachvertragliche Wettbewerbsverbote

Gegenstand gerichtlicher Überprüfung sind im Übrigen immer wieder Ver- 657
einbarungen, die ein Wettbewerbsverbot für die Gesellschafter nicht nur für
die Dauer der Mitgliedschaft in der Joint-Venture-Gesellschaft, sondern
auch für einen bestimmten Zeitraum nach Auflösung oder Austritt aus dem
Unternehmen vorsehen.

Vgl. BGH ZIP 1994, 61, 62 ff;
BGH NJW 1991, 699 f,
dazu EWiR 1991, 73 *(Roth)*.

Im Unterschied zu einem Wettbewerbsverbot, das in der Phase der Zuge- 658
hörigkeit zur Gesellschaft gilt, unterliegen die Gesellschafter nicht schon
aufgrund der gesellschaftsrechtlichen Treuepflicht einem Verbot konkurrie-
render Tätigkeit für die Zeit nach Austritt oder der Liquidation der Gesellschaft. Denn das Treueverhältnis endet grundsätzlich mit dem Ausscheiden
aus dem Unternehmen.

OLG Köln EWiR 1986, 1067;
Schiessl, in: Münchener Handbuch des Gesellschaftsrechts,
Bd. 3, § 34 Rz. 11;
Armbrüster, ZIP 1997, 1269, 1274.

Werden sie hingegen ausdrücklich vereinbart, unterliegen auch nachvertrag- 659
liche Wettbewerbsverbote den vorbeschriebenen Grenzen des Kartellrechts
und des § 138 BGB.

BGHZ 91, 1, 5 = ZIP 1984, 954;
Hoffmann-Becking, in: Festschrift Quack, 1991, S. 273;
Sina, DB 1985, 902, 903.

Danach darf das Wettbewerbsverbot nicht das erforderliche Maß dessen 660
überschreiten, was zur Abwehr nachteiliger Folgen für die Joint-Venture-

Gesellschaft notwendig ist, die dadurch entstehen können, dass der ausscheidende Gesellschafter seine erworbenen Insiderkenntnisse und Verbindungen ausnutzt.

> BGH WM 1990, 2121, 2122,
> dazu EWiR 1991, 73 *(Roth)*;
> BGH ZIP 1994, 61;
> *Schiessl*, in: Münchener Handbuch des Gesellschaftsrechts,
> Bd. 3, § 34 Rz. 11.

661 Abreden, die diesen Rahmen durchbrechen, sind nichtig. Das gilt vor allem für solche, die zeitlich nicht begrenzt oder zu weitgehend sind oder solche, die in sachlicher Hinsicht umfassend sind.

662 Wann ein nachvertragliches Wettbewerbsverbot noch angemessen ist, hängt von den Umständen des Einzelfalles zum Zeitpunkt des Ausscheidens ab und ist bei der Erstellung des Gesellschaftsvertrages bzw. der Grundlagenvereinbarung kaum zu prognostizieren. Aufgrund der daraus folgenden Rechtsunsicherheit für die Gestaltung des Gesellschaftsvertrages ist der Unternehmenspraxis zu empfehlen, entweder ein in sachlicher und räumlicher Hinsicht stark eingeschränktes Verbot zu vereinbaren, das nach Möglichkeit einen Zeitraum von zwei Jahren nicht überschreiten sollte, oder aber von vornherein gänzlich auf die Vereinbarung eines nachvertraglichen Wettbewerbsverbotes zu verzichten.

> *Hoffmann-Becking*, in: Festschrift Quack, 1991, S. 273, 274 f;
> *Sina*, DB 1985, 902, 903.

g) Befreiung bzw. Öffnungsklausel

663 Um im Einzelfall die Partner einer Joint-Venture-Gesellschaft in der Rechtsform der **Personengesellschaft** von dem gesetzlichen oder im Gesellschaftsvertrag vereinbarten Wettbewerbsverbot befreien zu können, kann der Gesellschaftsvertrag eine Befreiungsmöglichkeit durch Mehrheitsbeschluss vorsehen. Der betreffende Gesellschafter hat jedoch kein Stimmrecht; zudem muss die Befreiung durch sachliche Gründe gerechtfertigt sein.

> *Baumbach/Hopt*, HGB, § 112 Rz. 13.

664 Hinsichtlich einer Joint-Venture-Gesellschaft in der Rechtsform der **GmbH** dürfte es für die Praxis ratsam sein, in der Satzung eine sog. Öffnungsklausel zu vereinbaren. Ohne eine solche Klausel kann ein Wettbewerbsverbot lediglich durch satzungsändernden Beschluss mit satzungsändernder Mehrheit aufgehoben oder eingeschränkt werden. Dagegen besteht bei einer Öffnungsklausel die Möglichkeit, eine Befreiung auch durch einen einfachen Beschluss der Gesellschafter mit nur einfacher Mehrheit gem. § 47 Abs. 1 GmbHG herbeizuführen.

> *Hachenburg/Raiser*, GmbHG, § 14 Rz. 65;
> *Lutter/Hommelhoff*, GmbHG, § 14 Rz. 27;
> *Schiessl*, in: Münchener Handbuch des Gesellschaftsrechts,
> Bd. 3, § 34 Rz. 23.

Bei der Entscheidung über die Befreiung für den jeweiligen Gesellschafter im 665
Einzelfall ist dieser allerdings gem. § 47 Abs. 4 Satz 2 GmbHG nicht berechtigt, an der Abstimmung teilzunehmen.

BGHZ 80, 69 = ZIP 1981, 399 = NJW 1981, 1512, 1513;
Lutter/Hommelhoff, GmbHG, § 47 Rz. 43.

Die Rechtsprechung hat die Möglichkeit einer einfachen Befreiung von 666
einem Wettbewerbsverbot inzwischen jedoch begrenzt. In solchen Fällen, in denen die Befreiung eines Gesellschafters von einem Wettbewerbsverbot dazu führt, dass der betreffende Gesellschafter herrschendes Unternehmen und die Gesellschaft abhängiges Unternehmen gem. § 17 AktG wird, ist eine Befreiung von dem Verbot nur möglich, wenn die Befreiung nach einer Gesamtabwägung der maßgeblichen Interessen (i) verhältnismäßig und (ii) im Interesse des Gemeinschaftsunternehmens gerechtfertigt ist.

BGHZ 80, 69, 74;
Hachenburg/*Raiser*, GmbHG, § 14 Rz. 65;

Anerkannt ist als rechtfertigender Grund etwa die Steigerung der Leistungs- 667
und Wettbewerbsfähigkeit der (Joint-Venture-)Gesellschaft, z. B. durch eine erhöhte Nachfragemacht, die Eröffnung neuer Geschäftschancen oder eine Sanierungssituation.

BGHZ 80, 69, 74 f.

h) Gesellschaftsvertrag oder Grundlagenvereinbarung

Wettbewerbsverbote können bei der **GmbH** als „andere Verpflichtung" gem. 668
§ 3 Abs. 2 GmbHG in der Satzung der Gesellschaft vereinbart werden; ebenso ist eine entsprechende nachträgliche Vereinbarung mit Zustimmung aller Gesellschafter gem. § 53 Abs. 3 GmbHG möglich.

Hachenburg/*Ulmer*, GmbHG, § 53 Rz. 55;
Schiessl, in: Münchener Handbuch des Gesellschaftsrechts, Bd. 3, § 34 Rz. 1.

Überdies ist es üblich, das Wettbewerbsverbot auch in der Grundlagenvereinbarung zu erfassen. 669

Bei der **Personengesellschaft** sollte das Wettbewerbsverbot ebenfalls im Gesellschaftsvertrag und in einer möglichen Grundlagenvereinbarung erfasst werden. 670

i) Steuerrecht (GmbH)

Die steuerliche Problematik des Wettbewerbsverbots besteht bei der **GmbH** 671
darin, dass die für die verdeckte Gewinnausschüttung erforderliche Anwendung des Fremdvergleichs zur Annahme einer verhinderten Vermögensmehrung zwingt. Sie tritt dadurch ein, dass ein Gesellschafter eine Geschäftschance der GmbH für sich selbst beansprucht und die Gesellschaft dahinge-

hend beeinflusst, dass sie die Geschäftschance nicht selbst wahrnimmt. Entstehen aus einem solchen Verhalten zivilrechtliche Ansprüche der GmbH gegen ihren Gesellschafter, weil ein Verstoß gegen das Wettbewerbsverbot vorliegt, so sind diese in der Handelsbilanz und Steuerbilanz mit der Folge auszuweisen, dass das Verhalten des betreffenden Gesellschafters den steuerlichen Gewinn der GmbH gemindert hat. Verzichtet indes die GmbH auf solche Ansprüche, liegen eine Vermögensminderung und damit eine verdeckte Gewinnausschüttung vor.

672 Beabsichtigen die dem Wettbewerbsverbot unterfallenden Personen, eine Tätigkeit entsprechend dem Unternehmensgegenstand der GmbH auszuüben, so kann die Entstehung der zivilrechtlichen Ansprüche dadurch verhindert werden, dass der Gesellschafter bzw. der Gesellschafter-Geschäftsführer vom Wettbewerbsverbot befreit wird. Hinsichtlich der Befreiung eines dem Wettbewerbsverbot unterliegenden Gesellschafters bedarf es der vorerwähnten Regelung im Gesellschaftsvertrag oder einer entsprechenden Öffnungsklausel.

673 Wird seitens der GmbH die erforderliche **Befreiung** erteilt, so lässt sich eine verdeckte Gewinnausschüttung nach bisheriger Verwaltungsauffassung nur vermeiden, wenn die GmbH hierfür ein **angemessenes** Entgelt erhält. Zu prüfen ist aber, was im konkreten Fall überhaupt ein **angemessenes** Entgelt ist. In **Neugründungsfällen** war bisher auch nach Auffassung der Finanzverwaltung eine Befreiung erforderlich, nicht aber die Zahlung eines Entgelts.

  BMF-Schreiben v. 4.2.1992, GmbHR 1992, 191.

674 In den übrigen Fällen wird man ein Entgelt nur fordern können, wenn die GmbH bestehende konkrete, für sie realisierbare Geschäftschancen zugunsten des konkurrierenden Gesellschafters aufgibt. Ist dies der Fall und zahlt der Gesellschafter hierfür kein angemessenes Entgelt, liegt hierin eine verdeckte Gewinnausschüttung.

675 Sowohl die Feststellung, dass die GmbH hier zugunsten eines Gesellschafters auf konkrete und realisierbare Geschäftschancen verzichtet, als auch die in einem solchen Fall erforderliche Bemessung eines angemessenen Entgelts, stellt sich in der Praxis als überaus schwierig dar.

  Siehe zum Wettbewerbsverbot verschiedene Entscheidungen
  BFH, v. 18.12.1996 – I R 139/94, BStBl. II 1997, 301;
  BFH, v. 13.11.1996 – I R 149/94, BFHE 181, 494;
  BFH, v. 22.11.1995 – I R 45/95, BFH/NV 1996, 645;
  BFH, v. 30.8.1995 – I R 155/94, BFHE 178, 371.

6. Patt-Situationen („Deadlock")

676 Ein Wesensmerkmal von inkorporierten Joint Ventures ist ihre ausbalancierte Machtstruktur. Wie in einer guten Ehe haben die Partner die Möglichkeit, ihre unterschiedlichen Fähigkeiten zum Erfolg der Partnerschaft einzu-

setzen. Das Modell eines typischen Gemeinschaftsunternehmens lässt jedoch Pattsituationen zum systemimmanenten Faktor werden. So können sich paritätisch besetzte Gremien nicht selten zum Hemmschuh des Gesamtprojekts wandeln. Streitigkeiten zwischen den Beteiligten eines Joint Ventures werden sich nicht immer vermeiden lassen. Umso wichtiger ist es, sich vorab darüber abzustimmen, wie im Konfliktfall, namentlich bei Vorliegen eines Entscheidungsstillstandes, zu verfahren ist.

Huber, in: Meier-Schatz (Hrsg.), 30.

Pattsituationen können sowohl auf der Ebene der BGB-Innengesellschaft als auch auf der Ebene der Joint-Venture-Gesellschaft auftreten. Die nachfolgend dargestellten Lösungsmodelle können auf beiden Ebenen eingesetzt werden (vgl. zur „Doppelstufigkeit" Rz. 16). 677

a) Ad-hoc-Lösung

Die Parteien mögen übereinkommen, vorab keine detaillierten Konfliktlösungsmechanismen festzulegen, sondern im Einzelfall eine angemessene Lösung auszuhandeln. Denn wegen des faktischen Einigungszwangs und der Blockademöglichkeit beider bzw. einzelner Gesellschafter kann ein entsprechend starker wirtschaftlicher Druck herrschen, sich im Streitfall zeitnah auf eine einvernehmliche Lösung zu verständigen. 678

Langefeld-Wirth, 127;
Anders *Baumanns/Wirbel*, in: Münchener Handbuch des Gesellschaftsrechts, Bd. 1, § 28 Rz. 59.

b) Vorab-Regelung

In der Regel wird es aber sachdienlicher sein, die Vorgehensweise bereits vor Auftreten des Konflikts zu regeln. In Betracht kommen unterschiedliche Methoden der Streitbeilegung, die sich jedoch nicht gegenseitig ausschließen, sondern vielmehr miteinander kombiniert werden können. Dadurch kann den Parteien ein gestuftes Instrumentarium zur Streitbeilegung an die Hand gegeben werden. Generell lassen sich die Konfliktlösungsmechanismen in zwei Kategorien unterteilen: 679

- Konfliktlösungsmechanismen, die darauf abzielen, den Streit schnellstmöglich auszuräumen, um so eine weitere Zusammenarbeit der Joint-Venture-Partner zu ermöglichen. Hierbei handelt es sich um **Streitbeilegungs**mechanismen im eigentlichen Sinne.

- Konfliktlösungsmechanismen mit **Drohpotential** – sie geben weniger eine konkrete Hilfestellung, als dass sie Druck auf die Parteien ausüben, sich doch noch zu einigen. Dies geschieht vor allem durch die Ermöglichung eines Ausstiegs aus dem Joint Venture oder der Übernahme aller Anteile des Partners. Genau genommen sind dies also weniger Konfliktlösungs- als vielmehr Beendigungsmechanismen, die an späterer Stelle ausführlich behandelt werden (dazu in Abschnitt „E. Beendigung von Joint Ventures").

Zu den typischen **Streitbeilegungsmechanismen** im eigentlichen Sinne gehören folgende Methoden:

aa) Mehrheitsentscheidung

680 Zu den internen Streitbeilegungsmechanismen zählt vor allem das Mehrheitsprinzip, das freilich im klassischen 50/50-Joint Venture nicht greift. Das Prinzip der Mehrheitsentscheidung ist ebenso einfach wie effektiv, stößt in wichtigen Fragen aber schnell an seine Grenzen. Es ist untauglich in allen Konfliktfällen, die die Kernaspekte der Zusammenarbeit betreffen. Auf Dauer wird sich die unterlegene Partei nicht damit abfinden, (dauernd) überstimmt zu werden.

681 In den meisten Fällen kann diese Methode jedoch helfen, Streitigkeiten untergeordneter Relevanz schnell auszuräumen.

bb) Letztentscheidungsrecht (Casting Vote)

682 Alternativ kann einem der Partner das Recht zur entscheidenden Stimme eingeräumt werden („**Casting Vote**"). Diese Methode ist besonders geeignet zur Überwindung von Pattsituationen in paritätischen Joint-Venture-Gesellschaften oder in Fragen, in denen die Grundlagenvereinbarung Einstimmigkeit verlangt.

683 Wie die Mehrheitsentscheidung kann sich ein Letztentscheidungsrecht auch für Joint Ventures anbieten, in denen zwei Partner gänzlich unterschiedliche Kompetenzen mitbringen. Haben beispielsweise ein Projektentwickler und eine Bank ein Gemeinschaftsunternehmen zur Entwicklung einer Immobilie errichtet, können die operativen Entscheidungen im Bau-, Entwicklungs- und Vermarktungsbereich sicherlich leichter dem Projektentwickler, der hierfür der Kompetenzträger ist, zugewiesen werden. Jedenfalls zeigt sich, dass es durchaus möglich sein kann, ein auf den Einzelfall zugeschnittenes Modell der Konfliktlösung zu erarbeiten.

684 Ähnlich wie der zuvor genannte Mehrheitsentscheid vermag ein Letztentscheidungsrecht indes grundlegende Meinungsverschiedenheiten nicht zu überwinden, da der Konflikt nicht gelöst, sondern einem der Joint-Venture-Partner die Auffassung des anderen aufgezwungen wird.

Huber, in: Meier-Schatz (Hrsg.), 30 f.

685 In manchen Gemeinschaftsunternehmen wird eine solche „Casting Vote" den Beteiligten im Wechsel jeweils für ein Kalenderjahr zuerkannt. Wegen der offensichtlichen Missbrauchsgefahren (insbesondere unsachliche Verzögerung oder Beschleunigung streitiger Entscheidungen) halten wir ein solches Rotationsprinzip jedoch für kein taugliches Mittel zur Streitbeilegung.

c) Einschaltung Dritter

Um die vorgenannten Probleme zu vermeiden, kann eine neutrale dritte Person eingeschaltet werden, die innerhalb einer bestimmten Frist eine Konfliktlösung herbeizuführen hat. Staatliche Gerichte sind hier in der Regel weniger geeignet. Die lange Verfahrensdauer, die oftmals unerwünschte Publizität sowie die teilweise fehlende Nähe des Gerichts zur Bedeutung unternehmerischer Entscheidungen verlangen nach anderen Lösungen. 686

In Betracht kommt die Einschaltung eines Schiedsrichters, der selbst eine Entscheidung in der Sache fällt, oder eines Schlichters bzw. Mediators, der lediglich zwischen den Parteien zu vermitteln sucht. Inhaltlich lässt sich überdies differenzieren zwischen überwiegend juristischen Streitigkeiten und eher ökonomischen Meinungsverschiedenheiten. Erstere eignen sich für eine Beilegung durch bereits im Vorfeld bestimmte Schlichter bzw. Schiedsrichter, während letztere häufig die Benennung eines Experten im Einzelfall erfordern. Es empfiehlt sich, vertragliche Vorkehrungen dafür zu treffen, wie sich die Parteien auf den Dritten verständigen können, etwa durch ein beiderseitiges Vorschlagsrecht und Einigungsfristen. Stets aber hängt der Erfolg einer solchen Einschaltung Dritter davon ab, ob kompetente Konfliktlöser gefunden werden können, die von allen Joint-Venture-Partnern akzeptiert werden. 687

d) Verlagerung auf eine höhere Instanz

Gelingt es den unmittelbaren Entscheidungsträgern, also den gesetzlichen Vertretern der Gesellschafter, nicht, einen Konflikt zu lösen, so kann es sinnvoll sein, den Streit den höheren Instanzen innerhalb der betroffenen Unternehmen vorzulegen, z. B. den Geschäftsführern bzw. Vorstandsvorsitzenden der jeweiligen Muttergesellschaften der Joint-Venture-Partner. 688

> *Stephan*, 116 f;
> *Stengel*, in: Beck'sches Handbuch der Personengesellschaften,
> § 21 Rz. 132.

Zweck dieser Methode ist es zunächst, die ursprünglich mit der Streitfrage befassten Entscheidungsträger selbst zu einer intensiveren Lösungssuche zu bewegen; die Aussicht nämlich, den Vorgesetzten von der Existenz gravierender Meinungsverschiedenheiten in Kenntnis setzen zu müssen, wird häufig Anlass bieten, noch intensiver nach einer akzeptablen Lösung zu suchen. Eine dennoch erfolgende Verlagerung bietet die Gewähr dafür, dass sich Personen der Sache annehmen, die mit den Zusammenhängen vertraut sind und ein eigenes Interesse an der Streitbeilegung haben. Dies lässt die Verlagerung auf „interne" Gremien im Vergleich zu jeglicher externer Lösung attraktiver erscheinen. 689

e) Beendigungsmechanismen

Können alle diese zuvor aufgeführten Konfliktlösungsmechanismen keine Einigung herbeiführen, so verbleibt zumeist – als **Ultima Ratio** – nur die Beendigung des Joint Venture. 690

691 Hier bieten sich grundsätzlich sämtliche Verfahren an, die nach dem Willen der Parteien auch unabhängig von einem Konfliktfall die Beendigung der Zusammenarbeit ermöglichen sollen. Zu den üblichen Beendigungsmechanismen zählen insbesondere:

- Liquidation der Joint-Venture-Gesellschaft
- Übernahme sämtlicher Anteile durch eine Partei
- Anteilsübertragung auf Dritte
- Russisches Roulette/Shoot-out-Klauseln

Die Einzelheiten zu den Beendigungsmechanismen stellen wir im nachstehenden Abschnitt E dar.

II. Bilanzierung und Steuerrecht

1. Handelsrechtliche Bilanzierung der Joint-Venture-Beteiligung

692 Bilanzierungspflichtige Joint-Venture-Partner eines Equity Joint Ventures haben ihre Joint-Venture-Beteiligungen in ihrer Handelseinzelbilanz nach HGB auszuweisen.

> Zur Bilanzierung der hier nicht behandelten contractual Joint Ventures, siehe *Bader*, in: Fett/Spiering, Kap. 4, Rz. 85 ff.

693 Für Joint-Venture-Beteiligungen an Personen- und Kapitalgesellschaften gelten die **normalen HGB-Rechnungslegungsvorschriften.**

> Zur Rechnungslegung von Joint-Venture-Beteiligungen an BGB-Gesellschaften und Bruchteilsgemeinschaften siehe Stellungnahme des Hauptfachausschusses HFA 1/1993, zur Bilanzierung von Joint Ventures.

694 **Mitgliedschaften in Personenhandelsgesellschaften** gehören regelmäßig zu den **Beteiligungen** i. S. d. § 271 Abs. 1 Satz 1 HGB, da sie als Anlagevermögen zu qualifizieren sind.

695 Bei der **Bewertung** von Beteiligungen ist grundsätzlich von den **Anschaffungskosten** i. S. d. § 255 Abs. 1 HGB auszugehen. Bei Sacheinlagen können als Anschaffungskosten wahlweise die Buchwerte oder höchstens die Zeitwerte der Einlageobjekte angesetzt werden.

> Siehe IDW Stellungnahme zur Rechnungslegung, IDW RS HFA 18 zur Bilanzierung von Anteilen an Personengesellschaften im Jahresabschluss der Kapitalgesellschaft.

696 Entsprechendes gilt für Anteile an Kapitalgesellschaften.

697 Eine Einbeziehung des Joint Ventures in den **Konzernabschluss** des Joint-Venture-Partners kommt in Abhängigkeit von den jeweiligen Verhältnissen auf dem Wege der Vollkonsolidierung, als Quotenkonsolidierung bzw. nach der Equity-Methode in Betracht (siehe bereits oben unter Rz. 294).

2. Laufende Besteuerung

Im Zusammenhang mit der laufenden Besteuerung der Joint-Venture-Gesellschaft sind folgende die Joint-Venture-Gesellschaften bzw. die Joint-Venture-Partner betreffenden Besteuerungsfragen von besonderer Bedeutung: 698
- die Besteuerung der Gewinne auf der Ebene der Joint-Venture-Gesellschaft
- die Behandlung von Verlusten der Joint-Venture-Gesellschaft
- die Finanzierung des Joint Ventures
- Kosten der Finanzierung der Beteiligung an der Joint-Venture-Gesellschaft
- die Behandlung von Gewinnausschüttungen.

Wie bereits im Zusammenhang mit der Begründung des Joint Venture, stehen im Mittelpunkt der Überlegungen Joint-Venture-Gesellschaften in der Rechtsform der Personen- und Kapitalgesellschaft. Die Joint-Venture-Gesellschaft ist in der Regel nicht ein-, sondern mehrstufig, d. h. sie ist ihrerseits an anderen nachfolgenden Gesellschaften beteiligt, die ihrerseits wiederum die Rechtsform einer Personen- oder Kapitalgesellschaft haben können. Die Joint-Venture-Partner können natürliche Personen, Personen- oder Kapitalgesellschaften mit natürlichen Personen oder Kapitalgesellschaften als Gesellschafter sein. Am Ende steht allerdings in der Regel eine natürliche Person als Gesellschafter, was gerade in mittelständischen Strukturen auch bei der Steuerplanung zu beachten ist. 699

Strukturübersicht

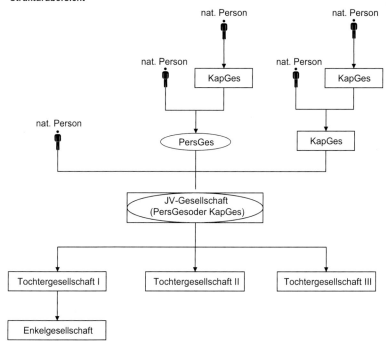

a) Besteuerung von Gewinnen

700 Wie im Zusammenhang mit der Rechtsformwahl ausführlich dargelegt wird, beläuft sich die **Steuerbelastung des Gewinns** einer Joint Venture GmbH bei einem 400 % Gewerbesteuerhebesatz seit dem Veranlagungszeitraum 2008 auf 29,82 %. Demgegenüber beläuft sich die Steuerbelastung bei einer GmbH & Co. KG mit natürlichen Personen als Gesellschafter (Beteiligung im Betriebsvermögen), die dem Spitzensteuersatz unterliegen in 2008 auf 47,44 %, allerdings gibt es hier noch die besondere Thesaurierungsbegünstigung in § 34a EStG, siehe oben Rz. 265, 274 ff. Ist Gesellschafter der GmbH & Co. KG eine Kapitalgesellschaft, so beläuft sich die Steuerbelastung ebenfalls auf 29,82 %.

701 Zu berücksichtigen ist aber, dass die Ausschüttung einer GmbH noch auf der Gesellschafterebene steuerpflichtig ist. Unter zusätzlicher Berücksichtigung der Steuerbelastung auf Ausschüttungen nach dem bei **Ausschüttungen an natürliche Personen** zur Anwendung kommenden Teileinkünfteverfahren (Ansatz mit 60 %) beläuft sich die Steuerbelastung der GmbH bei Ausschüttung von Gewinnen in 2009 auf insgesamt 49,81 % (Spitzensteuersatz, ohne Kirchensteuer, siehe oben Rz. 262 f) und ist damit etwas höher als die Steuerbelastung bei einer GmbH & Co. KG. Bei **Ausschüttungen an Kapitalgesellschaften** ist die Dividende grundsätzlich körper- und gewerbesteuerfrei, wobei 5 % als nicht abzugsfähige Betriebsausgaben gelten, so dass im wirtschaftlichen Ergebnis nur 95 % steuerbefreit sind.

702 Die Joint-Venture-Gesellschaft sowie ihre nachgeordneten Personen- und Kapitalgesellschaften sind jeweils **eigenständige Steuersubjekte**. Erwirtschaften alle Gesellschaften einen steuerlichen Gewinn, so besteht grundsätzlich keine Notwendigkeit, eine **steuerliche Ergebniskonsolidierung** herbeizuführen. Jede Gesellschaft unterliegt – unabhängig von ihrer Rechtsform – der Gewerbesteuer. Kapitalgesellschaften sind mit ihrem Gewinn selbst körperschaftsteuerpflichtig, der Gewinn von Personengesellschaften wird dem Gesellschafter zugerechnet. Soweit es sich hierbei wiederum um eine Personengesellschaft handelt, erfolgt eine Durchleitung auf die nächste Gesellschafterebene. Soweit es sich um eine Kapitalgesellschaft handelt, unterliegt der ihr zugerechnete Gewinn der Körperschaftsteuer.

703 Inkongruente, von der gesellschaftsrechtlichen Beteiligung abweichende **Gewinnverteilungsregelungen** sind zwischen fremden Dritten grundsätzlich anzuerkennen.

> Vgl. *Brinkmann*, in: Lüdicke/Sistermann, § 13, Rz. 84 ff, Rz. 98 ff.
> Sog. Tracking stocks, bei denen sich der Dividendenanspruch auf unselbstständige Untereinheiten des Unternehmens beziehen, werfen in der Praxis dagegen regelmäßig zu große Rechtsunsicherheiten auf, siehe *Jacobs*, S. 1289.

b) Verlustnutzung

Eine Nutzung des Verlustes der Joint-Venture-Gesellschaft durch die Joint- 704
Venture-Gesellschafter hängt von der gewählten Rechtsform ab. **Gewerbesteuerlich** können diese **Verluste** grundsätzlich **nicht** von den Joint-Venture-Partnern **genutzt** werden.

Verluste einer GmbH & Co. KG können ihre Gesellschafter für **einkommen-** 705
oder körperschaftsteuerliche Zwecke nutzen. Voraussetzung für das Vorliegen ausgleichsfähiger Verluste eines Kommanditisten ist gem. § 15a EStG allerdings, dass der steuerliche Verlust weder zu einer Entstehung eines negativen steuerlichen Kapitalkontos führt noch dieses erhöht. Das steuerliche Kapitalkonto setzt sich dabei aus dem Kapitalkonto der Steuerbilanz einschließlich etwaiger Ergänzungsbilanzen zusammen. Nicht dazu gehört das Kapital des Sonderbetriebsvermögens.

Die **Verlustabzugsbeschränkungen** des § 15a EStG setzen insbesondere in 706
den Fällen, in den **Anlaufverluste** erwartet werden, eine entsprechende Ausstattung der Joint-Venture-Gesellschaft mit steuerlichem Eigenkapital voraus. Darüber hinaus ist stets vor dem Ende des Wirtschaftsjahres zu prüfen, ob das noch vorhandene steuerliche Kapitalkonto in Ansehung der zu erwartenden Verluste noch ausreichend dotiert ist. Falls dies nicht der Fall ist, muss rechtzeitig vor dem Ablauf des Wirtschaftsjahres entweder die Außenhaftung erhöht oder das steuerliche Kapitalkonto im Wege einer Einlage aufgestockt werden. Zu beachten ist aber, dass diese Einlagen aufgrund der Neuregelung des § 15a Abs. 1a EStG durch das Jahressteuergesetz 2009 nur noch im Jahr der Einlage und nicht mehr für zukünftige Wirtschaftsjahre zu ausgleichsfähigen Verlusten führen, soweit durch diese Verluste ein negatives Kapitalkonto entsteht oder sich erhöht.

> Es handelt sich um ein Nichtanwendungsgesetz, nachdem der BFH die Ausgleichsfähigkeit von Verlusten in Wirtschaftsjahren nach der Einlage zuließ (BFH, v. 14.10.2003 – VIII R 32/01, BStBl. II 2004, 359; BFH, v. 26.7.2007 – IV R 28/06, BStBl. II 2007, 934);
> kritisch zur Neuregelung *Wacker*, DStR 2009, 403.

Verluste einer Joint Venture GmbH können steuerlich **grundsätzlich nicht** 707
von den Joint-Venture-Partnern geltend gemacht werden (sog. „Trennungsprinzip"). Es ist gem. § 8b Abs. 3 KStG **ausgeschlossen**, Verluste mittelbar über **Teilwertabschreibungen** auf den Buchwert der Beteiligungen auf der Gesellschafterebene zu nutzen, wenn der Gesellschafter eine Kapitalgesellschaft ist. Auch die teilweise Ausstattung der Joint Venture GmbH mit **Fremdkapital** kann nicht zu einer steuerwirksamen späteren Teilwertabschreibung führen. Ebenso wie die Teilwertabschreibungen auf Beteiligungen sind Teilwertabschreibungen im Zusammenhang mit einer Darlehensforderung oder aus der Inanspruchnahme von Sicherheiten nach § 8b Abs. 3 Satz 4 ff KStG seit 2008 nicht mehr zu berücksichtigen.

> Die Finanzverwaltung wollte diese Teilwertabschreibungen auf eigenkapitalersetzende Darlehen bereits zuvor unter die Abzugsbeschränkungen des § 3c Abs. 2 EStG bzw. des § 8b Abs. 3 KStG fassen. Eingehend zu dieser Vorschrift *Pohl/Raupach*, in: Festschrift Reiß, S. 431.

708 Teilwertabschreibungen auf inländische und ausländische Kapitalgesellschaftsbeteiligungen **im Betriebsvermögen einer natürlichen Person** sind zu 60 % gem. § 3c Abs. 2 EStG abschreibungsfähig. Zu beachten ist aber, dass bloße planmäßige Anlaufverluste nicht für eine Teilwertabschreibung ausreichen. Es muss sich vielmehr um eine Fehlinvestition handeln. Zudem besteht gem. § 6 Abs. 1 Nr. 2 Satz 3 EStG ein Zuschreibungsgebot, wenn der Wert in späteren Jahren wieder steigt.

709 Es dürften seit der Unternehmenssteuerreform 2001 vermehrt Fälle auftreten, in denen **Joint-Venture-Gesellschaften trotz ggf. hoher handelsrechtlicher Gewinne steuerliche Verluste** ausweisen. Dies gilt insbesondere in den Fällen, in denen Joint-Venture-Gesellschaften die Rechtsform einer Kapitalgesellschaft haben und ihrerseits wiederum an Kapitalgesellschaften beteiligt sind. Denn die von den nachgeordneten Kapitalgesellschaften ausgeschütteten Gewinne sind gem. § 8b Abs. 1 KStG auf der Ebene der Joint-Venture-Gesellschaften von der Körperschaftsteuer befreit und mindern das steuerliche Ergebnis. Es gelten lediglich nach § 8b Abs. 5 KStG 5 % als nicht abzugsfähige Betriebsausgaben. Im Inland wird man aus diesem Grund möglichst eine körperschaft- und gewerbesteuerliche Organschaft zwischen der operativen-Joint-Venture Konzernspitze und deren Beteiligungen anstreben.

> Vgl. *Pohl/Weber*, in: Heidel, Aktienrecht, Kap. 20 Rz. 134 ff.

710 Ist die Joint-Venture-Gesellschaft an mehreren nachgeordneten Gesellschaften beteiligt, die teilweise über Gewinne und teilweise über Verluste verfügen, kann im Verhältnis der Joint-Venture-Gesellschaft zu den nachgelagerten Gesellschaften die Begründung einer **Organschaft zum Zwecke der Ergebniskonsolidierung** erwogen werden. Die Voraussetzungen für die Begründung einer körper- und gewerbesteuerlichen Organschaft sind deckungsgleich. Gemäß § 14 KStG sind folgende **Voraussetzungen** zu erfüllen:

- Organträger muss ein inländisches gewerbliches Unternehmen, d. h. ein Einzelunternehmer, eine Kapitalgesellschaft oder eine gewerblich tätige Personengesellschaft sein;

- Organgesellschaft muss eine Kapitalgesellschaft sein;

- die Organgesellschaft muss vom Beginn ihres Wirtschaftsjahres an ununterbrochen in das Unternehmen des Organträgers **finanziell eingegliedert** sein, d. h. dem Organträger muss die Mehrheit der Stimmrechte aus den Anteilen an der Organgesellschaft zustehen;

- bis zum Ende des Wirtschaftsjahres, für das die Organschaft erstmals gelten soll, muss zwischen dem Organträger und der Organgesellschaft ein

Gewinnabführungsvertrag auf mindestens fünf Jahre abgeschlossen und ins Handelsregister eingetragen sein.

Siehe zu den Voraussetzungen im Einzelnen
Förster, DB 2003, 899, 903 ff;
Pohl/Weber, in: Heidel, Aktienrecht, Kap. 20, Rz. 134 ff.

Soweit eine körper- und gewerbesteuerliche Organschaft begründet werden kann und wird, werden die Ergebnisse der Organgesellschaften und der Organträger für körper- bzw. einkommen- und gewerbesteuerliche Zwecke zusammengerechnet. Die **wesentlichen Vorteile einer körper- und gewerbesteuerlichen Organschaft** bestehen in 711

- der ertragsteuerlichen Verlustverrechnung;
- keine gewerbesteuerliche Hinzurechnung nach § 8 Nr. 1 GewStG bei Kreditausreichungen zwischen Mutter- und Tochtergesellschaft;
- Behandlung als ein Betrieb für Zwecke der Zinsschranke, was im Einzelfall wegen der Freigrenze von 3 Mio. € pro Betrieb aber auch Nachteile haben kann;
- phasengleiche Gewinnvereinnahmung;
- Nichterhebung der Kapitalertragsteuer auf Gewinnabführungen.

Ein **wesentlicher Nachteil** ist außersteuerlicher Natur. Er besteht darin, dass sich der Organträger im Rahmen des **Ergebnisabführungsvertrages** dazu verpflichten muss, die Verluste der Organgesellschaft zu übernehmen. Dieser Nachteil kann aus außersteuerlichen Gründen zu einem Verzicht auf die Begründung einer Organschaft führen. In einer nicht unerheblichen Zahl von Fällen relativiert sich dieser Nachteil allerdings, da sich die Joint-Venture-Partner oder die Joint-Venture-Partnergesellschaften aus unternehmenspolitischen Gründen nicht erlauben könnten, eine Gesellschaft insolvent werden zu lassen. In einem solchen Fall haben sie ohnehin für Verluste der Gesellschaften einzustehen, so dass sie durch den Abschluss eines Ergebnisabführungsvertrages keine größeren als die ohnehin schon bestehenden Risiken übernehmen würden. 712

Eine steuerlich günstige Struktur des Joint Ventures könnte in der Weise gestaltet werden, dass die **Joint-Venture-Gesellschaft** selbst die Rechtsform der **GmbH & Co. KG** hat, die ihr **nachgeordneten 100 %-igen Tochtergesellschaften** die Rechtsform einer **Kapitalgesellschaft** und zwischen den nachgeordneten Gesellschaften und der Joint Venture GmbH & Co. KG körperschaft- und gewerbesteuerliche Organschaften durch den Abschluss von Ergebnisabführungsverträgen begründet werden. Für sämtliche der Joint-Venture-Gesellschaft nachgeordneten Gesellschaften findet auf der Ebene der Joint Venture GmbH & Co. KG dann eine Einkommens- und Gewerbeertragskonsolidierung statt. Entsteht insgesamt ein Verlust auf der Ebene des Organträgers, kann dieser für einkommen- und körperschaftsteu- 713 erliche Zwecke in den Grenzen des § 15a EStG an die Joint-Venture-Partner durchgereicht werden. Nur der gewerbesteuerliche Verlust verbliebe auf der Ebene der Joint Venture GmbH & Co. KG.

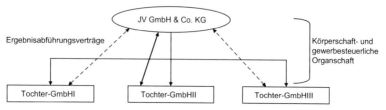

714 Dies ist auch eine Möglichkeit, die Kosten der Refinanzierung des Erwerbs der Joint-Venture-Beteiligung auf Ebene der Joint Venture GmbH & Co. KG entstehen zu lassen und über die Organschaft mit den operativen Gewinnen verrechnen zu lassen.

> Siehe zu den sog. Debt-push-down-Strukturen
> *Breuninger*, in: Festschrift Raupach, S. 437.

715 Zu beachten ist aber, dass die Personengesellschaft selbst eine eigene, nicht nur geringfügige gewerbliche Tätigkeit entfalten muss. Bloße Holding-Funktionen reichen nicht aus. Ebenso reicht eine gewerbliche Prägung der Personengesellschaft nach § 15 Abs. 3 Nr. 2 EStG nicht aus. Seit Veranlagungszeitraum 2003 hat der Gesetzgeber die Konstruktion einer „Mehrmütterorganschaft" abgeschafft, bei der die Innen-GbR zwischen mehreren Joint-Venture-Partnern als Organträgerin die Verluste zu den mehreren Müttern „transportieren" konnte.

> Siehe näher *Pohl/Weber*, in: Heidel, Aktienrecht, Kap. 20 Rz. 144 ff.

716 Aus diesem Grund muss eine Holding GmbH & Co. KG weitere Funktionen entgeltlich ausüben, bspw. durch Dienstleistungen gegenüber den Konzerngesellschaften (wie Buchführung, EDV-Unterstützung, etc.).

> Vgl. BMF-Schreiben v. 10.11.2005, BStBl. I 2005, 1038 Rz. 17 ff.

c) Finanzierung des Joint Ventures

717 Die **Zurverfügungstellung von Eigenkapital** durch die Joint-Venture-Partner (Gesellschaftereigenfinanzierung) an die Joint-Venture-Gesellschaft stellt eine **Einlage** dar und führt dementsprechend zu nachträglichen Anschaffungskosten auf die Kapitalgesellschaftsbeteiligung bzw. zu einer Erhöhung des buchmäßigen Eigenkapitals des Personengesellschafters. Das „Entgelt" für die Eigenfinanzierung besteht in höheren ausschüttungsfähigen bzw. entnahmefähigen Gewinnen, die dem Teileinkünfteverfahren bei natürlichen Peronenen (Steuerbefreiung 40 %) oder dem Freistellungsverfahren bei Kapitalgesellschaften (Steuerbefreiung im Ergebnis 95 %) als Gesell-

schafter einer Joint-Venture-Kapitalgesellschaft bzw. der normalen Gewinnbesteuerung bei einer Joint-Venture-Personengesellschaft unterliegen.

Im Fall der **Gesellschafterfremdfinanzierung** wird der Gesellschaft ein Darlehen gewährt, für das die Gesellschaft Darlehenszinsen zu zahlen hat. Diese schuldrechtliche Beziehung wird zwischen einer **Kapitalgesellschaft und ihren Gesellschaftern** grundsätzlich anerkannt, wenn sie wie unter fremden Dritten erfolgt (ansonsten liegen verdeckte Gewinnausschüttungen vor). Es gelten allerdings wie bei allen Zinsaufwendungen die Regelungen über die Zinsschranke (siehe oben Rz. 291) und zur 25 %-igen gewerbesteuerlichen Hinzurechnung (siehe oben Rz. 261, 313). **Die Zinseinnahmen des Gesellschafters** unterliegen bei ihm der Einkommen- bzw. Körperschaftsteuer und ggf. der Gewerbesteuer. 718

Für eine Gesellschafterfremdfinanzierung einer Kapitalgesellschaft könnte bei einer natürlichen Person als Gesellschafter sprechen, dass **Refinanzierungskosten** im Zusammenhang mit einem Gesellschafterdarlehen in voller Höhe als Betriebsausgaben abziehbar sind, während Refinanzierungsaufwendungen im Zusammenhang mit einer Beteiligung den Abzugsbeschränkungen des § 3c Abs. 2 EStG unterliegen (Abzug nur mit 60 %). Bei einer Kapitalgesellschaft sind die Refinanzierungszinsen für eine Eigenkapital- oder Fremdfinanzierung stets in vollem Umfang abzugsfähig, siehe § 8b Abs. 5 KStG. 719

Die Fremdfinanzierung ist vor allem für ausländische Joint-Venture-Partner interessant, insbesondere in den Grenzen der Zinsschranke, siehe oben Rz. 291. Denn ggf. können hier die Zinseinnahmen in einer **ausländischen Finanzierungsgesellschaft** im steuergünstigen Ausland allokiiert werden und zum anderen erhebt Deutschland **auf Zinseinnahmen** anders als auf Dividenden (siehe oben Rz. 262) generell **keine Kapitalertragsteuern**. Für deutsche Joint-Venture-Partner lohnt sich die Zwischenschaltung ausländischer Finanzierungsgesellschaften im niedrig besteuernden Ausland wegen der **Hinzurechnungsbesteuerung nach den §§ 7 ff AStG** in der Regel nicht. 720

Die **Gesellschafterfremdfinanzierung durch einen Personengesellschafter** wird davon abweichend steuerlich als **Eigenkapital** behandelt. Die Schuldzinsen sind zwar als Betriebsausgabe auf der Ebene der Personengesellschaft abziehbar, ihr Abzug wird allerdings durch den Ansatz einer gleich hohen Sonderbetriebseinnahme wieder neutralisiert, so dass die steuerliche Ergebnisauswirkung Null ist. Beim gewerblichen Joint-Venture-Partner hat die Gesellschafterfinanzierung einer Personengesellschaft die Auswirkung, dass mangels vorherigem Betriebsausgabenabzug eine 25 %-ige Hinzurechung der Zinsaufwendungen unterbleibt, da die Zinsen den Gewerbeertrag im Ergebnis nicht gemindert haben. Für die Finanzierung einer **Personengesellschaft** ist es danach unerheblich, ob eine Gesellschafterfremd- oder Eigenfinanzierung gewählt wird. 721

d) Kosten der Finanzierung der Joint-Venture-Beteiligung

722 Die **Kosten der Finanzierung** einer Beteiligung an **einer Joint Venture GmbH & Co. KG** sind als **Sonderbetriebsausgaben** des Joint-Venture-Partners bei der Joint-Venture-Gesellschaft in den Grenzen der Zinsschranke (siehe oben Rz. 291) und unter Berücksichtigung der 25 %-igen Hinzurechnung bei der Gewerbesteuer nach § 8 Nr. 1 GewStG grundsätzlich steuerlich abziehbar. Die **Abziehbarkeit ist durch § 3c Abs. 2 EStG bei natürlichen Personen** eingeschränkt (Abzug nur mit 60 %), soweit die Joint-Venture-Gesellschaft ihrerseits nur an Kapitalgesellschaften beteiligt ist. Voraussetzung ist allerdings, dass mit den Fremdmitteln die Anschaffung der Beteiligung finanziert wurde. Soweit ein solcher Finanzierungszusammenhang nicht von Anfang an vermieden werden kann, sollte dieser – soweit möglich – durch entsprechende **Umfinanzierungen** im Laufe der Zeit durchbrochen werden, um zu abzugsfähigen Schuldzinsen zu gelangen.

> Ein probates Mittel zur Umfinanzierung könnte das sog. Zweikontenmodell sein, siehe zum gemischten Kontokorrent-/Mehrkontenmodell L. Schmidt/*Heinicke*, EStG, § 4 Rz. 241 m. w. N.

723 Wird der in einem Betriebsvermögen gehaltene **Anteil an einer Kapitalgesellschaft** fremdfinanziert, sind die Finanzierungszinsen in den Grenzen der Zinsschranke und unter Berücksichtigung der 25 %-igen Hinzurechnung bei der Gewerbesteuer nach § 8 Nr. 1 GewStG abziehbar. Bei natürlichen Personen ist der Abzug gem. § 3c Abs. 2 EStG nur zu 60 % möglich. Bei Kapitalgesellschaften greift nach derzeitiger Rechtslage keine Abzugsbeschränkung nach § 3c Abs. 1 EStG, § 8b Abs. 1 KStG, obwohl die Dividende nach § 8b Abs. 1 KStG steuerfrei gestellt ist. Vielmehr gelten nach § 8b Abs. 5 KStG 5 % der Dividende pauschal als nicht abzugsfähige Betriebsausgaben.

e) Gewinnausschüttungen

724 Die **Gewinnausschüttungen einer Joint-Venture-Gesellschaft in der Rechtsform einer Kapitalgesellschaft** unterliegen bei einkommensteuerpflichtigen Gesellschaftern dem Teileinkünfteverfahren. D. h., sie sind in Höhe von 60 % der Gewinnausschüttung steuerpflichtig. Im Gegenzug sind bei Beteiligung im Betriebsvermögen gem. § 3c Abs. 2 EStG die im Zusammenhang mit der Beteiligung stehenden Aufwendungen auch nur zu 60 % abzugfähig. Wird die Beteiligung im Privatvermögen gehalten, hat die Kapitalertragsteuer nach § 32d EStG Abgeltungswirkung, der Abzug von Werbungskosten ist ausgeschlossen (siehe zu allem bereits oben Rz. 262 f). Kapitalgesellschaften unterliegen mit den bezogenen Gewinnausschüttungen gem. § 8b Abs. 1 KStG nicht der Körperschaftsteuer. 5 % der Dividende gelten aber als nicht abzugsfähige Betriebsausgaben nach § 8b Abs. 5 KStG, so dass es sich im wirtschaftlichen Ergebnis nur um eine 95 %-Steuerbefreiung handelt.

725 Ist der Joint-Venture-Gesellschafter gewerbesteuerpflichtig, sind **Gewinnausschüttungen der inländischen Joint-Venture-Kapitalgesellschaft in der**

II. Bilanzierung und Steuerrecht

Regel nicht gewerbesteuerbar. Nach dem gewerbesteuerlichen Schachtelprivileg des § 9 Nrn. 2a GewStG unterliegen Gewinnausschüttungen gem. § 8 Nr. 5 GewStG nur der Gewerbesteuer, wenn die Beteiligung zu Beginn des Erhebungszeitraums weniger als 15 % betragen hat. In diesem Fall sind die ausgeschütteten und gem. § 3 Nr. 40 EStG oder gem. § 8b Abs. 1 KStG nicht einkommen- bzw. körperschaftsteuerpflichtigen Dividenden dem Gewerbeertrag hinzuzurechnen.

> Zur Kapitalertragsteuer, insbesondere bei ausländischen Joint-Venture-Partnern siehe unten Rz. 918.

Gewinnausschüttungen einer Personengesellschaft werden demgegenüber nicht separat besteuert, soweit nicht zuvor die Thesaurierungsbegünstigung nach § 34a EStG von einem einkommensteuerpflichtigen Gesellschafter in Anspruch genommen wurde (siehe oben Rz. 274). Es handelt sich um steuerlich irrelevante Entnahmen. Der von der Personengesellschaft erwirtschaftete Gewinn unterliegt im Zeitpunkt der Gewinnentstehung der Einkommen- oder Körperschaftsteuer auf der Gesellschafterebene sowie der Gewerbesteuer auf der Gesellschaftsebene. Dies gilt grundsätzlich unabhängig davon, ob dieser Gewinn ausgeschüttet oder thesauriert wird. Dementsprechend unterliegen auch thesaurierte und anschließend ausgeschüttete Gewinne keiner zusätzlichen Besteuerung mehr. 726

E. Beendigung von Joint Ventures

Joint Ventures sind wie Ehen: die Chancen und Risiken hängen von der gemeinsamen Basis der Partner und dem Willen zum Kompromiss beider Seiten ab. Und da zahlreiche Ehen nicht für die Ewigkeit geschlossen werden, gilt es, am Anfang schon das Ende zu bedenken.

727

I. Gesellschaftsrecht

1. Überblick über Beendigungsszenarien

Im Falle von projektbezogenen Joint-Venture-Gesellschaften ist es für die beteiligten Partner meist eine Selbstverständlichkeit, sich für den Zeitpunkt der Beendigung des gemeinsamen Projektes auf die Auflösung der zwischen ihnen bestehenden, projektbezogenen Vereinbarungen zu verständigen. Als weniger zwingend wird von den Gesellschaftern von nicht-projektbezogenen Joint-Venture-Gesellschaften häufig die Notwendigkeit wahrgenommen, sich auf Ausstiegsklauseln und/oder Ausstiegsszenarien zu einigen. Mitunter befindet man sich bei der Erörterung potentieller Ausstiegsszenarien auch auf einem sensiblen Terrain, da sich die Partner mit der Beendigung des Joint Ventures befassen müssen, noch bevor dieses überhaupt ins Leben gerufen wurde.

728

Die Gründe für eine mögliche Beendigung des Joint Ventures sind jedoch vielfältig und gehen über ein Scheitern des jeweiligen Gemeinschaftsunternehmens hinaus. So kann eine der Parteien in Folge einer strategischen Neuausrichtung ihres Unternehmens den Wunsch haben, sich aus dem Geschäftsbereich zurückzuziehen, in dem das Joint Venture tätig ist. Umgekehrt kann eine von nur einem der Joint-Venture-Partner angestrebte Ausweitung der Aktivitäten des Gemeinschaftsunternehmens das Maß dessen übersteigen, das die andere Seite zu leisten willens oder imstande ist. Zu nennen sind des Weiteren die Insolvenz eines Partners oder der Joint-Venture-Gesellschaft selbst und die Änderung der Kontrollmehrheit bei einem Gesellschafter (sog. **Change of Control**).

729

Von besonderer Relevanz sind unterschiedliche Interessen der Gesellschafter eines Joint Ventures, die einen Entscheidungsstillstand (sog. „deadlock") auf der Geschäftsführungs- oder Gesellschafterebene des Gemeinschaftsunternehmens verursachen. So kann ein als unlösbar empfundener Konflikt auf der Gesellschafterebene den Fortbestand der Joint-Venture-Gesellschaft gefährden, etwa durch nicht mehr durchzusetzende Finanzierungsentscheidungen im Rahmen anstehender Restrukturierungen, Akquisitionen oder anderer wesentlicher Entscheidungsvorgänge.

730

2. Folgen

731 Generell lassen sich aus der Vielzahl möglicher Beendigungsszenarien mit Blick auf ihre Folgen zwei Gruppen bilden:

- Beendigung unter Liquidation der Joint-Venture-Gesellschaft

    Mit der Beendigung der Zusammenarbeit kann die Liquidation der Joint-Venture-Gesellschaft einhergehen, etwa wegen mangelnder Wirtschaftlichkeit des jeweiligen Geschäftsfeldes. Für diesen Fall müssen Regelungen vorgesehen werden, wie die in das Gemeinschaftsunternehmen eingebrachten Vermögenswerte unter den Parteien aufgeteilt werden. Gegebenenfalls einigen sich die Partner auch auf eine Auflösung des Joint Ventures im Wege des Verkaufs des Unternehmens.

- Beendigung ohne Liquidation der Joint-Venture-Gesellschaft

    In der Mehrzahl der Fälle wird die Joint-Venture-Gesellschaft jedoch von einem der Partner fortgeführt, entweder zusammen mit einem neuen Gesellschafter oder als Tochtergesellschaft nach Übernahme aller Anteile der ausscheidenden Partei. Eine solche Übertragung der Anteile von einer Partei auf die andere kann insbesondere über sog. Andienungs- und Erwerbsrechte (sog. Put- bzw. Call-Optionen) abgewickelt werden. Im Falle eines Entscheidungsstillstandes können, sofern die auf Ausgleich der widerstreitenden Interessen ausgerichteten Instrumentarien (vgl. dazu oben Rz. 676 ff) versagen, ebenfalls Lösungen über eine Put-Option oder spezielle Ausstiegsklauseln gefunden werden.

3. Doppelstufigkeit

732 Bei der Beendigung von Joint Ventures ist strukturell stets an die Doppelstufigkeit der Gemeinschaftsunternehmen und die sich daraus ergebenden Konsequenzen zu denken. Mit anderen Worten ist stets zu fragen, welche Vereinbarung bzw. Gesellschaft „beendet" wird und welche Folgen diese Beendigung für den Fortbestand der anderen Gesellschaft haben soll.

733 Gewollt ist regelmäßig, dass eine Beendigung der BGB-Innengesellschaft, die durch die Grundlagenvereinbarung errichtet wird (vgl. oben Rz. 16), auch eine Beendigung der Joint-Venture-Gesellschaft bedeuten soll und umgekehrt. Diese Verzahnung ist bei der Abfassung der Verträge zu beachten. Zudem ist stets an die Folgen einer Beendigung einer oder beider Gesellschaften für die Nebenverträge, also die zwischen dem Gemeinschaftsunternehmen und seinen Gesellschaftern geschlossenen Verträge zu denken (dazu näher unter Rz. 99 f).

a) Beendigung der Grundlagenvereinbarung

734 Durch den Abschluss der Grundlagenvereinbarung errichten die Partner eine BGB-Gesellschaft in Form einer Innengesellschaft. Für die Beendigung dieser BGB-Gesellschaft sind vor allem zwei Instrumentarien tauglich: das (ordentliche oder außerordentliche) Kündigungsrecht sowie ein konsortiales Andienungsrecht.

> *Baumanns/Wirbel*, in: Münchener Handbuch des Gesellschaftsrechts, Bd. 1, § 28 Rz. 63 ff.

aa) Kündigungsrecht

Unternehmerisches Ziel der Partner in Gemeinschaftsunternehmen ist stets, dass die Grundlagenvereinbarung jedenfalls und längstens für die Zeit des Bestehens der Joint-Venture-Gesellschaft in Kraft bleiben soll. Regelmäßig wird die Dauer der Joint-Venture-Gesellschaft weder in zeitlicher Hinsicht noch im Hinblick auf ihren Zweck begrenzt sein. Deshalb neigen die Parteien dazu, eine Kündigung rechtlich oder faktisch auszuschließen. Dadurch ist ein Zielkonflikt vorprogrammiert; denn nach § 723 Abs. 3 BGB ist eine Regelung unwirksam, die die Kündigung eines Vertrages rechtlich oder faktisch ausschließt. 735

Um der dadurch erhöhten Gefahr einer jederzeitigen Kündbarkeit der Grundlagenvereinbarung als rechtliche Folge eines Verstoßes gegen § 723 BGB auszuweichen, sollte die Laufzeit der Grundlagenvereinbarung auf maximal 30 Jahre festgelegt bzw. ein ordentliches Kündigungsrecht nur für diese Frist ausgeschlossen werden. 736

> So auch *Baumanns/Wirbel*, in: Münchener Handbuch des Gesellschaftsrechts, Bd. 1, § 28 Rz. 64.

Wünschen die Partner keine derart lange Laufzeit, sondern ein jederzeit ausübbares Kündigungsrecht, dann sollte wegen der komplexen Abwicklungsvorgänge von Joint-Venture-Investments eine nicht zu kurze Kündigungsfrist gewählt werden. 737

bb) Konsortiales Andienungsrecht

Sinnvoll kann in manchen Joint-Venture-Gestaltungen auch die Vereinbarung eines konsortialen Andienungsrechts in Kombination mit der gleichzeitigen Ankaufspflicht der übrigen Gesellschafter sein. 738

> *Baumanns*/Wirbel in: Münchener Handbuch des Gesellschaftsrechts, Bd. 1, § 28 Rz. 65.

cc) Verzahnung Grundlagenvereinbarung und Gesellschaftsvertrag

Gerade bezogen auf die Beendigung eines Gemeinschaftsunternehmens besteht die Notwendigkeit, eine sinnvolle Verzahnung zwischen der Grundlagenvereinbarung und dem Gesellschaftsvertrag der Joint-Venture-Gesellschaft in der Vertragsdokumentation zu verankern. Nach unserer Erfahrung sollte darauf geachtet werden, dass im Falle der Kündigung der Grundlagenvereinbarung der ausscheidende Partner auch seine Anteile an der Joint- 739

Venture-Gesellschaft abgeben muss, sei es durch Andienung, Verkauf oder Einziehung.

> Siehe auch *Stengel*, in: Beck'sches Handbuch der Personengesellschaften, § 21 Rz. 138.

740 Umgekehrt sollte stets an die Vereinbarung eines außerordentlichen Kündigungsrechts hinsichtlich der Grundlagenvereinbarung für den Fall gedacht werden, dass ein Partner von einem Dritten übernommen wird (und sein Anteil an der Joint-Venture-Gesellschaft in Folge an den Dritten fällt oder eingezogen wird) oder er seine Gesellschafterstellung an der Joint-Venture-Gesellschaft in anderer Form einbüßt, etwa durch Insolvenz.

b) Beendigung der Joint-Venture-Gesellschaft

741 Die Fragen nach der Beendigung einer Joint-Venture-Gesellschaft stehen, neben der Problematik von Patt-Situationen, im Zentrum der kautelarjuristischen Beschäftigung mit Joint Ventures generell. Dieser Umstand rechtfertigt es, die entsprechenden Themenkreise unter dem nachfolgenden Gliederungspunkt (Rz. 742 ff) gesondert darzustellen.

4. Beendigungsmechanismen

a) „Klassische" Beendigungsmechanismen

aa) Kündigung

742 Nahe liegend kann zunächst sein, den Parteien ein ordentliches Kündigungsrecht einzuräumen. Entsprechende Klauseln sollten nähere Bestimmungen zur Ausübung des Kündigungsrechts vorsehen, etwa eine Mindestvertragslaufzeit, in der eine ordentliche Kündigung ausgeschlossen ist, und/oder Kündigungsfristen. Im Übrigen sind stets klarstellende Regelungen zu den Kündigungsfolgen notwendig, insbesondere zu der Frage, welcher Gesellschafter in Folge der Kündigung aus der Gesellschaft ausscheidet. Dies betrifft jedenfalls Joint-Venture-Gesellschaften in der Rechtsform der GmbH, da die Regelung in § 131 Abs. 3 Nr. 3 HGB nur für die Personenhandelsgesellschaften gilt.

743 Unberührt hiervon bleibt das außerordentliche Kündigungs- bzw. Austrittsrecht aus wichtigem Grund, welches als allgemeiner Rechtsgrundsatz (analog § 626 BGB) auch den Beteiligten eines Joint Ventures zusteht. Die Parteien können in der Kündigungs- bzw. Austrittsklausel exemplarisch Fälle benennen, die einen wichtigen Grund darstellen sollen. Dies kann helfen, eine möglicherweise langwierige gerichtliche Auseinandersetzung darüber zu vermeiden, ob ein „wichtiger Grund" vorliegt. Häufig werden sich hier solche Szenarien wiederfinden, die zugleich einen möglichen Optionsfall bilden (etwa Insolvenz, Erbfolge, Übernahme des Partners durch einen Dritten, Vollstreckungsmaßnahmen, schwere Vertragsverstöße, grobe Meinungsverschiedenheiten zwischen den Beteiligten etc.). Für viele Gemeinschaftsunternehmen ist die Kündigung gleichwohl kein geeignetes Instrumentarium, um eine reibungslose Beendigung des Gemeinschaftsunternehmens zu erreichen.

bb) Verkauf des Geschäftsbetriebs/der Anteile

Wenngleich eine klassische Beendigungsform von Gemeinschaftsunternehmen, ist der Verkauf des Geschäftsbetriebs bzw. der Anteile an der Joint-Venture-Gesellschaft an Dritte im Ergebnis keine Joint-Venture-spezifische Maßnahme. Die Partner haben dabei diejenigen Aspekte zu berücksichtigen, die bei jedem gewöhnlichen Unternehmensverkauf relevant sind. 744

> Dazu *Holzapfel/Pöllath*, Unternehmenskauf in Recht und Praxis, 14. Aufl., 2010 m. w. N.

cc) Spaltung

Das Gesellschaftsvermögen der Joint-Venture-Gesellschaft kann auch unter Nutzung der im Umwandlungsgesetz vorgesehenen Maßnahmen der Spaltung auf die Partner aufgeteilt werden. Die dekonzentrierenden Maßnahmen der Aufspaltung, Abspaltung oder Ausgliederung finden im Wege der partiellen Gesamtrechtsnachfolge statt. Umstrukturierungsmaßnahmen durch Einzelrechtsnachfolge werden vom Spaltungsrecht des UmwG grundsätzlich nicht erfasst, sie können jedoch nach wie vor durchgeführt werden. 745

Vorteil der Gesamtrechtsnachfolge ist insbesondere, dass Verbindlichkeiten mangels Geltung der §§ 414, 415 BGB ohne Zustimmung der Gläubiger auf einen anderen Rechtsträger übertragen werden können, allerdings führt dies gleichzeitig zur gesamtschuldnerischen Haftung aller beteiligten Rechtsträger gem. § 133 Abs. 1 Nr. 1 UmwG. 746

Der Spaltung durch Aufspaltung, Abspaltung und Ausgliederung im Sinne des Umwandlungsgesetzes ist gemeinsam, dass Vermögensteile einerseits sowie Mitgliedschaftsrechte andererseits durch den Rechtsakt der Eintragung in das Register übertragen werden. 747

Gemäß § 123 Abs. 4 UmwG kann die Übertragung des Vermögens auf bereits bestehende (Spaltung zur Aufnahme) oder durch die Übertragung neu gegründete (Spaltung zur Neugründung) Rechtsträger erfolgen. 748

Im Rahmen der Aufspaltung gem. § 123 Abs. 1 UmwG wird das Vermögen des übertragenden Rechtsträgers vollständig auf mindestens zwei Rechtsträger übertragen, die eine andere Rechtsform als der übertragende Rechtsträger haben können. Der übertragende Rechtsträger wird nach der Aufspaltung gelöscht. Bei der Abspaltung gem. § 123 Abs. 2 UmwG wird hingegen nicht das gesamte Vermögen des übertragenden Rechtsträgers an den übernehmenden Rechtsträger übertragen, so dass dieser auch nicht aufgelöst wird. Die Ausgliederung gem. § 123 Abs. 3 UmwG ist dadurch gekennzeichnet, dass übernehmender Rechtsträger des Vermögens der übertragende Rechtsträger selbst ist, wodurch in der Regel neue Tochterunternehmen geschaffen werden. 749

Zur Spaltung *Sagasser/Bultmann*, in: Sagasser/Bula/Brünger, § 18 Rz. 1 ff.

750 Schließlich können Abspaltung und Ausgliederung kombiniert werden, so dass die Anteile am übernehmenden Rechtsträger teilweise dem übertragenden Rechtsträger und teilweise dessen Anteilsinhabern gewährt werden.

751 Die Anteilsinhaber des übertragenden Rechtsträgers können im selben Verhältnis am übernehmenden oder neuen Rechtsträger beteiligt werden wie am übertragenden Rechtsträger (verhältniswahrende Spaltung) oder in einem anderen Verhältnis (nicht-verhältniswahrende Spaltung), was letztlich sogar dazu führen kann, dass der Anteilsinhaber des übertragenden Rechtsträgers gar keine Anteile am übernehmenden Rechtsträger erhält (Spaltung „zu Null").

Kallmeyer, UmwG, § 123 Rz. 4.

752 Diese Form der Auflösung wird zu Beginn der Tätigkeit eines Joint Ventures meist nicht in Erwägung gezogen und dementsprechend in der Grundlagenvereinbarung nicht geregelt. Dies hängt auch mit den praktischen Schwierigkeiten zusammen, die sich daraus ergeben, dass sich die Partner einer Joint-Venture-Gesellschaft im Streitfall fast nie auf eine „angemessene" Verteilung der Wirtschaftsgüter unter ihnen verständigen können. Eine angemessene Aufteilung wird mit zunehmender Dauer der Joint-Venture-Gesellschaft immer schwieriger.

dd) Realteilung

753 Unter der Realteilung ist die Überführung von Teilbetrieben, Mitunternehmeranteilen oder einzelnen Wirtschaftsgütern in das jeweilige Betriebsvermögen der Partner zu verstehen. Aus steuerlicher Sicht eignet sich diese Maßnahme nur für **Personengesellschaften**. Eine in der Rechtsform der GmbH & Co. KG errichtete Joint-Venture-Gesellschaft könnte also durchaus in der Weise real geteilt werden, dass jeder Partner „seine" Wirtschaftsgüter zum Buchwert zurückerhält.

Vgl. dazu näher unter Rz. 879 ff.

ee) Liquidation

754 Auch bei Joint-Venture-Gesellschaften kann eine Beendigung der Aktivitäten durch die Liquidation des Gemeinschaftsunternehmens erfolgen. Es gelten die allgemeinen Regeln.

Für die **GmbH** nur
Erle/Helm, in: Beck'sches Handbuch der GmbH, § 16;
für die **GmbH & Co. KG** nur
Watermeyer, in: Beck'sches Handbuch der Personengesellschaften, § 12 Rz. 160 ff.

b) Optionen und Vorerwerbsrechte

Große Bedeutung bei der Gestaltung von Joint-Venture-Verträgen haben Klauseln, die die Beendigung des Gemeinschaftsunternehmens über den Kauf bzw. Verkauf der Anteile steuern. Sie lassen sich begrifflich und inhaltlich in Optionen und Vorerwerbsrechte unterteilen. 755

aa) Optionen

(1) Put- und Call-Optionen

Optionen gewähren den Partnern das Recht, bei Eintritt eines bestimmten Ereignisses die eigenen Anteile dem Partner zu verkaufen bzw. die Anteile des Partners zu erwerben. Als auslösende Momente kommen zunächst Ereignisse in der Sphäre eines der Partner in Betracht wie Insolvenz, Erbfolge, Übernahme des Partners durch einen Dritten oder Vollstreckungsmaßnahmen. Ferner können schwer wiegende Vertragsverstöße, grobe Meinungsverschiedenheiten zwischen den Beteiligten oder die Kündigung des Joint Ventures relevante Optionsfälle darstellen. 756

Optionen können auch so gestaltet werden, dass sie den Beteiligten das Recht gewähren, unabhängig vom Eintritt eines festgelegten Ereignisses die Anteile der anderen Seite zu übernehmen oder die eigenen Anteile an die andere Seite abzustossen. 757

> *Huber*, in: Meier-Schatz (Hrsg.), 46 f;

Eine solche Gestaltung kann sich anbieten, wenn eine Seite das Joint-Venture-Investment (lediglich) als Vorstufe zu einem Unternehmens(ver)kauf betrachtet. 758

(2) Gekreuzte Put- und Call-Optionen

Die notwendige Ausgewogenheit der vertraglichen Regelung lässt sich im Hinblick auf manche Konstellationen teilweise nur dadurch erreichen, dass für diese Ereignisse Optionsrechte eingeräumt werden, die in beiden Richtungen ausübbar sind. Während solche gekreuzten oder wechselseitigen Put- und Call-Optionen gesellschaftsrechtlich ohne Weiteres zulässig sind, ist stets sorgfältig zu prüfen, ob eine solche Gestaltung nicht zum vorweggenommenen Übergang des wirtschaftlichen Eigentums mit der Folge der Besteuerung führt. 759

(3) Regelungsgegenstände/Fallstricke

Durch die Ausübung der Option kommt es zu einem Anteilsübergang. Deshalb bedarf es einer vorausschauenden Regelung jedenfalls der Kernfragen, die sich auch sonst bei Kauf und Übertragung von Anteilen an Gesellschaften stellen. Dazu zählen insbesondere steuerliche Gestaltungsüberlegungen, kartellrechtliche Vorkehrungen und ein Minimalkatalog von Garantien. In 760

Abhängigkeit vom Einzelfall sind jedenfalls die folgenden Gesichtspunkte bereits bei der Abfassung der Optionsregelungen in der Grundlagenvereinbarung zu berücksichtigen.

(a) Garantien

761 Optionsregelungen sind regelmäßig darauf angelegt, dass eine Partei die Anteile der anderen Partei im Wege eines Anteilskaufs- und Übertragungsvertrages komplett übernimmt. Bedenkenswert ist deshalb stets, ob und welche Garantien von dem Veräußerer abzugeben sind. So kann das Unternehmen der Joint-Venture-Gesellschaft bestimmte Risiken bergen, die mit dem Übergang der Anteile in ihrer Gesamtheit den neuen Anteilseigner treffen. Die Parteien müssen demnach schon bei Formulierung der Optionsklausel erwägen, ob der spätere Veräußerer bestimmte Garantien übernehmen muss oder nicht. Diese Frage sollte nicht allein einer späteren Bewertung vorbehalten sein, sondern vielmehr bereits bei der Aufnahme der Klausel in den Gesellschaftsvertrag bzw. die Gesellschaftervereinbarung anlässlich der Gründung des gemeinsamen Unternehmens bedacht werden.

(b) Know-how und Markenrechte

762 Gerade bei Gemeinschaftsunternehmen, die zur gemeinsamen Fortentwicklung von Hochtechnologie betrieben werden, jedoch auch bei solchen mit wichtigen Marken ist stets darauf zu achten, welche Regelungsmechanismen für die Rechte an Know-how (einschließlich Patenten) und Marken allein beim Gemeinschaftsunternehmen verbleiben und welche Rechte (auch) dem aussteigenden Partner nutzbar sein sollen, beispielsweise im Wege einer Lizenz.

(c) Wettbewerbsverbot

763 Regelungsbedürftig ist regelmäßig auch die Frage eines nach Beendigung des Gemeinschaftsunternehmens geltenden Wettbewerbsverbots. Es wird sich eine Gestaltung empfehlen, wonach die Parteien nach dem Ablauf einer gewissen Übergangsfrist nach Übertragung ihrer Anteile an dem Gemeinschaftsunternehmen frei sein sollen, in dem Geschäftsbereich des Joint Ventures eigene Aktivitäten zu entfalten.

Vgl. dazu bereits unter Rz. 657 ff.

(d) Darlehen/Finanzierung

764 Gemeinschaftsunternehmen werden regelmäßig auch im Wege von Gesellschafterdarlehen finanziert. Einer vertraglichen Klärung bedarf also die Frage, welche Konsequenzen der Ausstieg eines Partners im Hinblick auf solche Gesellschafterdarlehen haben soll. Denkbar ist eine Ablösung der Darlehen durch den übernehmenden Gesellschafter zum Nominalbetrag. Damit ändert

sich an der Finanzierungssituation des Joint Ventures, abgesehen vom Austausch des Darlehensgläubigers, im Prinzip nichts. Eine solche Regelung ist deshalb in den meisten Fällen vorzugswürdig. Stets besonders sorgfältig ist zu untersuchen, ob die zu übernehmenden Darlehen als eigenkapitalersetzend zu qualifizieren sind und wer die daraus resultierenden Risiken zu tragen hat.

Weniger sinnvoll ist demgegenüber regelmäßig die Fortführung der bestehenden Darlehen als gewöhnliche Fremddarlehen. Denn sowohl der ausscheidende Gesellschafter als auch der verbleibende Gesellschafter werden bestrebt sein, die klare Trennung ihrer Beteiligungsstränge auch auf der Finanzierungsseite zu vollziehen. 765

(e) Steueroptimierung

Ausstiegsklauseln in Form von Put- oder Call-Optionen können deshalb gefährlich sein, weil der erzwungene Verkauf der Anteile erhebliche steuerliche Konsequenzen für die beteiligten Gesellschafter (und die Joint-Venture-Gesellschaft) haben kann. Die möglichen Konstellationen sind derart vielgestaltig, dass an dieser Stelle lediglich auf die grundsätzliche Problemlage aufmerksam gemacht werden kann. Die Parteien und ihre Berater müssen folgerichtig frühzeitig bedenken, welche Partei welche Steuern im Falle eines Ausstiegs tragen soll, und zwar insbesondere im Bereich der Verkehrssteuern. Da sich die Steuergesetzgebung bekanntlich laufend ändert, wird es dabei weniger darum gehen können, konkrete Steuerlasten zu ermitteln, sondern darum, eine angemessene Risikoverteilung zu erreichen. Die Problematik verschärft sich bei Joint-Venture-Investments häufig dadurch, dass die Anteile der Joint-Venture-Gesellschaft gegen Einbringung von Beteiligungen gewährt werden, so dass einbringungsgeborene Anteile entstehen, für die lange Haltefristen zu beachten sind. 766

Vgl. zu den relevanten Steuerthemen im Detail unter Rz. 830 ff.

(f) Fusionskontrolle

Die Übernahme aller Anteile eines (vormaligen) Gemeinschaftsunternehmens muss, sofern die entsprechenden Voraussetzungen vorliegen, ggf. bei der Europäischen Kommission oder nationalen Kartellbehörden zur Freigabe angemeldet werden. Zu regeln ist also insbesondere, dass beide Parteien die für die Durchführung einer solchen Anmeldung notwendigen Handlungen vornehmen. 767

Überdies ist bereits bei der Formulierung der Optionsklausel die Möglichkeit zu berücksichtigen, dass die Kartellbehörde ihre Zustimmung zum Übergang der Anteile auf eine Partei verweigert. Für einen solchen Fall bietet es sich regelmäßig an, den alternativen Übergang der Anteile auf einen Dritten, etwa einen Finanzinvestor, vorzusehen. 768

(g) Kostentragung

769 Schließlich ist zu regeln, welche Partei die Kosten des Anteilsübergangs, insbesondere die Notarkosten, tragen soll.

bb) Vorerwerbsrechte

770 Eine Partei kann sich auch dadurch von ihrem Joint-Venture-Investment trennen, dass sie die Anteile an der Joint-Venture-Gesellschaft auf einen Dritten überträgt. Ist eine solche Übertragung nicht durch Vinkulierungsklauseln im Gesellschaftsvertrag ausgeschlossen, sind zum Schutz des verbleibenden Gesellschafters Vorkaufsrechte und/oder Andienungspflichten zu vereinbaren. Diese Vorerwerbsrechte schützen das überwiegende Interesse des betroffenen, d. h. verbleibenden Partners, nicht mit einem unliebsamen Gesellschafter (z. B. einem direkten Wettbewerber) konfrontiert zu werden, der über den bloßen Anteilserwerb Zugang zum Gemeinschaftsunternehmen erhält.

(1) Andienungspflichten

771 Vereinbaren die Partner gegenseitige Andienungspflichten, dann muss der veräußerungswillige Gesellschafter seinen Anteil an der Joint-Venture-Gesellschaft zunächst dem Partner anbieten, also mit dem Partner die Bedingungen des Ausstiegs verhandeln. Im Regelfall kann der nicht ausstiegswillige Gesellschafter diese Situation zur Durchsetzung seiner Interessen nutzen, ist häufig jedenfalls aber in der besseren Verhandlungsposition.

772 Die Verhandlungen über den Ausstieg unterscheiden sich im Ergebnis nicht wesentlich von denen bei einem gewöhnlichen Beteiligungserwerb. In Folge dessen müssen die Parteien alle Gesichtspunkte beachten, die auch bei einem gewöhnlichen Beteiligungserwerb relevant sind. Zu den Kernfragen gehören erneut die bereits oben unter Rz. 760 ff dargestellten Aspekte.

(2) Vorkaufsrechte

773 Die Joint-Venture-Partner haben, wie gesehen, regelmäßig ein Interesse daran, sich vor dem „Eindringen" neuer Mitgesellschafter zu schützen. Dies gelingt primär durch Andienungspflichten oder durch Klauseln, die eine Übertragung der Beteiligung eines Partners von der Zustimmung des anderen Partners abhängig machen. Es bieten sich jedoch auch Vorkaufsrechte an, durch deren Ausübung der verbleibende Partner es in der Hand hat, einem Neu-Gesellschafter den Zugang zu verwehren.

774 Für die Ausübung des Vorkaufsrechts gelten, vorbehaltlich anderer vertraglicher Absprachen, die §§ 463–473 BGB. Der nicht ausscheidende Partner tritt also regelmäßig in den vom austrittswilligen Gesellschafter mit einem Dritten verhandelten Vertrag ein. Dieser mangelnde Verhandlungsspielraum ist aus Sicht des im Gemeinschaftsunternehmen verbleibenden Ge-

sellschafters der spezifische Nachteil des Vorkaufsrechts im Vergleich zur Andienungspflicht.

(3) Gestuftes Vorerwerbsverfahren

Aus unserer Sicht sollte eine Gesellschaftervereinbarung bzw. Satzung nicht allein eine Andienungspflicht des veräußerungswilligen Gesellschafters oder ein Vorkaufsrecht des verbleibenden Gesellschafters vorsehen, sondern vielmehr ein gestuftes Vorerwerbsverfahren: Anfangs wird die veräußerungswillige Partei verpflichtet, ihre Mitgesellschafter über den geplanten Verkauf zu informieren. Diesen wird dann eine Bedenkzeit eingeräumt. Sollten die Mitgesellschafter Interesse an der Übernahme der Anteile signalisieren, beginnen Verkaufsverhandlungen zwischen den Partnern. Lehnt die verbleibende Partei die Übernahme ab oder kommt es zu keiner Einigung, so kann die ausstiegswillige Partei ihre Beteiligung an Dritte verkaufen. Allerdings steht den verbleibenden Gesellschaftern im Falle des Verkaufs ein Vorkaufsrecht zu, das innerhalb einer bestimmten Frist ausgeübt werden kann. Dieses mehrgliedrige Verfahren kann durch weitere Stufen ergänzt oder modifiziert werden. 775

cc) Spezielle Regelungen

(1) Tag Along

Als Alternative oder Ergänzung zum klassischen Vorkaufsrecht kommen sog. „**Bring-Along-**" oder „**Tag-Along**"-Klauseln in Frage, welche die veräußernde Partei verpflichten, dafür Sorge zu tragen, dass der verbleibenden Partei vom Erwerber ebenfalls ein Kaufangebot zu gleichen Bedingungen unterbreitet werden muss. Solche Bestimmungen bieten sich vor allem zur Absicherung eines Minderheitsgesellschafters an, der aus eigener Kraft nicht in der Lage ist, den Mehrheitsgesellschafter zu übernehmen; ihm wäre mit einem Vorkaufsrecht nach obigem Muster nicht geholfen. 776

Das Vorgenannte bezieht sich auf Joint Ventures mit nur zwei Beteiligten, gilt aber gleichermaßen für Gemeinschaftsunternehmen mit **mehreren Partnern**. Das Erwerbsrecht bezieht sich dann jeweils auf einen der bisherigen Beteiligung entsprechenden Anteil. Bei Joint Ventures mit mehreren Beteiligten kann überdies eine zusätzliche Stufe nachgeschaltet werden: Übt eine der Parteien ihr Erwerbsrecht nicht aus, wohl aber eine andere, so kann diese berechtigt werden, ihren Anteil um den der verzichtenden Partei zu erhöhen. 777

(2) Drag Along

Unter dem sog. **Drag Along** sind Regelungen zu verstehen, die einen veräußerungswilligen Partner berechtigen, von dem nicht ausstiegswilligen Gesellschafter die Übertragung der Anteile in dem Falle zu verlangen, dass ein Dritter bereit ist, alle Anteile an der Gesellschaft zu übernehmen. Die Ver- 778 einbarung solcher Klauseln ist nur demjenigen Gesellschafter zu empfehlen, der bereit ist, sich – zu welchem Zeitpunkt auch immer – von seiner Beteiligung zu trennen. Dies wird regelmäßig nur bei Finanzinvestoren oder solchen Gesellschaftern der Fall sein, die das Joint Venture zur Vorbereitung eines Verkaufs begründen.

c) Exitklauseln („Russian Roulette" und „Texan Shoot Out")

779 Eine in deutschen Joint-Venture-Gesellschaften bis dato noch wenig praktizierte, jedoch in Verhandlungen immer häufiger nachgefragte Option ist die des „Russian Roulette" bzw. des „Texan Shoot Out", die von manchen als Untergruppe der Optionen verstanden werden. Die Grundstrukturen derartiger Klauseln sollen im Folgenden umrissen werden. Dabei orientieren wir uns am Grundmodell der Joint-Venture-Gesellschaft, also einem Gemeinschaftsunternehmen in der Rechtsform der GmbH oder der GmbH & Co. KG, an dem zwei Partner mit je 50 % der Kapital- und Stimmanteile beteiligt sind.

aa) Grundidee

780 Lässt sich ein Interessenwiderstreit zwischen Gesellschaftern eines Joint Ventures nicht in angemessener Frist im Verhandlungswege ausräumen, kann es wirtschaftlich sinnvoll für das Gemeinschaftsunternehmen sein, dass einer der Gesellschafter seine Beteiligung am Joint Venture auf den anderen Gesellschafter überträgt. Diese Übertragung sollte im Idealfall effizient und ohne nachteilige Folgen für das operative Geschäft des Joint Ventures im Übrigen abgewickelt werden. Insbesondere ist eine lange Hängepartie zu vermeiden, die meist zwangsläufig durch den Streit über die angemessene Bewertung der Anteile entsteht. In der Praxis erweist sich allerdings häufig der Wunsch nach einer freiwilligen, zügigen und lautlosen Übertragung aller Anteile auf einen Gesellschafter durch einen von den Parteien **ad hoc** auszuhandelnden Vertrag als bloße Illusion, wenn Streit erst einmal entstanden ist.

781 An diesem Punkt setzen die Mechanismen von „Russian Roulette" bzw. „Texan Shoot Out" an. Diese Ausstiegsklauseln kombinieren Elemente der freiwilligen und der erzwungenen Übertragung von Anteilen an einer Joint-Venture-Gesellschaft. Im Anschluss an die (freiwillige) Mitteilung einer Partei über den geplanten Ausstieg aus der gemeinsamen Gesellschaft kommt es zu einem zwingenden Verfahren, in dem die Anteile des einen Partners auf den anderen übertragen werden, so dass in einem 50/50-Joint Venture nach Abschluss des Verfahrens die Joint-Venture-Gesellschaft zur alleinigen Tochtergesellschaft einer der beiden Parteien wird.

bb) Mechanismus von „Russian Roulette" und „Texan Shoot Out"

(1) Russian Roulette

782 Russian-Roulette-Klauseln existieren in einer Reihe von Spielarten und Modellen. Die Grundstruktur einer entsprechenden Bestimmung in Form des

„klassischen" Russian Roulette sieht wie folgt aus: Einer der Partner (Partei A) möchte die Zusammenarbeit mit dem Joint-Venture-Partner (Partei B) beenden, entweder, weil ein im Voraus festgelegtes Ereignis eingetreten ist oder aus anderen Gründen, die, je nach Formulierung im Gesellschaftsvertrag und/oder in der Gesellschaftervereinbarung, auch das Recht zur jederzeitigen „Auflösung" des Joint Ventures durch Verkauf und Übertragung der Anteile auf einen der Partner umfassen können. Partei A übermittelt Partei B ein Verkaufs- und Abtretungsangebot hinsichtlich aller von Partei A an dem Joint Venture gehaltenen Anteile zu einem in dem Angebot festgelegten Preis. Innerhalb einer vorher festgelegten Frist nach Zugang des Verkaufs- und Abtretungsangebots muss Partei B entweder das Angebot von Partei A annehmen oder die selbst an der Joint-Venture-Gesellschaft gehaltenen Anteile an Partei A verkaufen und abtreten, und zwar zu demselben verhältnismäßigen Preis, den Partei A ausgelobt hatte.

Die oben umrissene Ausstiegsklausel lässt sich in einer Vielzahl von Gestaltungsvarianten umsetzen. 783

Vgl. *Hewitt*, 234 ff.

(2) Texan Shoot Out

Im Kern ebenfalls eine Spielart des Russian Roulette sind Ausstiegsklauseln in Form des Texan Shoot Out. Diese sehen einen dem Russian Roulette vergleichbaren, jedoch noch strikteren Ablauf vor. 784

Mindestens einer der Partner (hier: Partei A) möchte die Zusammenarbeit mit dem Joint-Venture-Partner (Partei B) beenden. Partei A übermittelt Partei B ein Kauf- und Abtretungsangebot hinsichtlich aller Anteile von Partei B an dem Joint Venture gehaltenen Anteile zu einem in dem Angebot festgelegten Preis. Innerhalb einer vorher festgelegten Frist nach Zugang des Kauf- und Abtretungsangebots muss Partei B entweder das Angebot von Partei A annehmen und ihre Anteile verkaufen und abtreten, oder alle von Partei A gehaltenen Anteile an der Joint-Venture-Gesellschaft zu einem **höheren** Preis als demjenigen, den Partei A ausgelobt hatte, übernehmen. Sollten beide Parteien die Anteile der jeweils anderen Partei aufkaufen wollen, so wird ein Bietungsverfahren initiiert, in dem beide Seiten gegenüber einer unabhängigen dritten Partei ein erneutes Gebot zum Erwerb der Anteile des Partners abgeben. Derjenigen Partei, die das höhere Angebot macht, fallen schließlich die Anteile des Partners an der Joint-Venture-Gesellschaft zu dem höheren Preis zu. Wegen der strukturellen Parallelen zum Russian Roulette werden wir die Form des Texan Shoot Out im Folgenden nicht gesondert darstellen. 785

cc) Regelungsgegenstände von Ausstiegsklauseln

(1) Initiierung des Russian-Roulette-Verfahrens

786 Bei der klassischen Form des Russian Roulette wird das Ausstiegsverfahren durch bloße schriftliche Mitteilung von Partei A an Partei B, wonach Partei A das Joint Venture im Wege des Ausstiegsverfahrens beenden will, initiiert (sog. Ausstiegsmitteilung). Sinnvoll ist es, für den Zugang der Ausstiegsmitteilung eine Ausschlussfrist pro Kalenderjahr zu vereinbaren. Dies bedeutet zum Ersten, dass das Ausstiegsverfahren nur dann in dem laufenden Jahr beginnen kann, wenn die Ausstiegsmitteilung zu bzw. vor dem genannten Stichtag der anderen Partei zugeht. Zum Zweiten stellt eine solche Ausschlussfrist sicher, dass nach Ablauf der Frist für den Rest des Jahres kein Ausstiegsverfahren mehr initiiert werden kann. Dadurch kann im Falle von Streitigkeiten auf der Gesellschafterebene idealerweise eine gewisse Beruhigung eintreten.

(2) Abkühlungsphase und Bestätigungsmitteilung

787 Wegen der weit reichenden Konsequenzen eines Ausstiegs und der geringen Anforderungen an die Ausstiegsmitteilung sollte eine „Abkühlungsphase" von etwa einem Monat vereinbart werden. Während dieser Frist kann der ausstiegswillige Partner entscheiden, ob das Ausstiegsverfahren tatsächlich weitergeführt werden soll. Eine solche „Schonfrist" gibt überdies beiden Partnern Gelegenheit, unter dem Eindruck eines möglicherweise fortzuführenden Ausstiegsverfahrens eine einvernehmliche Aufhebung des Joint Ventures herbeizuführen, jedenfalls aber in die Wege zu leiten.

788 Entscheidet sich der erste Partner zur Fortsetzung des Ausstiegsverfahrens, dann hat er innerhalb der vorab, d. h. in der Gesellschaftervereinbarung niedergelegten Frist eine Bestätigungsmitteilung an den zweiten Partner zu richten. Damit ist das Ausstiegsverfahren endgültig eingeleitet.

(3) Wirksames Angebot

789 Innerhalb einer weiteren Frist nach Zugang der Bestätigungsmitteilung muss der erste Partner dem zweiten Partner ein wirksames Angebot unterbreiten, insbesondere einen Ausstiegspreis nennen. Der Ausstiegspreis ist derjenige Preis, den der ausstiegswillige Partner für die Anteile des anderen Partners zu zahlen bereit ist oder den er, d. h. der ausstiegswillige Partner, für den Verkauf und die Übertragung seiner Anteile von der anderen Partei erwartet.

(4) Ausübung des Wahlrechtes

790 Nach Zugang des entsprechenden Angebots muss der zweite Partner beim klassischen Russian Roulette entscheiden, ob er die Anteile des ersten Partners für den genannten Preis übernehmen oder seine eigenen Anteile für die-

sen Preis abgeben will. Eine entsprechende Mitteilung muss der ersten Partei innerhalb einer bestimmten Frist zugestellt werden.

Zu regeln sind in diesem Zusammenhang auch die Konsequenzen für den Fall, dass der zweite Partner dem ersten Partner keine oder keine fristgerechte Mitteilung über die Ausübung der Option übermittelt. So wäre es unbefriedigend, wenn der zweite Partner das Ausstiegsverfahren allein dadurch verzögern könnte, dass er das Absenden einer Mitteilung unterlässt. Der stärkste Entscheidungsdruck wird mit Regelungen aufgebaut, die für solche Fälle den Ausstiegspreis für den Erwerb der Anteile durch Partei A auf einen geringen Betrag festsetzen. Damit wird Partei B nach einer Abwägung regelmäßig zu der Überzeugung gelangen, dass es wirtschaftlich günstiger ist, der Partei A mitzuteilen, ob sie (d. h. Partei B) kaufen oder verkaufen möchte. 791

(5) Umsetzung (Abtretung der Anteile)

Zur formgerechten Umsetzung des Verfahrens ist die Verpflichtung der ihre Anteile abgebenden Partei vorzusehen, die Übertragung der Anteile zu bestimmten Bedingungen und innerhalb einer bestimmten Frist zu gewährleisten. In diesem Zusammenhang ist insbesondere zu regeln, dass die veräußernde Seite an der Errichtung entsprechender notarieller Urkunden mitzuwirken hat. Dies gilt jedenfalls dann, wenn GmbH-Geschäftsanteile übertragen werden müssen. Dies kann, wie wir an anderer Stelle sahen, auch bei der Rechtsform der GmbH & Co. KG der Fall sein. 792

Vgl. oben unter Rz. 107.

(6) Weitere regelungsbedürftige Fragen

Da durch das Ausstiegsverfahren letztlich nichts anderes als ein **fast track**-Beteiligungskauf vollzogen wird, bedarf es einer vorausschauenden Regelung jedenfalls der Kernfragen, die sich auch sonst bei Kauf und Übertragung von Anteilen an Gesellschaften stellen. Dazu zählen insbesondere steuerliche Gestaltungsüberlegungen, kartellrechtliche Vorkehrungen und ein Minimalkatalog von Garantien. In Abhängigkeit vom Einzelfall sind jedenfalls die bereits an früherer Stelle zu den Optionen dargestellten Gesichtspunkte zu bedenken und idealerweise in der Grundlagenvereinbarung zu regeln. 793

Vgl. oben unter Rz. 760 ff.

dd) Wirksamkeit nach deutschem Recht

Sorgfältig formulierte Russian-Roulette-Klauseln sind u. E. nicht wegen Verletzung zwingenden Gesetzesrechts unwirksam. Mangels höchstrichterlicher Entscheidungen ist zwar nach wie vor ungeklärt, ob ein deutsches Gericht einem derartigen Streitregelungsmechanismus die Anerkennung versagen könnte. Durch entsprechend vorsichtige Gestaltung kann diesem Restrisiko jedoch weitestgehend vorgebeugt werden. 794

(1) Zustandekommen eines Kaufvertrages

795 Von Ausnahmefällen abgesehen, ist eine typische Russian-Roulette-Klausel auf den Abschluss eines Kaufvertrages hin ausgerichtet. Dem beratenden Anwalt obliegt es, die Klausel so zu gestalten, dass Angebot und Annahme wirksam erklärt werden können.

796 Wählt man eine Gestaltung des „klassischen" Russian Roulette, so werden zwei (konkludente) Angebote abgegeben: eines zum Kauf der Anteile des anderen Partners, eines zum Verkauf der eigenen Anteile an den Partner zu dem genannten Preis. Angenommen wird hingegen von der anderen Partei nur eines dieser Angebote. Jedenfalls konkludent liegt darin zugleich die Ablehnung des anderen Angebots. Ein Vertrag im Sinne des Bürgerlichen Gesetzbuches wird damit geschlossen.

(2) Formfragen

797 Bei Joint-Venture-Gesellschaften in der Rechtsform der **GmbH** oder der **GmbH & Co. KG** ist darauf zu achten, dass hinsichtlich der Russian-Roulette-Klausel (und des in ihr vorgesehenen Verfahrens) die Formerfordernisse nach § 15 Abs. 3 und 4 GmbHG beachtet werden. Die Vorschrift soll vorrangig den Handel mit Geschäftsanteilen erschweren, aber auch den Beweis erleichtern.

> Begründung zum Gesetzesentwurf betreffend die Gesellschaften mit beschränkter Haftung, Reichstag, Aktenstück 1890/92, Nr. 660, Bd. 125, 3724, 3729;
> BGHZ 75, 352, 353.

798 Für den Gesellschaftsvertrag einer GmbH & Co. KG ist, wie für jede andere Kommanditgesellschaft, gem. §§ 161 Abs. 2, 105 HGB grundsätzlich keine Form vorgeschrieben. Anders verhält es sich jedoch aufgrund von § 15 Abs. 4 Satz 1 GmbHG, wenn dieser für den Fall des Ausscheidens eines Gesellschafters die Verpflichtung zur gleichzeitigen Abtretung der Anteile des jeweiligen Gesellschafters an der Komplementär-GmbH vorsieht; genau dies ist bei einer Russian-Roulette-Klausel aber regelmäßig der Fall. Für die GmbH & Co. KG ist § 15 Abs. 3 bzw. Abs. 4 GmbHG, kurz gesagt, dann einschlägig, wenn auch die Anteile an der Komplementär-GmbH verkauft und abgetreten werden und keine Einheitsgesellschaft vorliegt.

> Siehe auch *Binz/Mayer*, NJW 2002, 3054 ff.

799 Die Kernfrage lautet, ob mit der notariellen Beurkundung des Gesellschaftsvertrages der GmbH bzw. der GmbH & Co. KG oder einer daneben abgeschlossenen Gesellschaftervereinbarung bereits dem Formerfordernis des § 15 GmbHG genügt wird oder ob eine gesonderte Beurkundung der konkreten Ausstiegsmitteilung bei Initiierung des Russian Roulette erforderlich ist. Die Beurkundung der Ausstiegsmitteilung ist schon aus Praktikabilitätsgründen wenig sinnvoll, da das Ausstiegsverfahren von seiner schnellen und

I. Gesellschaftsrecht

wenig formalen Abwicklung lebt. Zudem spielen Kostenfaktoren (Beurkundungskosten eines Veräußerungsvorgangs) eine nicht unerhebliche Rolle.

Soweit ersichtlich, wurde das Formproblem von Russian-Roulette-Mechanismen in der juristischen Literatur bislang noch nicht ausdrücklich behandelt. Aus unserer Sicht reicht jedoch die Beurkundung der Russian-Roulette-Klausel als solcher im Gesellschaftsvertrag oder einer Gesellschaftervereinbarung regelmäßig aus. Dafür sind die folgenden Gesichtspunkte ausschlaggebend: Für die Vereinbarung eines Vorkaufsrechts ist anerkannt, dass lediglich dessen Begründung, nicht aber auch dessen Ausübung nach § 15 Abs. 4 GmbHG formbedürftig ist. 800

> Baumbach/*Hueck*/*Fastrich*, GmbHG, § 15 Rz. 31;
> *Lutter*/*Hommelhoff*, GmbHG, § 15 Rz. 46;
> Scholz/*Winter*, GmbHG, § 15 Rz. 54.

Ebenso genügt bei der bedingten Verpflichtung zu einer zukünftigen Übertragung die Beurkundung dieser Verpflichtung; die Ausübung der Bedingung ist hingegen formfrei möglich. 801

> Hachenburg/*Zutt*, GmbHG, § 15 Rz. 14.

Für die häufig vereinbarten Put-Optionen (Andienungsrecht) bzw. Call-Optionen (Erwerbsrecht) lässt sich ohne Weiteres begründen, dass hier schon in ihrer Vereinbarung das eigentliche (und zu beurkundende) Rechtsgeschäft liegt und nicht in der Ausübung der Option. Die Russian-Roulette-Klausel ist aber strukturell nur eine besondere Ausprägung der Put- bzw. Call-Option. 802

> *Hellwig*, in: Micheler/Prentice, 155.

Im Übrigen lassen sich, neben der genannten Parallele zur Put- bzw. Call-Option, Anhaltspunkte für diese Auffassung auch in der Rechtsprechung finden. So hat etwa der BGH entschieden, dass dem Formzwang aus § 15 Abs. 4 GmbHG auch dann genügt wird, wenn der in notarieller Form geschlossene Gesellschaftsvertrag die Verpflichtung zur Übertragung des Geschäftsanteils unter bestimmten Voraussetzungen vorsieht und diese Voraussetzungen eintreten. 803

> BGH ZIP 1986, 1046 = NJW 1986, 2642 = BB 1986, 1251,
> dazu EWiR 1986, 687 *(Günther)*.

Problematisch ist vor diesem Hintergrund allein, ob die Nennung des Preises – die erst im Verfahren durch eine Partei erfolgt – ohne Verstoß gegen die Beurkundungspflicht herausgeschoben werden kann. Doch obwohl beim Anteilskauf in der notariellen Urkunde grundsätzlich auch der Kaufpreis genannt werden muss, hält es der BGH für ausreichend, wenn zumindest die Kriterien feststehen, nach denen der Preis bestimmt wird. 804

> BGH ZIP 1986, 1046.

805 Vereinbaren die Parteien keine Kaufpreisformel, sondern überlassen sie die Festlegung des Preises der jeweiligen, das Verfahren initiierenden Seite, so genügt dieses einseitige Bestimmungsrecht i. S. v. § 315 BGB, sofern es als solches in der Gesellschaftervereinbarung oder in der Satzung beurkundet wird.

    MünchKomm-*Würdinger*, BGB, § 315 Rz. 21.

806 Unterstützend ist auf den Normzweck des § 15 Abs. 4 GmbHG hinzuweisen: Eine Beurkundung kann demnach unterbleiben, wenn die Übertragung offensichtlich nicht den Handel mit Geschäftsanteilen fördert.

    BGHZ 75, 352, 354;
    Lutter/Hommelhoff, § 15 Rz. 1.

807 In einer typischen Russian-Roulette-Klausel werden der Vertragspartner und die Modalitäten eines Verkaufs, nach welchen die Übertragung zu erfolgen hat, jedoch hinreichend benannt. Damit besteht die Gefahr eines spekulativen Handels mit den zu veräußernden Anteilen nicht.

(3) Einschränkung des Kündigungs- bzw. Austrittsrechts

808 Nach dem für **Personengesellschaften** geltenden § 723 Abs. 3 BGB ist eine Regelung nichtig, die das Kündigungsrecht eines Gesellschafters ausschließt oder zumindest so sehr einschränkt, dass dies einem faktischen Ausschluss gleichkommt.

    Staudinger/*Sack/Fischinger*, BGB, § 138 Rz. 473;
    Erman/*Palm/Arnold*, BGB, § 138 Rz. 115.

809 Unzulässig ist nach § 723 Abs. 3 BGB jedoch lediglich ein vollständiger **a priori** Ausschluss des Kündigungsrechts. Der Vorschrift liegt der Rechtsgedanke zugrunde, dass es mit der persönlichen Freiheit von Vertragsschließenden unvereinbar ist, persönliche oder wirtschaftliche Bindungen ohne zeitliche Begrenzung und ohne Kündigungsmöglichkeit einzugehen.

810 Im **GmbH**-Recht finden sich vergleichbare Ansätze in der Judikatur zum nicht beschränkbaren Austrittsrecht und der Höhe von Einziehungsvergütungen.

    BGHZ 116, 359, 369 = ZIP 1992, 237,
    dazu EWiR 1992, 321 *(Wiedemann)*.

811 Eine sorgfältig formulierte Russian-Roulette-Klausel schließt das Kündigungs- bzw. Austrittsrecht der Gesellschafter jedoch schon ihrem Wortlaut nach nicht aus. Vielmehr gewährt eine solche Klausel im Gegenteil beiden Parteien gleichermaßen das Recht, den Ausstiegsmechanismus einzuleiten. Der Wortlaut des § 723 Abs. 3 BGB etwa erfasst den Fall des Russian Roulette mit anderen Worten nicht direkt, so dass diese Vorschrift – wenn überhaupt – nur entsprechend ihrem Rechtsgedanken Anwendung finden kann.

I. Gesellschaftsrecht

(4) Wertgerechter Ausstiegspreis

Grundsätzlich muss der Berechnungsmodus hinsichtlich eines Ausstiegspreises festgelegt werden und diejenigen Einschränkungen berücksichtigen, die die Rechtsprechung im Hinblick auf §§ 138, 723 und 242 BGB verlangt. Nach unserer Auffassung halten sorgfältig formulierte Klauseln jedoch auch diesen Anforderungen stand, da regelmäßig im Wege der ergänzenden Vertragsauslegung gem. §§ 242, 157, 133 BGB eine treu- bzw. sittenwidrige Benachteiligung eines Vertragspartners vermieden werden kann. 812

So ist die Frage einer Zulässigkeit von Ausstiegsklauseln nach § 723 Abs. 3 BGB auch mit Blick auf die Wertberechnung des Ausstiegspreises zu beurteilen. Es kommt nämlich, wie der BGH festgestellt hat, einem faktischen Ausschluss des Kündigungsrechts gleich, wenn einem Vertragspartner für den Fall seiner Kündigung vermögensrechtliche Einschränkungen auferlegt werden, die zwar formal sein Kündigungsrecht nicht tangieren, im Ergebnis aber dazu führen, dass er nicht mehr frei entscheiden kann, ob er von seinem Kündigungsrecht Gebrauch macht oder nicht. Als Maßstab für die Beurteilung der Zulässigkeit einer Wertberechnungsklausel ist das Verhältnis des Ausstiegspreises zum Verkehrswert der Joint-Venture-Anteile heranzuziehen. Die Vertragsgestaltung stößt mit Blick auf §§ 242, 138 Abs. 1 BGB sowie auf den in § 738 BGB niedergelegten Grundgedanken eines wertgerechten Ausgleichs erst dann auf ihre Grenzen, wenn diesbezüglich ein „grobes Missverhältnis" vorliegt. 813

> Vgl. nur BGHZ 65, 22, 28 f;
> BGH ZIP 1994, 1173 = NJW 1994, 2536 ff,
> dazu EWiR 1994, 973 *(Wiedemann)*;
> BGH NZG 2000, 1027.

Die hier vorgestellten Ausstiegsklauseln in Form des Russian Roulette enthalten jedoch gerade keine Beschränkung auf die Zahlung (nur) des Buchwerts. Eine Unwirksamkeit von Beginn an scheidet damit von vornherein aus. 814

> Vgl. *Hellwig*, in: Micheler/Prentice, 156.

Vielmehr soll die Festlegung des Preises gerade den Parteien vorbehalten werden, die bei der Ausübung der Ausstiegsoption einen fairen Preis bieten werden, um – etwa im Falle des klassischen Russian Roulette – nicht selbst ausgekauft zu werden. 815

Die das Verfahren initiierende Partei A wird einen angemessenen Preis bieten, auch wenn dieser ihr im Falle des Kaufs zu hoch erscheinen mag. Bietet Partei A nämlich einen zu niedrigen Preis, wird sie mit hoher Wahrscheinlichkeit ausgekauft. Bietet Partei A einen zu hohen Preis, besteht eine hohe Wahrscheinlichkeit, dass die andere Partei verkauft. Jede Seite ist nur insoweit gezwungen, einen bestimmten Preis zu bieten, als sie ein ihr unliebsames Ergebnis verhindern will. Die Parteien selbst, und zwar beide, haben es also in 816 der Hand, nach eigenem Ermessen einen sachgerechten Preis anzubieten. Eine Benachteiligung zu Lasten einer Partei entgegen Treu und Glauben bzw. wegen Sittenwidrigkeit kommt somit von vornherein nicht in Betracht.

(5) Kein „Spiel" i. S. v. § 762 BGB

817　Bei den Ausstiegsmechanismen des Russian Roulette handelt es sich im Übrigen nicht um ein Spiel oder eine Wette i. S. d. § 762 BGB. Denn neben das in der Unsicherheit über den Ausgang des Verfahrens liegende spekulative Element tritt der wirtschaftliche Zweck einer zügigen Trennung der Joint-Venture-Partner.

Vgl. zum Ganzen Palandt/*Sprau*, BGB, § 762 Rz. 1 ff.

ee) Ausblick: Vorteile und Nachteile von Ausstiegsklauseln

818　Der Russian-Roulette-Mechanismus führt, wird er tatsächlich umgesetzt, in relativ kurzer Zeit zu einer radikalen Lösung eines Entscheidungswiderstreits. Am Ende des Prozesses besteht das Gemeinschaftsunternehmen lediglich noch als Tochtergesellschaft eines der Partner fort. Das Verfahren zeichnet sich durch eine Reihe charakteristischer Vor- und Nachteile aus.

(1) Vorteile

819　Die Vorteile eines Ausstiegsverfahrens mit Hilfe einer Russian-Roulette-Klausel liegen vor allem in der Preisgerechtigkeit des Verfahrens, der Schnelligkeit der Trennung und dem Drohpotential des Russian Roulette. So birgt das Risiko, „alles" zu verlieren, die Chance, einen fairen Ausstiegspreis für den Geschäftsanteil anzubieten, und – im Falle des Verlustes der Anteile – zu erhalten, denn der Ausstiegspreis gilt letztlich für beide Parteien. Überdies kann als bedeutender Vorteil des Russian Roulette hervorgehoben werden, dass lange, den Wert des Gemeinschaftsunternehmens schädigende „Hängepartien" und Bewertungsstreitigkeiten weitestgehend ausgeschlossen sind. Dadurch lässt sich eine relativ lautlose Trennung der Joint-Venture-Partner erreichen. Letztlich kann auch alleine die Tatsache, dass bei einem missglückten Einigungsversuch der Partner eine Abwicklung nach dem Russian-Roulette-Verfahren droht, den Willen der Parteien stärken, entweder das Hindernis einer weiteren Zusammenarbeit aus dem Weg zu räumen oder einen gütlichen Weg zur Auflösung des Joint Ventures zu finden.

820　Mögliche Vorteile zeigen sich auch und gerade im Vergleich zu anderen Lösungsansätzen, wie externen Schiedsverfahren oder Put-Optionen. Als deren spezifische Nachteile erweisen sich vor allem bei externen Schiedsverfahren die lange Dauer der Abwicklung und – bei interenen Schiedsmechanismen – die mögliche Ineffizienz des Verfahrens wegen personeller Identität von Schiedsperson und beteiligten Parteien.

(2) Nachteile

Trotz der reibungslos möglich erscheinenden Ausstiegsvariante in Form des Russian Roulette sind derartige Ausstiegsklauseln wegen ihrer spezifischen Risiken und Nachteile mit größter Vorsicht zu gebrauchen. Dabei ist insbesondere der Tatsache Rechnung zu tragen, dass der Ausgang des Verfahrens nicht vorhergesagt werden kann. Dieser Umstand stellt vor allem einen bedeutenden Nachteil des Verfahrens für die den Mechanismus in Gang setzende Seite dar, die bis zum Ende des Prozesses nicht weiß, ob sie ihr strategisches Ziel (etwa zu kaufen) tatsächlich erreichen wird oder nicht (etwa weil die andere Partei sich entschließt, den Geschäftsanteil der ersten Partei zu übernehmen). Ein das Verfahren initiierender Partner, der das Geschäft der Joint-Venture-Gesellschaft allein fortsetzen möchte, kann also ungewollt seine strategische Position in einem bestimmten Markt einbüßen.

821

Zu berücksichtigen ist außerdem, dass der Mechanismus des Russian Roulette nicht für jeden Fall eine angemessene Lösung zur Auseinandersetzung eines Joint Ventures bietet. Schwierigkeiten bei der Abwicklung ergeben sich aufgrund einer verschiedenen Interessenlage und eines unterschiedlichen Kräfteverhältnisses der Beteiligten im Besonderen für solche Joint Ventures, bei denen die Geschäftsanteile zwischen den Parteien nicht verhältnismäßig gleich verteilt sind. Wegen der oftmals wenig transparenten Situation treten überdies im Zusammenhang mit Ausstiegsklauseln bei Gemeinschaftsunternehmen, an denen mehr als zwei Parteien beteiligt sind, regelmäßig Probleme auf. Zwingend ist das gleichwohl nicht. Durch entsprechende Vertragsgestaltung kann durchaus ein Drei- oder Vierparteien-**Russian Roulette** umgesetzt werden. Auch nach unserer Erfahrung werden derartige Konstruktionen wegen der Vielzahl von Parametern aber sehr schnell unübersichtlich und damit wenig praktikabel.

822

Ähnlich die Bewertung von *Stephan*, 97, 118.

Selbst wenn in einem Joint Venture die Interessen der Parteien überwiegend ähnlich sind, kann der Mechanismus eines Russian-Roulette-Verfahrens nur dann sachgerecht funktionieren, wenn beide Parteien nicht anderweitig finanziell verpflichtet sind. Anderenfalls ist es durchaus denkbar, dass die finanziell stärkere Partei den Mechanismus als Zwangsmittel nutzt, um den Geschäftsanteil der (vermeintlich) schwächeren Partei zu übernehmen. Denn die plötzlich aufzubringenden Finanzierungslasten können es für die finanziell unterlegene Seite fast unmöglich machen, für die Anteile der anderen Partei einen strategischen Preis zu bieten.

823

Ist das Gemeinschaftsunternehmen von den Dienstleistungen oder dem Know-how einer der Parteien abhängig und fielen diese Leistungen wegen der Trennung weg, kann ein Russian Roulette fatale Folgen für die Joint-Venture-Gesellschaft und, mittelbar, den einzig verbleibenden Gesellschafter haben. Bei der Analyse der möglicherweise nachteiligen Folgen sind also stets die besonderen Umstände des Einzelfalls zu berücksichtigen.

824

(3) Variante: Russian Roulette mit Schiedsverfahren

825 Vor dem Hintergrund der beschriebenen Nachteile stellt es eine durchaus bedenkenswerte Variante dar, die Russian-Roulette-Ausstiegsklausel mit einem vorangehenden internen oder externen Schiedsverfahren zu verknüpfen. Auf diese Weise lassen sich positive Streitschlichtungsaspekte der diversen Mechanismen kombinieren, um zu einer ausgewogenen und weniger radikalen Streitlösung zu gelangen.

5. Wertung

826 Bei der Gestaltung von Joint-Venture-Gesellschaftsverträgen müssen die Unternehmen und ihre Partner die möglichen Konsequenzen eines als unlösbar empfundenen Entscheidungswiderstreits insbesondere auf der Ebene der Gesellschafter des Gemeinschaftsunternehmens bedenken. Denkbar ist, eine mögliche Trennung der Partner erst ad hoc, also im Anschluss an einmal entstandenen Streit, zu verhandeln. Erörterungswürdig ist hingegen auch die vorausschauende Regelung eines entsprechenden Trennungsmechanismus, beispielsweise in Form einer Russian-Roulette-Klausel. Eine sorgfältig formulierte Russian-Roulette-Klausel ist zwar mit dem deutschen Recht vereinbar, sollte jedoch nur für bestimmte Joint-Venture-Konstellationen und dort nur mit besonderer Vorsicht eingesetzt werden.

II. Steuerrecht

827 Mit der gesellschaftsrechtlichen Beendigung eines Joint Ventures geht in der Regel die **Übertragung von Vermögenswerten** einher. Hierbei kann es sich z. B. um folgende Maßnahmen handeln

- entgeltliche Veräußerungen von Einzelwirtschaftsgütern, Betrieben, Teilbetrieben sowie von Anteilen an Personen- und Kapitalgesellschaften an einen oder mehrere Joint-Venture-Partner oder fremde Dritte;
- die „Realteilung" des Vermögens unter den Joint-Venture-Partnern;
- Übertragungen im Zuge der Liquidation der Joint-Venture-Gesellschaft.

828 Während die entgeltliche Veräußerung der Vermögensgegenstände durch die Gesellschaft, die Veräußerung der Anteile an einer Personengesellschaft (sog. steuerlicher Asset Deal, die Veräußerung der Anteile an einer Joint-Venture-Kapitalgesellschaft – sog. Share Deal – unterliegt besonderen Regeln) und die Liquidation der Gesellschaft in der Regel zu steuerwirksamen Übertragungsvorgängen führt, kann die Aufteilung des Vermögens unter den Joint-Venture-Partnern u. U. steuerneutral erfolgen. Steuerlich kommt in diesem Fällen eine **steuerneutrale Spaltung oder Realteilung** in Betracht.

829 Häufig werden entgeltliche Anteilsübertragungen innerhalb des Kreises der Joint-Venture-Partner bereits im Joint-Venture-Vertrag in Form von **Options- und Vorkaufsrechten** geregelt. Diese auf die Beendigung des Joint

II. Steuerrecht

Ventures gerichteten Regelungen sind bereits im Zeitpunkt ihrer Einräumung von steuerlichem Interesse, auch wenn die zivilrechtliche Vermögensübertragung erst im Zeitpunkt der Ausübung der Rechte erfolgt. Auf sie soll daher nachfolgend kurz eingegangen werden, auch wenn sie nicht die Beendigung eines Joint Ventures markieren. Anschließend wird dann auf die im Zuge der Beendigung steuerlich relevanten Maßnahmen eingegangen.

1. Steuerliche Behandlung von Optionen und Vorkaufsrechten

Die Übernahme sämtlicher Anteile durch einen Joint-Venture-Partner wird häufig bereits im Joint-Venture-Vertrag durch entsprechende Regelungen angelegt sein. In Betracht kommen hier insbesondere Optionsvereinbarungen und Vorkaufsrechte. Das **Problem** derartiger vertraglicher Regelungen besteht darin, dass sie nicht bereits im Zeitpunkt der Vereinbarung des Joint Venture zum **Übergang des wirtschaftlichen Eigentums** an den Anteilen an der Joint-Venture-Gesellschaft führen dürfen. Entsprechendes gilt bei einer späteren Vereinbarung von Options- und Vorkaufsrechten. Denn der Übergang des wirtschaftlichen Eigentums an den Anteilen an der Joint-Venture-Gesellschaft ist steuerlich als Veräußerung der Anteile zu qualifizieren und löst die entsprechenden Besteuerungsfolgen eines Anteilsverkaufs aus. 830

Siehe nachfolgend Rz. 841 ff.

Vereinbaren die Vertragsparteien im Joint-Venture-Vertrag beispielsweise ein **Vorkaufsrecht** an den Anteilen des jeweils anderen Joint-Venture-Partners, so ist dies in der Regel steuerlich unproblematisch, wenn die Vermögens- und Stimmrechte an der Joint-Venture-Gesellschaft sowie die Chancen einer Wertsteigerung und das Risiko einer Wertminderung bei den jeweiligen Joint-Venture-Partnern verbleiben. 831

Wird eine **Verkaufsoption** (Put-Option) vereinbart, hat ein veräußerungswilliger Joint-Venture-Partner die unwiderrufliche Möglichkeit der Veräußerung zu festgelegten Bedingungen, während der andere Joint-Venture-Partner insoweit kein eigenes Recht auf Erwerb hat. In der Vereinbarung einer Verkaufsoption wird noch nicht der Übergang des wirtschaftlichen Eigentums gesehen, weil die Dispositionsbefugnis sowie Nutzen und Lasten weiterhin beim Veräußerer liegen. 832

Siehe *Haun/Winkler*, DStR 2001, 1195, 1197;
BFH, v. 4.7.2007 – VIII R 68/05, BStBl. II 2007, 937.

Dies dürfte auch dann noch gelten, wenn das **Risiko der Wertminderung** – bei Vereinbarung eines festen Kaufpreises – ausgeschlossen ist, aber nach wie vor alle Gesellschafterrechte bei dem Gesellschafter liegen. 833

Zur Problematik der Vereinbarung eines festen Kaufpreises
siehe *Rödder/Wochinger*, FR 2001, 1253, 1263.

Auch bei Vereinbarung einer **Kaufoption** (Call-Option) dürfte das wirtschaftliche Eigentum noch nicht übergehen, weil dann zwar der erwerbswil- 834 lige Joint-Venture-Partner ein unwiderrufliches Recht erhält, die Anteile zu erwerben, es dem Veräußerer aber faktisch freisteht, die Anteile zu veräußern oder davon abzusehen. Ein Schadensersatzanspruch, der dem Optionsberechtigten bei vertragswidriger Veräußerung durch den Verkäufer an einen Dritten zustünde, begründet nicht den Übergang des wirtschaftlichen Eigentums.

So auch *Haun/Winkler*, DStR 2001, 1195, 1197.

835 Nach der Rechtsprechung sind Kaufoptionen nur dann geeignet, die Annahme wirtschaftlichen Eigentums zu begründen, wenn nach dem typischen und für die wirtschaftliche Beurteilung maßgeblichen Geschehensablauf tatsächlich mit einer Ausübung des Optionsrechts gerechnet werden kann.

Siehe BFH, v. 10.6.1988 – III R 18/85, BFH/NV 1989, 348, 349; BFH, v. 20.7.1981 – I R 62/77, BStBl. II 1982, 107.

836 Problematisch sind u. E. die Vereinbarungen **wechselseitiger Call- und Put-Optionen**. Nach der Rechtsprechung des BFH kommt es auch in diese Konstellationen darauf an, ob nach dem typischerweise zu prognostizierenden Geschehensablauf davon ausgegangen werden kann, dass von einem der Optionsrechte Gebrauch gemacht wird. Dies ist insbesondere der Fall, soweit sich die Optionsausübungszeiträume überschneiden und die Vertragsbedingungen (insbesondere der Kaufpreis) unabhängig vom Optionsausübenden sind.

Siehe dazu BFH, v. 11.7.2006 – VIII R 32/04, BStBl. II 2007, 296.

837 Führen die zwischen den Joint-Venture-Partnern getroffenen Vereinbarungen nicht zum **Übergang des wirtschaftlichen Eigentums** im Zeitpunkt der Vereinbarung, so kommt es **erst im späteren Veräußerungszeitpunkt** zu steuerwirksamen Veräußerungen. Diese Anteilsveräußerungen unterliegen den normalen Besteuerungsregeln, so dass auf die nachfolgenden Ausführungen verwiesen wird.

2. Die Besteuerung der Veräußerung von Einzelwirtschaftsgütern, Betrieben, Teilbetrieben und Anteilen

a) Einzelwirtschaftsgüter, Teilbetrieb und Betrieb

838 Der Gewinn aus dem **Verkauf einzelner Wirtschaftsgüter** der Joint-Venture-Gesellschaft unterliegt als **laufender Gewinn** sowohl der Gewerbe- als auch der Einkommen- bzw. Körperschaftsteuer. **Der Gewinn aus der Veräußerung eines Teilbetriebs oder des gesamten Betriebs** ist einkommen- bzw. körperschaftsteuerpflichtig. Unter bestimmten Umständen unterliegt dieser **Veräußerungsgewinn** gem. § 34 Abs. 3 EStG bei natürlichen Personen einem ermäßigten Steuersatz.

Siehe nachfolgenden Rz. 848 ff.

Dieser Gewinn ist indes nicht gewerbesteuerpflichtig, soweit Veräußerer eine 839
Mitunternehmerschaft ist, an der natürliche Personen **unmittelbar** beteiligt
sind. Ist eine natürliche Person nur mittelbar über eine andere Mitunternehmerschaft beteiligt, entsteht **Gewerbesteuer.** Diese ist aber gem. § 35 EStG
auf die Einkommensteuer anzurechnen.

Erfolgt die Übertragung auf Joint-Venture-Partner, die keine Kapitalgesell- 840
schaften sind, kann der Vorgang **u. U. nach § 6 Abs. 5 Satz 3 EStG steuerneutral** gestaltet werden, siehe dazu bereits oben Rz. 338 bei Begründung
eines Joint Ventures.

b) Anteile an Kapital- und Personengesellschaften

Werden indes die **Anteile an der Joint-Venture-Gesellschaft** verkauft, so 841
richtet sich die Besteuerung danach, ob Kapitalgesellschafts- oder Personengesellschaftsanteile verkauft werden und ob eine natürliche Person oder eine
Kapitalgesellschaft unmittelbar oder mittelbar über eine Personengesellschaft
an der Joint-Venture-Gesellschaft beteiligt ist.

Der **Verkauf** einer **Kapitalgesellschaftsbeteiligung** durch eine **mittelbar** 842
über eine Personengesellschaft oder unmittelbar beteiligte Kapitalgesellschaft ist gem. § 8b Abs. 6 i. V. m. Abs. 2 KStG bzw. gem. § 8b Abs. 2 KStG
grundsätzlich von der Körperschaftsteuer **freigestellt.** Allerdings gelten 5 %
des Veräußerungsgewinns nach § 8b Abs. 3 KStG als nicht abzugsfähige Betriebsausgabe, so dass im wirtschaftlichen Ergebnis nur eine 95 %-ige Freistellung erfolgt. Die Freistellung gilt nicht, soweit der Anteil in früheren
Jahren (d. h. vor Änderung des KStG mit Wirkung ab 2001/2002) steuerwirksam auf den niedrigeren Teilwert abgeschrieben und die Gewinnminderung nicht durch den Ansatz eines höheren Wertes ausgeglichen worden ist.
Eine Körperschaftsteuerpflicht ergibt sich allerdings in den Fällen, in denen
es sich um den Verkauf von Anteilen handelt, die im Zuge von schädlichen
Einbringungen nach dem UmwStG vor dessen Änderung durch das SEStEG
(Anmeldung zum Handelsregister bis 12.12.2006, § 27 Abs. 1 UmwStG)
i. S. d. § 8b Abs. 4 KStG a. F. entstanden sind. In diesen Fällen sind innerhalb einer Sieben-Jahres-Frist nach Entstehung der einbringungsgeborenen
Anteile Veräußerungsgewinne voll steuerpflichtig. Veräußerungsverluste
sind demgegenüber gem. § 8b Abs. 6 i. V. m. Abs. 3 KStG bei mittelbarer Beteiligung über eine Personengesellschaft oder gem. § 8b Abs. 3 KStG bei
unmittelbarer Beteiligung nicht steuerwirksam.

Der Verkauf von Anteilen an Kapitalgesellschaften durch **natürliche Per-** 843
sonen unterliegt dem **Teileinkünfteverfahren,** wenn die Beteiligung im Betriebsvermögen gehalten wird oder eine im Privatvermögen gehaltene wesentliche Beteiligung von mindestens 1 % vorliegt. Danach sind Veräußerungserlöse gem. § 3 Nr. 40a, b oder c EStG zu 60 % anzusetzen. Im Gegenzug sind die Betriebsvermögensminderungen gem. § 3c Abs. 2 EStG bei der
Ermittlung der Einkünfte zu 60 % abziehbar. Auch bei natürlichen Personen

unterliegt die Veräußerung von schädlichen einbringungsgeborenen Anteilen (entstanden durch Einbringungen nach dem UmwStG vor Änderung durch das SEStEG, siehe oben Rz. 283, 401) innerhalb einer Sieben-Jahres-Frist gem. § 3 Nr. 40 Satz 3 und 4 EStG a. F. in voller Höhe der Einkommensteuer.

844 Der steuerpflichtige Teil des **Veräußerungsgewinns bzw. -verlusts** unterliegt bei unmittelbarer Beteiligung auch der **Gewerbesteuer, wenn die Beteiligung in einem Betriebsvermögen gehalten wird.** Bei mittelbarer Beteiligung über eine Mitunternehmerschaft gilt dies nach § 7 Satz 4 GewStG ebenfalls.

845 Der Gewinn aus der **Veräußerung eines Personengesellschaftsanteils durch eine Kapitalgesellschaft** ist bei dieser in voller Höhe gewerbe- und körperschaftsteuerpflichtig. Gleiches gilt, wenn der veräußerte Personengesellschaftsanteil nur **mittelbar** über eine andere Personengesellschaft **von einer natürlichen Person** gehalten wird. Allerdings ist in diesem Fall die anfallende Gewerbesteuer grundsätzlich gem. § 35 EStG auf die Einkommensteuerschuld anrechenbar. Zu beachten ist, dass die Gewerbesteuerbelastung die Personengesellschaft selbst trifft. Hier sind ggf. zivilrechtliche Ausgleichsklauseln unter den bisherigen Gesellschaftern bzw. zwischen Veräußerern und Erwerbern vorzusehen.

846 Der Gewinn aus der Veräußerung eines Personengesellschaftsanteils durch eine **unmittelbar beteiligte natürliche Person** unterliegt demgegenüber grundsätzlich nur der Einkommensteuer und nicht der Gewerbesteuer, wenn es sich bei dem veräußerten Personengesellschaftsanteil um einen Mitunternehmeranteil handelt bzw. die nicht mitverkauften wesentlichen Betriebsgrundlagen des Sonderbetriebsvermögens entnommen werden.

847 Eine **Gewerbesteuerpflicht** kann sich allerdings bei vorangegangener Umwandlung von einer Kapitalgesellschaft in eine Personengesellschaft **nach § 18 Abs. 4 UmwStG** ergeben. Eine nach dieser Vorschrift angefallene Gewerbesteuer ist nicht gem. § 35 EStG anrechenbar.

848 Erfüllt die unmittelbar oder mittelbar veräußernde **natürliche Person** die Voraussetzungen des § 34 Abs. 3 EStG, ist der Gewinn aus der Veräußerung eines Mitunternehmeranteils bis zu einem Betrag von € 5 Mio. nach einem **ermäßigten Steuersatz** zu bemessen. Dies gilt allerdings nur für den steuerpflichtigen Teil des Veräußerungsgewinns, der nicht bereits dem Teileinkünfteverfahren (z. B. soweit zu dem veräußerten Betriebsvermögen Kapitalgesellschaftsanteile gehören) unterliegt.

849 **Voraussetzung** ist, dass der Steuerpflichtige das **55. Lebensjahr** vollendet hat oder im sozialversicherungsrechtlichen Sinne **dauernd berufsunfähig** ist. Der ermäßigte Steuersatz kann nur einmal im Leben in Anspruch genommen werden und gilt nur für einen Veräußerungs- oder Aufgabegewinn.

Siehe hierzu ausführlich *Stahl*, KÖSDI 2001, 12838; *Houben*, DStR 2006, 200.

II. Steuerrecht

Die unterschiedlichen Besteuerungsfolgen des Verkaufs von Anteilen an Kapital- und Personengesellschaften bringen es mit sich, dass im Fall der Veräußerung stets überlegt werden sollte, ob **vor dem Verkauf noch umstrukturiert** wird. Die Sinnhaftigkeit derartiger Maßnahmen hängt stets von den Umständen des Einzelfalles ab sowie von den Auswirkungen auf die Höhe des Kaufpreises. 850

Natürliche Personen, die an einer **Joint Venture GmbH & Co. KG** beteiligt sind, könnten ein **Interesse** haben, statt der Kommanditanteile an der Joint Venture GmbH & Co. KG **Kapitalgesellschaftsanteile** zu verkaufen (Teileinkünfteverfahren) oder sogar die (Kapitalgesellschafts-) Anteile an der Joint-Venture-Gesellschaft durch eine andere Kapitalgesellschaft verkaufen zu lassen (Freistellungsverfahren). Dies setzt allerdings eine langfristige Planung des Verkaufs der Anteile durch die Joint-Venture-Gesellschafter voraus, da nach der Einbringung von Mitunternehmeranteilen in eine Kapitalgesellschaft zu Buchwerten eine Behaltensfrist von 7 Jahren zu beachten ist, innerhalb derer eine Veräußerung der Kapitalgesellschaftsanteile rückwirkend zur Besteuerung der Einbringung führt (Einbringungsgewinn I). Allerdings verringert sich die Höhe des steuerpflichtigen Einbringungsgewinns I um 1/7 pro Jahr, siehe oben Rz. 401. 851

Natürliche Personen oder Kapitalgesellschaften, die an einer **Joint Venture GmbH** beteiligt sind, könnten ein **Interesse** daran haben, **Personengesellschaftsanteile** zu verkaufen, wenn der Veräußerungsgewinn nicht dem Teileinkünfteverfahren oder Freistellungsverfahren unterliegt und sie z. B. im Fall der Veräußerung von Personengesellschaftsanteilen einen höheren Veräußerungspreis erwarten. Zu beachten ist aber, dass der innerhalb von fünf Jahren nach dem Formwechsel entstehende Veräußerungsgewinn nach § 18 Abs. 3 UmwStG der Gewerbesteuer unterliegt, die nicht gem. § 35 EStG auf die Einkommensteuer angerechnet werden kann. Auch der **Erwerber** könnte wegen der möglichen Abschreibungen ein Interesse am Erwerb von Personengesellschaftsanteilen haben. 852

3. Spaltung

Das Gesellschaftsvermögen einer Joint-Venture-Gesellschaft kann **im Wege der Spaltung auf die Joint-Venture-Partner aufgeteilt** werden. Die steuerliche Behandlung der Spaltung hängt davon ab, ob es sich bei der zu spaltenden Gesellschaft und bei den übernehmenden Gesellschaften um Personen- oder Kapitalgesellschaften handelt. Danach sind folgende steuerliche Spaltungsfälle zu unterscheiden: 853

- Spaltung einer Personengesellschaft auf Personengesellschaften;
- Spaltung einer Personengesellschaft auf Kapitalgesellschaften;
- Spaltung einer Kapitalgesellschaft auf Kapitalgesellschaften;
- Spaltung einer Kapitalgesellschaft auf Personengesellschaften.

854 Die Spaltung des Gesellschaftsvermögens kann im Wege der **Auf- oder Abspaltung** erfolgen. Bei der Aufspaltung geht das gesamte Vermögen auf mehrere übernehmende Gesellschaften über, während bei der Abspaltung die übertragende Gesellschaft bestehen bleibt und ein Teil ihres Vermögens auf eine übernehmende Gesellschaft übergeht.

> Siehe Schaubilder Rz. 353 und Rz. 356.

855 Die Gesellschafter der übertragenden Gesellschaft werden grundsätzlich Gesellschafter der übernehmenden Gesellschaft. Da es gem. § 128 UmwG auch möglich ist, dass ein Gesellschafter der übertragenden an einer der übernehmenden Gesellschaften überhaupt nicht beteiligt wird (**Spaltung zu Null**),

> siehe *Priester*, in: Lutter/Winter, UmwG, § 128 Rz. 13,

kann die Spaltung auch zur Aufteilung des Vermögens auf die jeweiligen Joint-Venture-Partner genutzt werden.

856 Auch sollte bei Beendigung des Joint Venture geprüft werden, ob sich daraus Rückwirkungen auf die Einbringung ergeben, bspw. nach § 6 Abs. 5 Satz 4 EStG bei steuerneutraler Einbringung von Einzelwirtschaftsgüter siehe oben Rz. 344.

a) Spaltung einer Personengesellschaft

aa) Spaltung auf Personengesellschaften

857 Wird eine **Personengesellschaft auf andere Personengesellschaften** aufgespalten oder wird ein Teil des Vermögens auf andere Personengesellschaften abgespalten, so fällt dies nach hier vertretener Auffassung unter § 24 UmwStG und nicht (auch) unter die Realteilungsgrundsätze nach § 16 Abs. 3 EStG.

> Siehe dazu Rz. 353 ff und Rz. 356 ff.

858 Soweit § 24 UmwStG zur Anwendung kommt, ist die Spaltung **steuerneutral nur** möglich, wenn **Teilbetriebe oder Mitunternehmeranteile** auf- bzw. abgespalten werden.

859 Gelten **keine** steuerlichen **Sondervorschriften**, sind die Übertragungen **normal steuerpflichtig**.

bb) Spaltung auf Kapitalgesellschaften

860 Wird eine **Personengesellschaft auf Kapitalgesellschaften** aufgespalten oder wird ein Teil ihres Vermögens auf eine Kapitalgesellschaft abgespalten, so ist § 20 **UmwStG** anwendbar, wenn Gegenstand der Spaltung ein Betrieb, Teilbetrieb oder Mitunternehmeranteil ist.

> BMF-Schreiben v. 11.11.2011, BStBl I 2011, 1314 Rz. 01.44.

Darüber hinaus kann auch ein **Anteil an einer Kapitalgesellschaft** abgespalten werden, wenn die übernehmende Kapitalgesellschaft vor der Einbringung bereits mehrheitlich an den Stimmrechten der Kapitalgesellschaft beteiligt war, deren Anteile eingebracht werden, oder durch die Einbringung diese Stimmrechtsmehrheit erst erlangt wird. 861

Auch in diesem Fall wäre bei **Wahl des Buchwertansatzes** eine steuerneutrale Aufteilung des Vermögens auf die Joint-Venture-Partner möglich. 862

> Siehe dazu im Einzelnen *Schaumburg/Schumacher*, in: Lutter/Winter, UmwG, Anh. 1 nach § 151 Rz. 101 ff.

Die **Auf- und Abspaltung von Einzelwirtschaftsgütern** gegen Gewährung von Gesellschaftsrechten ist indes als Tausch nach § 6 Abs. 6 Satz 1 EStG gewinnrealisierend. 863

b) Spaltung einer Kapitalgesellschaft

Die Spaltung von Kapitalgesellschaften führt **grundsätzlich zu gewinnrealisierenden Übertragungsvorgängen**, wenn nicht die Sondervorschriften des §§ 15, 16 UmwStG in diesen Fällen eine abweichende Behandlung vorsehen. 864

aa) Spaltung auf Kapitalgesellschaften

Handelt es sich bei der Joint-Venture-Gesellschaft um eine **Kapitalgesellschaft**, so kann diese ebenfalls nach den §§ 123 ff UmwG gespalten werden. Erfolgt die Spaltung auf andere Kapitalgesellschaften, sind gem. § 15 Abs. 1 UmwStG die §§ 11–13 UmwStG vorbehaltlich des § 16 UmwStG entsprechend anzuwenden, wenn auf die Übernehmerinnen ein **Teilbetrieb** übertragen wird. Als Teilbetrieb gilt gem. § 15 Abs. 1 Satz 3 UmwStG auch ein **Mitunternehmeranteil** oder die **Beteiligung an einer Kapitalgesellschaft**, die das gesamte Nennkapital der Gesellschaft umfasst. Im Fall der Abspaltung muss das der übertragenden Kapitalgesellschaft verbleibende Vermögen ebenfalls zu einem Teilbetrieb gehören, § 15 Abs. 1 Satz 2 UmwStG. 865

> Siehe hierzu BMF-Schreiben v. 11.11.2011, BStBl. I 2011, 1314, Rz. 15.01;
> zum Begriff des Teilbetriebs bereits oben Rz. 390.

Im Fall der Spaltung einer Kapitalgesellschaft auf Kapitalgesellschaften sind **drei Besteuerungsebenen zu beachten**: 866

- die Ebene der übertragenden Körperschaft,
- die Ebene der übernehmenden Körperschaft und
- die Gesellschafterebene.

> Siehe ausführlich *Schwedhelm*, Rz. 64 ff, 603 ff und 726 ff;
> *Schaumburg*, in: Lutter/Winter, UmwG, Anh. 1 zu § 151 Rz. 61 ff.

E. Beendigung von Joint Ventures

867 Die **übertragende Körperschaft** hat eine steuerliche Schlussbilanz zu erstellen. Gemäß § 11 Abs. 1, Abs. 2 UmwStG hat sie unter bestimmten Voraussetzungen ein **Bewertungswahlrecht**, die Wirtschaftsgüter mit dem Buchwert oder maximal mit dem gemeinen Wert anzusetzen. Es ist jedoch zwingend der gemeine Wert anzusetzen, soweit

- nicht sichergestellt ist, dass die übergehenden Wirtschaftsgüter später bei der übernehmenden Körperschaft der Körperschaftsteuer unterliegen;
- das Recht der Bundesrepublik Deutschland hinsichtlich der Besteuerung des Gewinns aus der Veräußerung der übertragenden Wirtschaftsgüter bei der übernehmenden Körperschaft ausgeschlossen oder beschränkt ist (d. h. bereits die Anrechnungspflicht für ausländische Steuer auf weiteren Wertzuwachs in einer nicht nach einem DBA freigestellten Betriebsstätte ist steuerschädlich) oder
- eine Gegenleistung gewährt wird, die nicht in Gesellschafterrechten besteht.

868 Bei Wahl des Buchwertansatzes entsteht auf der Ebene der übertragenden Kapitalgesellschaft **kein Übertragungsgewinn**. Ein entstehender Übertragungsgewinn unterliegt der Körperschaftsteuer und gem. § 19 Abs. 1 UmwStG der Gewerbesteuer.

869 In § 15 Abs. 2 UmwStG ist eine Missbrauchsregelung vorgesehen. Ein **Missbrauch** liegt danach vor, wenn Mitunternehmeranteile und Beteiligungen innerhalb eines Zeitraums von drei Jahren vor dem steuerlichen Übertragungsstichtag durch Übertragung von Wirtschaftsgütern, die kein Teilbetrieb sind, erworben oder aufgestockt worden sind oder wenn durch die Spaltung die Voraussetzungen für eine Veräußerung geschaffen werden. Hiervon ist auszugehen, wenn innerhalb von fünf Jahren nach dem steuerlichen Übertragungsstichtag Anteile an einer an der Spaltung beteiligten Körperschaft, die mehr als 20 v. H. der vor dem Wirksamwerden der Spaltung an der Körperschaft bestehenden Anteile ausmachen, veräußert werden. Bei einer Trennung von Gesellschafterstämmen muss die Beteiligung an der übertragenden Körperschaft darüber hinaus mindestens 5 Jahre bestanden haben.

870 Die **übernehmende Körperschaft** hat die übergegangenen Wirtschaftsgüter gem. § 12 Abs. 1 UmwStG i. V. m. § 4 Abs. 1 UmwStG mit dem in der steuerlichen Schlussbilanz der übertragenden Körperschaft enthaltenen Wert zu übernehmen, so dass beim Buchwertansatz **grundsätzlich kein Übernahmegewinn** entsteht. Allerdings kann ein **Übernahmefolgegewinn** entstehen. Dies ist der Fall, wenn durch die Auf- oder Abspaltung eine Vereinigung von Forderungen und Verbindlichkeiten erfolgt. Ein derartiger steuerpflichtiger Übernahmefolgegewinn ist nur denkbar bei einer Auf- oder Abspaltung durch Aufnahme. Er entsteht bei einer inkongruenten Bewertung auszubuchender Forderungen und Verbindlichkeiten. Die übernehmende Körperschaft hat hierbei die Möglichkeit, in entsprechender Höhe eine den steuerlichen Ge-

winn mindernde Rücklage nach § 15 Abs. 1 Satz 1, § 12 Abs. 4, § 6 Abs. 1 UmwStG zu bilden. Die Rücklage ist in den auf ihre Bildung folgenden drei Wirtschaftsjahren mit mindestens je einem Drittel gewinnerhöhend aufzulösen.

Die Spaltung führt auf der **Ebene der Gesellschafter** zu einem **Anteilstausch**. An die Stelle ihrer Anteile an der übertragenden Körperschaft erhalten sie nunmehr Anteile an der übernehmenden Körperschaft. Dieser Anteilstausch führt gem. §§ 15 Abs. 1 Satz 1, 13 UmwStG bei Antrag auf Buchwertfortführung nicht zu einer Steuerpflicht, wenn das deutsche Besteuerungsrecht am Gewinn aus der Veräußerung der Anteile an der übernehmenden Körperschaft nicht ausgeschlossen oder beschränkt wird oder die Fusionsrichtlinie zur Anwendung kommt. 871

bb) Spaltung auf Personengesellschaften

Für die **Spaltung von Körperschaften auf eine oder mehrere Personenhandelsgesellschaften** sind in bestimmten Fällen gem. § 16 Satz 1 UmwStG die §§ 3–8, 10 und 15 UmwStG entsprechend anwendbar. Wie auch bei der Spaltung von Kapitalgesellschaften auf eine andere Kapitalgesellschaft sind drei Besteuerungsebenen zu unterscheiden, nämlich 872

- die Ebene der übertragenden Kapitalgesellschaft,
- die Ebene der übernehmenden Personengesellschaft und
- die Ebene der Gesellschafter.

> Siehe hierzu ausführlich *Schwedhelm*, Rz. 95 ff, 128 ff, 1199 ff und 1519 ff;
> *Schaumburg/Schumacher*, in: Lutter/Winter, UmwG, Anh. 1 zu § 151 Anm. 21 ff, 49 ff.

Nach § 16 Satz 1 i. V. m. § 3 UmwStG hat die **übertragende Körperschaft** eine steuerliche Schlussbilanz zu erstellen. Sie hat danach ein **Bewertungswahlrecht**, wenn auf die Übernehmerin ein Teilbetrieb übertragen wird. Als Teilbetrieb gilt gem. § 15 Abs. 1 Satz 3 UmwStG auch ein Mitunternehmeranteil oder die Beteiligung an einer Kapitalgesellschaft, die das gesamte Nennkapital der Gesellschaft umfasst. Im Falle der Abspaltung muss das verbleibende Vermögen ebenfalls zu einem Teilbetrieb gehören. Als Folge des Bewertungswahlrechts kann die übertragende Körperschaft ihr Vermögen mit dem Buchwert oder einem höheren, maximal dem gemeinen Wert, ansetzen. Wählt die übertragende Körperschaft den Buchwertansatz, entsteht auf ihrer Ebene kein körper- und gewerbesteuerpflichtiger Übertragungsgewinn. Die Fortführung der Buchwerte in der steuerlichen Übertragungsbilanz der Körperschaft steht gem. §§ 16 UmwStG unter dem Missbrauchsvorbehalt des § 15 Abs. 2 UmwStG, bei dessen Erfüllung ein Buchwertansatz ausgeschlossen ist. 873

> Zum Missbrauchsvorbehalt siehe Rz. 869.

874 Die **übernehmende Personenhandelsgesellschaft** hat gem. §§ 16 Satz 1, 4 Abs. 1 UmwStG die Wertansätze der steuerlichen Übertragungsbilanz der Körperschaft zu übernehmen. Wie auch im Zusammenhang mit der Spaltung von Kapitalgesellschaften auf Kapitalgesellschaften kann aber im Zuge der Auf- oder Abspaltung durch Vereinigung von Forderungen und Verbindlichkeiten ein Übernahmefolgegewinn entstehen.

> Zum Übernahmefolgegewinn siehe Rz. 888,
> sowie *Schaumburg/Schumacher*, in: Lutter/Winter, UmwG,
> Anhang § 151 Rz. 48.

875 Da die übernehmende Personenhandelsgesellschaft als solche nicht der Einkommensbesteuerung unterliegt, sind die **steuerlichen Auswirkungen** der Auf- oder Abspaltung im Wesentlichen auf **Gesellschafterebene** angesiedelt.

> Siehe dazu im Einzelnen
> *Schaumburg/Schumacher*, in: Lutter/Winter, UmwG, Anhang
> § 151 Rz. 49 ff.

876 Dabei soll die Darstellung hier auf Anteile in einem inländischen Betriebsvermögens des Gesellschafters begrenzt werden. Nach §§ 16 Satz 1, 7 UmwStG kommt es zu einer fiktiven **Ausschüttung der offenen Gewinnrücklagen** der Kapitalgesellschaft, die bei den Anteileignern den Regeln der Dividendenbesteuerung unterliegt.

> Zur Besteuerung der offenen Rücklagen siehe Rz. 369.

877 Daneben ist der auf der Ebene des **Gesellschafters** zu erfassender Übernahmegewinn bzw. Übernahmeverlust zu ermitteln, der sich als Unterschiedsbetrag zwischen dem Wert, mit dem die übergehenden Wirtschaftsgüter seitens der Personenhandelsgesellschaft gem. §§ 16 Satz 1, 4 Abs. 1 UmwStG zu übernehmen sind, und dem Buchwert der Anteile an der Kapitalgesellschaft ergibt.

878 Der Übernahmegewinn bleibt außer Ansatz, soweit er auf eine Kapitalgesellschaft als Mitunternehmerin der Personengesellschaft entfällt. Allerdings gelten 5 % als nicht abzugsfähige Betriebsausgabe. Bei natürlichen Personen ist er zu 60 % anzusetzen.

4. Realteilung

879 Auch die Realteilung führt zur Übertragung von Wirtschaftsgütern, die **grundsätzlich steuerpflichtig** ist. Nach § 16 Abs. 3 Satz 2 EStG kann eine **Personengesellschaft aber** in der Weise **real geteilt** werden, dass Teilbetriebe, Mitunternehmeranteile oder einzelne Wirtschaftsgüter in das jeweilige Betriebsvermögen der einzelnen Mitunternehmer übertragen werden.

> Siehe ausführlich zur Realteilung bereits oben Rz. 352 ff.

880 In diesen Fällen ist der **Buchwert zwingend** anzusetzen, sofern die Besteuerung der stillen Reserven sichergestellt ist. Der Buchwert ist allerdings

bei einer Realteilung, bei der einzelne Wirtschaftsgüter übertragen werden, nicht anzuwenden, soweit die Wirtschaftsgüter unmittelbar oder mittelbar u. a. auf eine Kapitalgesellschaft übertragen werden. In diesem Fall ist insoweit bei der Übertragung der gemeine Wert anzusetzen.

Des Weiteren besteht eine **Mindestbehaltefrist des Übernehmers von drei Jahren**, wenn bestimmte Einzelwirtschaftsgüter zum Buchwert übertragen worden sind. Hierbei handelt es sich um übertragenen Grund und Boden, übertragene Gebäude oder andere übertragene wesentliche Betriebsgrundlagen. Werden diese innerhalb der Frist ein weiteres Mal übertragen, ist für den vorangegangenen Übertragungsvorgang rückwirkend der gemeine Wert anzusetzen. 881

Im Wege der Realteilung wäre es den **Partnern einer Joint Venture GmbH & Co. KG** daher möglich, die Joint-Venture-Gesellschaft in der Weise real zu teilen, dass jeder Joint-Venture-Partner seine Wirtschaftsgüter zum Buchwert zurückerhalten kann, wenn sie nicht anschließend innerhalb der dreijährigen Sperrfrist veräußert oder entnommen werden. Der Buchwertansatz setzt allerdings voraus, dass es sich bei den Joint-Venture-Partnern nicht um Kapitalgesellschaften handelt. Die Übertragung einzelner Wirtschaftsgüter im Wege der Realteilung auf Mitunternehmer in der Rechtsform der Kapitalgesellschaft ist insoweit nur zum gemeinen Wert mit der entsprechenden Gewinnrealisierung möglich. Ggf. ist an zivilrechtliche Ausgleichsklauseln zu denken, wenn diese Sperrfristen verletzt werden. 882

> Zu Einzelheiten siehe
> L. Schmidt/*Wacker*, EStG, § 16 Rz. 530-558.

Alternativ könnte auch § 6 Abs. 5 Satz 3 EStG u. U. eine steuerneutrale Übertragung von Vermögenswerten auf einen Mitunternehmer ermöglichen, soweit diese **unentgeltlich** oder **gegen Minderung von Gesellschaftsrechten** erfolgt (siehe dazu oben Rz. 338). 883

5. Liquidation

Im Liquidationsfall veräußert die Joint-Venture-Gesellschaft ihr gesamtes Vermögen und/oder verteilt es auf die Joint-Venture-Partner. Die steuerliche Behandlung der Liquidation hängt entscheidend von der Rechtsform der Joint-Venture-Gesellschaft und ihrer Gesellschafter ab. 884

a) Personengesellschaften

Die **Veräußerung von Einzelwirtschaftsgütern** ist grundsätzlich einkommen-, körperschaft-, gewerbe- und umsatzsteuerpflichtig. Unter bestimmten Umständen kann es sich um begünstigte Gewinne i. S. d. § 16 EStG (**Betriebs- oder Teilbetriebsveräußerung, Betriebsaufgabe**) handeln. Ein Gewinn i. S. d. § 16 EStG ist von der Gewerbesteuer freigestellt, soweit natürliche Personen unmittelbar beteiligt sind. Anderenfalls ist der Veräußerungsgewinn gewer- 885 besteuerpflichtig. Sind natürliche Personen über eine andere Personengesellschaft an der Joint-Venture-Personengesellschaft beteiligt, können sie allerdings die Gewerbesteuer nach § 35 EStG anrechnen.

886 Die **Übertragung von Wirtschaftsgütern von der Personengesellschaft auf ihre Gesellschafter** ist ebenfalls grundsätzlich ertragsteuerpflichtig. Allerdings kann unter Umständen eine Ertragsteuerpflicht nach § 6 Abs. 5 Satz 3 EStG, § 16 Abs. 3 EStG oder im Wege der Spaltung vermieden werden. Nach § 6 Abs. 5 Satz 3 EStG können in bestimmten Fällen Wirtschaftsgüter unentgeltlich oder gegen Minderung von Gesellschaftsrechten aus dem Gesamthandsvermögen einer Mitunternehmerschaft zum Buchwert übertragen werden. Wird allerdings das übertragene Wirtschaftsgut innerhalb einer Sperrfrist von drei Jahren veräußert oder entnommen, ist rückwirkend auf den Zeitraum der Übertragung der Teilwert anzusetzen. Dies kann voraussichtlich nicht durch Aufstellung einer Ergänzungsbilanz und Zuordnung der entstandenen stillen Reserven zur übertragenden Gesellschaft verhindert werden.

L. Schmidt/*Kulosa*, EStG, § 6 Rz. 707;
vgl. auch Wortlaut des BMF-Schreibens v. 8.12.2011,
BStBl. I 2001, 1279.

b) Kapitalgesellschaften

887 Der **Liquidationsgewinn** einer Kapitalgesellschaft ist körper- und gewerbesteuerpflichtig, siehe § 11 KStG. Die Übertragung von Wirtschaftsgütern auf die Gesellschafter als Liquidationsraten bzw. Sachdividende führt zu einer Gewinnrealisierung und kann nicht zum Buchwert erfolgen. Die Körperschaftsteuerpflicht endet erst mit dem Abschluss der Liquidation. Dabei wird im Liquidationsfall der Grundsatz, dass ein Wirtschaftsjahr nicht mehr als 12 Monate haben soll, durchbrochen. Nach § 11 Abs. 2 Satz 2 KStG soll der Besteuerungszeitraum jedoch drei Jahre (36 Monate) nicht übersteigen. Die Liquidationsraten unterliegen beim Gesellschafter den gleichen Besteuerungsregeln wie Dividenden, siehe oben Rz. 262.

888 Unter Umständen kann eine Übertragung auf die Gesellschafter *steuerneutral gestaltet* werden. Voraussetzung ist, dass z. B. die Grundsätze über die Spaltung von Kapitalgesellschaften nach Umwandlungssteuergesetz zur Anwendung kommen oder dass § 8b Abs. 2 KStG auf den Übertragungsvorgang anwendbar ist.

F. Länderstandortwahl

Die vorstehenden Ausführungen sind im Wesentlichen von einer deutschen 889
Joint-Venture-Gesellschaft mit operativem Geschäft in Deutschland ausgegangen. Die Rechtsfolgen aus deutscher steuerlicher Sicht sind weitgehend identisch, wenn für das operative Geschäft in Deutschland eine ausländische Rechtsform gewählt wird, die ihren Ort der Geschäftsleitung in Deutschland hat.

> Zu Einzelheiten einer „deutschen" Limited siehe
> *Pohl*, in: Festschrift Raupach, S. 375 ff;
> *ders.*, in JbFfStR 2005/2006, 387 ff, 470 ff.

Durch die EU-weite Öffnung des UmwStG im Rahmen des SEStEG sind 890
sogar steuerneutrale, grenzüberschreitende Einbringungen in Deutschland nur beschränkt steuerpflichtiger Kapitalgesellschaften möglich, soweit diese die Wirtschaftsgüter in einer inländischen Betriebsstätte halten.

> Vgl. auch *Ropohl/Schulz*, GmbHR 2008, 561, 567.

Für **Outbound-Investitionen** eines deutschen Joint-Venture-Partners, bei 891
denen das operative Geschäft des Joint Ventures nicht im Inland geführt wird und **reine Holdingobergesellschaften**, deren Standort nicht durch das operative Geschäft vorgegeben ist,

> Siehe näher *Kessler*, Die Euro Holding, 97 ff;
> *Raupach/Pohl*, JbFfStR 2004/2005, 449/456,

gelten folgende Überlegungen zum Länderstandort:

I. Allgemeines

Insbesondere folgende Standortfaktoren sind allgemein und im Besonderen 892
für Joint-Venture-Gesellschaften zu beachten:

Außersteuerliche Standortfaktoren sind 893

- die Höhe der Löhne und Lohnnebenkosten,

- die Infrastruktur, insbesondere der Stand der Verkehrs- und Informationstechnologien,

- die Stabilität der Finanzmärkte und Wechselkurse,

- das Arbeitskräftepotential und dessen Ausbildungsstand,

- die Frage des Einflusses von Gewerkschaften und der Mitbestimmung der Arbeitnehmer,

- das soziale, wirtschaftliche, kulturelle und allgemein-politische Umfeld,

- ein flexibles Gesellschaftsrecht,

- Rechtssicherheit und Durchsetzbarkeit.

894 Steuerliche Standortfaktoren sind

- laufende Ertragsbesteuerung der Joint-Venture-Gesellschaft,
- Freistellung von Dividenden, Beteiligungsveräußerungsgewinnen und Betriebsstättengewinnen,
- Abzugsfähigkeit von Refinanzierungskosten, Beteiligungsabschreibungen und Betriebsstättenverlusten,
- umfassendes Netz von Doppelbesteuerungsabkommen (Quellensteuerminimierung bei Dividenden, Zinsen, Lizenzen),
- Erhaltung und Abzugsfähigkeit von Verlustvorträgen,
- erträgliche Anforderungen an die Dokumentation von Verrechnungspreisen,
- Rechtssicherheit durch verbindliche Auskünfte,
- günstige Besteuerung einer Holding und von Führungskräften,
- geringe Belastung durch Substanz- oder Kapitalverkehrssteuern (z. B. auf Kapitaleinlagen).

Siehe Raupach/Pohl, JbFStR 2004/2005, 449/456.

895 Da in Deutschland bei Holdingkapitalgesellschaften 5 % der Dividenden und auch 5 % der Beteiligungsveräußerungsgewinne als nicht abzugsfähige Betriebsausgaben behandelt werden, wird Deutschland als reiner Holdingstandort häufig gemieden. Eine wirkliche Konkurrenzfähigkeit besteht nicht.

Siehe zur Steuerplanung mit Holdinggesellschaften,
Bader, 2. Aufl., 2007, 65;
zum Holdingstandort Deutschland ausführlich
Jacobs, Internationale Unternehmensbesteuerung, 1041 ff.

II. Aus rechtlicher Sicht

896 Wollen Partner aus zwei verschiedenen Ländern ein inkorporiertes Joint Venture schaffen, dann stellt sich meist zwangsläufig die Frage, nach welchem Recht die Joint-Venture-Gesellschaft errichtet werden soll. Denkbar ist jedoch auch, dass zwei deutsche Firmen ihre internationalen Aktivitäten auf einem bestimmten Geschäftsfeld in einem inkorporierten Joint Venture bündeln wollen und entscheiden müssen, ob sie die Projektgesellschaft in Deutschland oder unter einer ausländischen Gerichtsgewalt errichten.

897 Wenn nicht zwingende Investitionsgesetze des ausländischen Partners die Errichtung der Joint-Venture-Gesellschaft im betroffenen Ausland vorschreiben, sind es zumeist – neben den noch zu behandelnden steuerlichen Themen – praktische Erwägungen, die die Wahl einer bestimmten Rechtsordnung bestimmen (z. B. Ort der Produktions- bzw. F&E-Stätten; Vorhandensein personeller Ressourcen; Vertrautheit mit der eigenen Rechtsordnung). Zur Abstimmung mit den Beratern sollten die Vor- und Nachteile einer Länderstandortwahl frühzeitig ausgelotet werden. Dies gilt in besonderem Maße für die nachfolgenden Fragen des Steuerrechts.

> Vgl. im Übrigen zu den international-privatrechtlichen Fragen von Joint Ventures, *Göthel*, RIW 1999, 556 ff.

III. Aus steuerlicher Sicht

Die steuerliche Planung bei Gründung eines internationalen Joint Ventures lässt sich ausgehend von den unter I. dargestellten Standortfaktoren in drei Phasen unterteilen. Ziel ist auch hier 898

- die Vermeidung von Steuern bei der Errichtung eines Joint Ventures (insbes. keine Aufdeckung von stillen Reserven);
- eine möglichst niedrige laufende Besteuerung bzw. optimale Ausnutzung von (Anlauf-)Verlusten sowie steuergünstige Repatriierung der Gewinne und
- ein steueroptimaler Exit bei Veräußerung oder Beendigung.

> Siehe näher *Jacobs*, Internationale Unternehmensbesteuerung, 1274 ff.

Dabei wird der Entscheidungsspielraum für den steueroptimalen Standort einer Joint-Venture-Gesellschaft häufig durch außersteuerliche Faktoren bereits eingeengt sein. Auch ist vor der Vorstellung zu warnen, es gäbe allgemeingültige Patentrezepte. Schließlich kann es bei der Entscheidung über den Standort der Joint-Venture-Gesellschaft gerade bei steuerlich in verschiedenen Staaten ansässigen Joint-Venture-Partnern zu **Zielkonflikten** kommen, die nur durch Zugeständnisse eines Partners in anderen Bereichen zu lösen sind. Teils werden in Verhandlungen aber auch steuerliche Gründe von einem Partner vorgeschoben, um die faktische Führung durch Ansässigkeit der Joint-Venture-Gesellschaft im eigenen Land zu erreichen. 899

1. Steuerliche Einordnung ausländischer Rechtsformen

Bei der steuerlichen Beurteilung eines Joint Ventures ausländischer Rechtsform ist dieses zunächst für deutsche Besteuerungszwecke als Personen- oder Kapitalgesellschaft zu qualifizieren. Dies ist insbesondere bei einer US-amerikanischen Limited Liability Company (LLC) schwierig. Aus Sicht eines inländischen Gesellschafters: Werden unmittelbar Einkünfte aus Gewerbebetrieb nach § 15 Abs. 1 Nr. 2 EStG (Mitunternehmerschaft, Transparenzprinzip) erzielt oder erst bei Ausschüttung Einkünfte aus Kapitalvermögen nach § 20 Abs. 1 Nr. 1 EStG (Kapitalgesellschaft, Trennungsprinzip)? 900

Für die Einordnung ist entscheidend, ob die für die vergleichbare deutsche Rechtsform typischen Merkmale vorhanden sind. 901

BMF-Schreiben v. 16.4.2010, BStBl. I 2010, 354, Tz. 1.2;
Abschnitt H 4 KStR 2004 mit Verweis auf den Betriebsstätten-
erlass v. 24.12.1999, BStBl. I, 1076 und die dortige Übersicht der
Rechtsformen ausländischer Unternehmen im Anhang.

902 Dabei liegt es im Wesen des Typenvergleichs, dass nicht völlige Vergleichbarkeit erforderlich ist, sondern eine weitgehende Ähnlichkeit.

a) Allgemeines zur US LLC

903 Die LLC ist eine der meistverwendeten Unternehmensformen in den USA. Eine Vorbildfunktion hat dabei das Gesellschaftsrecht von Delaware.

904 Sie eignet sich insbesondere auch als Joint-Venture-Gesellschaft in den USA, da sie einerseits eine beschränkte Haftung bietet und andererseits in den USA nach den sog. „check-the-box-Regeln" wählen kann, ob sie der Körperschaftsbesteuerung unterliegt oder nicht. Im Grundsatz ist die LLC dabei steuerlich als transparent zu behandeln (default-classification). Ein US-Joint-Venture-Partner wird dabei ein Interesse daran haben, dass keine Option zur US-Körperschaftsteuer erfolgt. Denn im „klassischen" US-Körperschaftsteuersystem wird eine Doppelbelastung der Gewinne durch ein nationales Schachtelprivileg nur bei einer mindestens 80 %-igen Beteiligung vermieden

Wittkowski/Kleinknecht, Die US-Limited Liability Company,
IWB 2009/5 Fach 3, Gruppe 2, 1403.

b) Qualifikation nach BMF-Schreiben vom 19. März 2004

905 Die Einordnung der LLC nach deutschem Steuerrecht war lange Zeit ungeklärt. In dem BMF-Schreiben vom 19.3.2004, IV B 4 S 1301 USA 22/04 (BStBl. I 2004, 411) wurde schließlich festgestellt, dass in Hinblick auf die weit reichenden Wahlmöglichkeiten für die Ausgestaltung einer LLC nach dem Recht der US-Bundesstaaten keine generelle Aussage über die Einordnung für deutsche Besteuerungszwecke möglich ist. Vielmehr erfolgt die Beurteilung anhand der konkreten Gestaltung, d. h. nach den Gesetzesbestimmungen und den Vereinbarungen im Gesellschaftsvertrag im Einzelfall.

Die Merkmale des BMF-Schreibens bestätigend:
BFH, v. 20.8.2008 – I R 34/08, BStBl. II 2009, 263.

906 *Folgende Kriterien* sollen insbesondere maßgebend sein:

1. Zentralisierte Geschäftsführung und Vertretung

2. Beschränkte Haftung

3. Freie Übertragbarkeit des Anteils

4. Gewinnzuteilung durch Gesellschafterbeschluss

5. Kapitalaufbringung

6. Unbegrenzte Lebensdauer der Gesellschaft

III. Aus steuerlicher Sicht

7. Gewinnverteilung

8. Formale Gründungsvoraussetzungen

Die Merkmale seien zu gewichten. Kein Merkmal habe eine ausschlaggebende Bedeutung. Soweit sich kein eindeutiges Gesamtbild ergebe, sei die Gesellschaft als Körperschaft einzustufen, wenn bei ihr die Mehrzahl der unter 1. bis 5. genannten Kriterien, die für eine Körperschaft sprächen, vorhanden sei. Das unter 6. genannte Kriterium ist unter den näher im Erlass beschriebenen Voraussetzungen einzubeziehen. Danach spricht es für eine Personengesellschaft, wenn die Gesellschaft bei Eintritt bestimmter Ereignisse ohne Weiteres aufgelöst wird und die Fortführung nur durch einen gesondert zu fassenden Gesellschafterbeschluss möglich ist. 907

Die Merkmale können hier nicht detailliert dargestellt werden. Insbesondere ist aber auf Tz. IV 1 des BMF-Schreiben (a. a. O.) hinzuweisen. Die Zentralisierung von Geschäftsführung und Vertretung spricht danach für eine Kapitalgesellschaft. Dazu wird „apodiktisch" festgestellt, dass auch dann von einer zentralisierten Geschäftsführung auszugehen ist, wenn an der LLC ein oder mehrere zur Geschäftsführung (und Vertretung) berufene Gesellschafter in der Rechtsform einer Körperschaft beteiligt sind und deren Geschäftsleitungsorgan (z. B. board of directors) auch Gesellschaftsfremde angehören. Das überzeugt nicht, da der für eine deutsche Personengesellschaft kennzeichnende Grundsatz der Selbstorganschaft in dieser Konstellation gewahrt bleibt, 908

so auch *Fahrenberg/Henke*, IStR 2004, 485/486 f.

Angesichts der vorrangigen Gewichtung nach dem Gesamtbild der Verhältnisse wird man in der Praxis regelmäßig nicht auf die Einholung einer gebührenpflichtigen verbindlichen Auskunft verzichten können. 909

Speziell zur Besteuerung eines **Joint Ventures zwischen den USA und Deutschland** in Form einer Kapitalgesellschafts- oder Personengesellschaftsholding: 910

Vgl. *Kölbl*, StuB 2007, 211 ff; 416 ff.

2. Gründung des ausländischen Joint Ventures

Eine **erfolgsneutrale Überführung von einzelnen Wirtschaftsgütern** in eine Kapitalgesellschaft **scheitert** bereits im reinen Inlandsfall, siehe oben Rz. 389. Sie ist aber auch nicht in eine ausländische Joint-Venture-Personengesellschaft möglich, wenn diese im Inland keine Betriebsstätte begründet, in der das Wirtschaftsgut verbleibt. Denn dann werden die Wirtschaftsgüter steuerlich entstrickt, § 4 Abs. 1 Sätze 3 und 4 EStG. Nachdem der BFH durch Urteil v. 17.7.2008, I R 77/06, BStBl. I 2009, 464 entschieden hatte, dass die Überführung in eine ausländische Betriebsstätte nicht zur sofortigen Besteuerung der stillen Reserven führt (Aufgabe der Theorie der finalen Entnahme) 911 wurde durch das Jahressteuergesetz 2010 in § 4 Abs. 1 EStG der Satz 4 neu eingefügt, der die Überführung in eine ausländische Betriebsstätte ausdrücklich als Fall der schädlichen Beschränkung des deutschen Besteuerungsrechts nennt. Dabei ist auch letztlich unerheblich, ob der inländische Joint-Venture-Partner mit seinen Gewinnen aus der durch die Personengesellschaft vermittelte ausländische Betriebsstätte nach einem DBA im Inland zur Vermeidung der Doppelbesteuerung freigestellt ist oder nach dem DBA bzw. § 34c EStG nur die ausländische Steuer auf die inländische angerechnet wird. Denn bereits in der Gewährung der Anrechnung liegt eine Einschränkung des deutschen Besteuerungsrechts.

> Die Vereinbarkeit der deutschen Entstrickungsregelung mit EU-Recht ist umstritten, vgl.
> EuGH, v. 29.11.2011 – C-371/10, Rs. National Grid Indus, IStR 2012, 27 mit Anm. von *Körner*, IStR 2012, 1 ff und *Mitschke*, IStR 2012, 6 ff.

912 Letztlich gilt eine entsprechende Klausel auch bei den unter das **UmwStG fallenden Vorgängen,** soweit die Wirtschaftsgüter nicht in einer inländischen Betriebsstätte steuerverhaftet bleiben; § 3 Abs. 2, § 11 Abs. 2, § 13 Abs. 2, § 20 Abs. 2, § 21 Abs. 2, § 22 Abs. 1 § 24 Abs. 2 UmwStG.

> Vgl. auch *Ropohl/Schulz*, GmbHR 2008, 561, 567.

913 Kapitalgesellschaften können sich den Umstand zu Nutze machen, dass Gewinne aus der **Veräußerung von Kapitalgesellschaftsbeteiligungen** im Grundsatz bei Ihnen zu 95 % körperschaft- und gewerbesteuerfrei sind, siehe oben Rz. 387.

3. Laufende Besteuerung des Joint Ventures

914 Bei direkter Beteiligung an einer Personengesellschaft mit operativem Geschäft im Ausland, erzielt der inländische Gesellschafter nach dem Transparenzprinzip **ausländische Betriebsstätteneinkünfte.** Nach den meisten DBA werden diese zur Vermeidung einer Doppelbesteuerung im Inland steuerfrei gestellt (für natürliche Personen unter Progressionsvorbehalt nach § 32b Abs. 1 Nr. 3 EStG). Ansonsten erfolgt eine Versteuerung auch im Inland im Rahmen der unbeschränkten Steuerpflicht unter Anrechnung der ausländischen Steuern nach DBA bzw. § 34c EStG. Für die Gewerbesteuer ergibt sich die Freistellung aus § 9 Nr. 2 bzw. 3 GewStG.

915 Eine Freistellung nach dem DBA führt auch dazu, dass die Betriebsstättenverluste im Inland nicht berücksichtigt werden können. Nach der Rechtsprechung des EuGH ist dies mit EU-Recht vereinbar, wenn endgültig im EU-Ausland nicht mehr verrechenbare Verluste (z. B. Liquidation einer Fehlinvestition) im Inland berücksichtigt werden müssen.

> Siehe EuGH-Urteil Lidl Belgium v. 15.5.2008 – Rs. C-414/06, Slg. I 2008, 3601, IStR 2008, 400;
> EuGH-Urteil Krankenheim Wannsee v. 23.10.2008
> – RS. C-157/07, Slg. I 2008, 8061, IStR 2008, 769;

III. Aus steuerlicher Sicht

BFH, v. 9.6.2010 – I R 107/09, BFH/NV 2010, 1744;
BFH, v. 9.6.2010 – I R 100/09, BStBl. II 2010, 1065.

Es besteht das Risiko von „vagabundierendem" Zinsaufwand für eine fremdfinanzierte Kapitalausstattung bzw. den Erwerb der Personengesellschaft, der in ein steuerliches Niemandsland fallen kann, da Deutschland diese Aufwendungen als Sonderbetriebsausgaben der Betriebsstätte zurechnet. Hingegen ist der Sonderbetriebsvermögensbereich im Ausland regelmäßig nicht vorgesehen, so dass auch dort die Zinsen nicht abgezogen werden können. **916**

Siehe *Jacobs*, Internationale Unternehmensbesteuerung, 1280.

Nach dem Trennungsprinzip versteuert eine **ausländische Joint-Venture-Kapitalgesellschaft** ihre operativen Gewinne außerhalb inländischer Betriebstätten im Ausland. Zu beachten sind aus Sicht eines inländischen Partners ggf. die Regeln der Hinzurechnungsbesteuerung, §§ 7 ff AStG, die aber im Hinblick auf aktive Einkünfte i. S. v. § 8 Abs. 1 AStG auch bei einer niedrigen Besteuerung im Ausland nicht greifen. Darüber hinaus ist für die Anwendung der **Hinzurechnungsbesteuerung** auch erforderlich, dass mehrheitlich unbeschränkt Steuerpflichtige an der niedrig besteuerten Kapitalgesellschaft beteiligt sind (Ausnahme: Zwischeneinkünfte mit Kapitalanlagecharakter, § 7 Abs. 6a AStG). Die Zwischenschaltung von **substanzlosen Basisgesellschaften** ohne wirtschaftlichen oder sonst beachtlichen Grund wird ohnehin bereits nach § 42 AO nicht anerkannt. **917**

Für **ausländische Dividenden** gelten keine Besonderheiten im Vergleich zu inländischen Dividenden (Kapitalgesellschaft als Gesellschafter: Freistellung nach § 8b Abs. 1 KStG, aber 5 % als nicht abzugsfähige Betriebsausgabe, natürliche Person als Gesellschafter im Betriebsvermögen Teileinkünfteverfahren von 60 % bzw. im Privatvermögen Abgeltungssteuer nach § 32d EStG). **918**

Ausländische Kapitalertragsteuer auf die Dividenden an natürliche Personen als Gesellschafter vermindert sich nach den meisten DBA auf 15 % und wird bei natürlichen Personen bis zur Höhe der deutschen Einkommensteuer voll angerechnet (nicht nur anteilig zu 60 %). **919**

Tischbirek, in: Vogel/Lehner, OECD-MA, Art. 10 Rz. 67;
Vogel, in: Vogel/Lehner, OECD-MA, Art. 23 Rz. 171.

Bei inländischen Kapitalgesellschaften kann wegen der Dividendenfreistellung nach § 8b Abs. 1 KStG keine Anrechnung ausländischer Kapitalertragsteuern erfolgen, weshalb sich die Zusatzbelastung ergibt. Selbst wenn die Dividende innerhalb der EU nach der Mutter-Tochter-Richtlinie, ansonsten nach einem DBA (z. B. Schweiz, USA aber erst ab 80 % Beteiligung) auf 0 % abgesenkt wird, bleibt es nach Auffassung der Finanzverwaltung voraussichtlich bei 5 % nicht abzugsfähiger Betriebsausgaben, § 8b Abs. 5 KStG. **920**

Dötsch/Pung, in: Dötsch/Jost/Pung/Witt, § 8b KStG Rz. 226.

Um diese Belastungen zu vermeiden, wird auf ausländische Personengesellschaften ausgewichen. Die USA erheben aber insoweit ein Äquivalent zu **921**

Kapitalertragsteuer auf Dividenden, die sog. branch profit tax auf einen US-Betriebsstättengewinn, siehe Art. 10 Abs. 9 DBA USA.

4. Beendigung des Joint Ventures

922 Im Fall einer ausländischen Personengesellschaft gilt für den **Veräußerungs- bzw. Aufgabegewinn** das zum laufenden Gewinn Ausgeführte. Nach den meisten DBA ist dieser Gewinn von der inländischen Besteuerung (ggf. unter Progressionsvorbehalt bei natürlichen Personen) freigestellt.

923 Der Gewinn aus der Veräußerung einer ausländischen Kapitalgesellschaft steht regelmäßig nach den von Deutschland abgeschlossenen DBAs dem Ansässigkeitsstaat des veräußernden Gesellschafters zu. Es gelten keine Besonderheiten im Vergleich zur Veräußerung einer inländischen Kapitalgesellschaftsbeteiligung (Kapitalgesellschaft als Gesellschafter: Freistellung nach § 8b Abs. 2 KStG, aber 5 % des Veräußerungsgewinns als nicht abzugsfähige Betriebsausgabe; natürliche Person als Gesellschafter; im Betriebsvermögen Teileinkünfteverfahren von 60 % bzw. im Privatvermögen Abgeltungssteuer nach § 32d EStG, siehe bereits oben Rz. 724).

Stichwortverzeichnis

Absichtserklärung 26, 36 ff
Abspaltung 356 ff, 745 ff, 854 ff
s. a. Spaltung
– von Kapitalgesellschaften auf Kapitalgesellschaften 410, 864
– von Kapitalgesellschaften auf Personengesellschaften 370, 872 ff
– von Personengesellschaften auf Kapitalgesellschaften 860 ff
– von Personengesellschaften auf Personengesellschaften 353 ff, 857 ff
Abziehbarkeit von Aufwendungen 291
Ad-hoc-Lösung 678
Aktiengesellschaft
– kleine 71 ff
– Sonderfragen 235 ff
Andienungspflichten/-rechte (gesellschaftsrechtliche) 738, 771 f
Anteile an Kapitalgesellschaften im Betriebsvermögen
– auf Personengesellschaften 339 f
Anteile an Kapitalgesellschaften im Privatvermögen
– auf Kapitalgesellschaften 404
– auf Personengesellschaften 394
Anteile, Übertragung von einbringungsgeborenen
– auf eine Personengesellschaft 283, 401
– auf eine Kapitalgesellschaft 283, 401
Aufsichtsrat
– fakultativer 562 ff
– obligatorischer 567 ff
Aufspaltung 353 ff, 853 ff
s. a. Spaltung
– von Kapitalgesellschaften auf Kapitalgesellschaften 410, 864

– von Kapitalgesellschaften auf Personengesellschaften 370, 872 ff
– von Personengesellschaften auf Kapitalgesellschaften 860 ff
– von Personengesellschaften auf Personengesellschaften 353 ff, 857 ff
Ausstiegsklauseln 779 ff, 830 ff
s. a. Beendigungsmechanismen
– Regelungsgegenstände 786 ff
– Vorteile 819 f
– Nachteile 821 ff
Aufwendungen, abziehbare 291
Ausgliederung von Vermögensteilen auf Personengesellschaften
– Ausgliederung von Betrieben, Teilbetrieben, Mitunternehmeranteilen 375
– Ausgliederung von Einzelwirtschaftsgütern 374

Beendigung eines Joint Ventures, Besteuerung der 827 ff
– Liquidation 884 ff
s. a. Liquidation
– Realteilung 352, 879 ff
s. a. Realteilungen
– Spaltung 853 ff
s. a. Spaltungen
– Übertragungen von Vermögenswerten 827 ff
– Veräußerungen 838 ff
s. a. Veräußerungen
Beendigungsmechanismen 690 f, 742 ff
– Kündigung 742 f
– Liquidation 754
s. a. Ausstiegsklauseln
– Realteilung 753
– Spaltung 745 ff
– Verkauf des Geschäftsbetriebes/der Anteile 744

Besteuerung von Joint Ventures
s. a. Gesellschaft, Gesellschafter
- der G. von Holdinggesellschaften 713, 724 ff, 895
- Joint-Venture-Gesellschaft 700 ff
Bestimmtheitsgebot 141 ff
Beteiligungserträge
- Besteuerung in Deutschland 724, 914
- internationaler Besteuerungsvergleich 920
Beteiligungsverträge 98
Betriebsausgaben, nicht abziehbare 282, 309, 387, 709, 719
Betriebsgrundlage, wesentliche 375
- funktional wesentlich 379
- quantitativ wesentlich 380
Beurkundungserfordernis 102 ff
- Änderung von beurkundeten Verträgen 121 ff
- bei Gründung der Joint-Venture-Gesellschaft 102 ff
- bei Übertragung von Grundeigentum 111
- bei Veräußerung von Anteilen 105 ff
- Beurkundung im Ausland 119 f, 147
Bewertung
- von Vermögenswerten 336, 695, 873
- bei Aufspaltungen von und Abspaltungen auf Personengesellschaften 371, 873
- bei Ausgliederungen auf Personengesellschaften 374
- bei Einbringungen in
- Kapitalgesellschaften 388 ff
- Personengesellschaften 371
- bei Verschmelzungen von Personengesellschaften 373
BGB-Innengesellschaft 16, 733 ff
Bilanzierung der Joint-Venture-Beteiligung, handelsrechtliche 692 ff

- Bilanzierung im Einzelabschluss 692 ff
- Ausweis als Anteile an verbundenen Unternehmen 697
- Ausweis als Beteiligungen 694
- Bewertung der Joint-Venture-Beteiligung 695 f
- Bilanzierung im Konzernabschluss 294, 697
Bring-Along-Klauseln 776 f
Buchwertansatz
- bei Einbringung von Betrieben, Teilbetrieben und Mitunternehmeranteilen 371, 375
- bei Einbringung von Einzelwirtschaftsgütern 348
- bei Realteilung 352, 753, 879

Call-Option 731, 756 ff, 766, 802 f, 834
s. a. Optionen
Casting Vote 682 ff
Change of Control 54, 164, 729
Completion 62

Datenschutz 199 f
Deadlock 676 ff, 730
Dividenden
- Kapitalertragsteuer 262 ff
- Dividendenbesteuerung 876
- Ausländische Kapitalertragsteuer auf 920
- in Deutschland 918
- internationaler Belastungsvergleich 920
Doppelbesteuerung
- Doppelbesteuerungsabkommen 264 ff
- internationale 911 f
(Doppel-)Geschäftsführer 558
Doppelstufigkeit eines Joint Ventures 16, 82, 226, 732 ff
Drag-Along-Regelungen 778
Drittbeteiligungsgesetz 567 ff
Due Diligence 40, 171 ff

EG-Fusionskontrollverordnung 478 ff
Eigenfinanzierung 717
s. a. Gesellschaft, Besteuerung der Joint-Venture-Gesellschaft)
Eigenhandelserfolg, kurzfristig 384
Eigenkapital 291, 298 ff, 599, 706, 717
Eigenkapitalersatzregeln 629
Einbringung
– von Wirtschaftsgütern/ Beteiligungen 338 ff, 388 ff, 842 f
– von geistigem Eigentum 148 ff
– von Verträgen 159
Einbringung in eine Kapitalgesellschaft 388 ff
– von Anteilen an Kapitalgesellschaften im Privatvermögen 409
– Einlage, offene 316, 334, 388
– Einlage, verdeckte 316, 334
– von Betriebsvermögen 388 ff
– Bewertung der eingebrachten Wirtschaftsgüter 398 f
– Betriebsgrundlage, funktional wesentliche 379
– Betriebsgrundlagen, Nutzungsüberlassung von 395
– von Einzelwirtschaftsgütern 338 ff, 374, 388 ff
– Einlage, offene 316
– von Wirtschaftsgütern des Privatvermögens 409
Einbringung in eine Personengesellschaft 371 ff
– von Betriebsvermögen
– Betriebsgrundlage, funktional wesentlich 379
– Betriebsgrundlage, quantitativ wesentlich 380
– Betriebsgrundlage, wesentliche 379 ff

– gegen Gewährung von Gesellschaftsrechten 383, 393
– Gesellschafterkonten 348 ff, 393
– Mitunternehmeranteil 371
– Mitunternehmerteilanteil 380, 394
– Nutzungsüberlassung 376, 395
– Sonderbetriebsvermögen 376 ff
– Zuzahlungen 384
– von Einzelwirtschaftsgüter 371 ff, 388 f
– von Wirtschaftsgütern des Privatvermögens 371 ff
Einbringung, schädliche 842
Einbringung, steuerliche Behandlung der (Zusammenfassung) 411
s. a. Einbringung in eine Personengesellschaft
s. a. Einbringung in eine Kapitalgesellschaft
Einbringungsgeborene Anteile 283, 401, 842 f
Einlage
– von Wirtschaftsgütern des Betriebsvermögens 357
– in eine Kapitalgesellschaft 94, 106, 139
– in eine Personengesellschaft 234
– in eine Personengesellschaft 338 ff, 374 ff
Entsendungsrechte 558 f
Erbschaft- und Schenkungsteuer 316 ff
Ergänzungsbilanz, Einbringung von Einzelwirtschaftsgütern 338, 341
Ertragsbesteuerung ausgeschütteter Gewinne
– in Deutschland 402
– internationaler Belastungsvergleich 920

Ertragsbesteuerung einer Joint-Venture-Gesellschaft 700, 724 ff
s. a. Gesellschaft, Besteuerung der Joint-Venture-Gesellschaft)
Exit-Klauseln 789 ff
s. Ausstiegsklauseln

Finanzierung 599 ff, 717 ff
Finanzierungsaufwendungen, Abzugsfähigkeit 291 ff, 722 ff
s. a. Gesellschaft, Besteuerung der Joint-Venture-Gesellschaft, Gesellschafterfremdfinanzierung)
Formerfordernisse 102 ff
s. a. Beurkundungserfordernis
– offensichtliche 102 ff
– „versteckte" 112 ff
– Russian Roulette-Klausel 797 ff
Fortgeltung, arbeitsrechtliche 442 ff
– einzelvertraglich vereinbarter Rechte und Pflichten 443 ff
– von Betriebsvereinbarungen 446 ff
– von Verbandstarifverträgen 454 ff
– von Firmentarifverträgen 465 ff
Freigabe, kartellrechtliche 29, 51, 500 ff
Freistellungsverfahren 324
– DBA, Quellensteuer 324, 915
– Dividenden 717, 842, 851, 918
– Quellensteuer 269, 324
– Veräußerungsgewinne 717, 842 ff
– Veräußerungsverluste 842
Fusionskontrolle
– formelle 480 ff, 515 ff
– materielle 493 ff, 520 ff
– Verfahren 500 ff, 521 ff

Garantien 220 ff
– Fallgestaltungen 222 ff
– Inhalte 229 ff

Geheimhaltung 193 ff
– Datenschutz 199 f
– gesetzliche Schranken 197 ff
– rechtsformspezifische Anforderungen 201 ff
– vertragliche Schranken 194 ff
Geheimhaltungsvereinbarung 32 ff, 193
Genehmigungen 29, 47 ff, 60 f
Gesellschaft, Besteuerung der Joint-Venture-Gesellschaft, laufende 700 ff
– Eigenfinanzierung 717
– ausgeschütteter Gewinne 260, 900
– bei Ausschüttung an Kapitalgesellschaften 262, 918
– bei Ausschüttung an natürliche Personen 261
– Finanzierung 599 ff, 717 ff
s. a. Gesellschafterfremdfinanzierung
– Finanzierungskosten 291 ff
s. a. Finanzierungsaufwendungen
– Gewinnausschüttungen 724 ff
– Kapitalausstattung 916
– steuergünstige Struktur des Joint Ventures 255, 699
– Verlustnutzung 328, 704 ff
s. a. Verluste
Gesellschafter, Besteuerung der Gesellschafter von Holdinggesellschaften 895 ff
– deutscher Gesellschafter inländischer Holdinggesellschaften 891
Gesellschafterdarlehenskonto, Gutschrift auf 415
Gesellschafterfremdfinanzierung 296, 714 ff
– einer Kapitalgesellschaft 719
Gesellschaftsorgane 532 ff
– Aufsichtsrat 562 ff
– Beirat 583 ff

– Geschäftsführung 557 ff
– Gesellschafterversammlung 534 ff
Gesellschaftsvertrag 90 ff, 151
– GmbH 92, 94 f
– GmbH & Co. KG 93, 97
– Personengesellschaften 97
– zwingende Regelungen (GmbH) 94 f
Gewährung von Gesellschaftsrechten an Kapitalgesellschaften 388, 404 ff
Gewährung von Gesellschaftsrechten an Personengesellschaften 371 ff
– Gesellschafterdarlehenskonto 350
– Kapitalkonto I 348
– Rücklagenkonto 348
– Übernahme von Verbindlichkeiten 351
Gewerbesteuer 265, 313, 722 ff, 839 ff
Gewinnabführungsvertrag 730 ff
Gewinnbesteuerung 260 ff, 724 ff
– bei Thesaurierung 276, 700
– bei Vollausschüttung 260 ff
– einer GmbH an Kapitalgesellschaften 723 ff, 842, 918
– einer GmbH an natürliche Personen 262 f
– einer GmbH & Co. KG an Kapitalgesellschaften 700 ff
– einer GmbH & Co. KG an natürliche Personen 700 f
– Gewinnausschüttungen einer
– Kapitalgesellschaft 260 ff, 724 f
– Personengesellschaft 260 ff, 724
Grundlagengeschäfte 588
Grundlagenvereinbarung 79 ff, 121, 734 ff
– Bedeutung 80 ff
– Beendigung 734 ff
– Inhalt 83 ff

– Verzahnung mit Gesellschaftsvertrag 739 f
– Vorrang gegenüber Satzung 96
Grunderwerbsteuer, bei Gründung eines Joint Ventures 422
– Bemessungsgrundlagen 422
– Anteilen an Kapitalgesellschaften 423
– von Grundstücken 422, 424 ff
– von Personengesellschaftsanteilen 423
– Umstrukturierungen 427 f

Haftung 608 ff
– GmbH 611 ff
– GmbH & Co. KG 622
– (konzernrechtliche) Durchgriffshaftung 610
Halbeinkünfteverfahren 262, 701, 724, 843 ff
Hauptversammlung, Zustimmung der 245
Holdinggesellschaften 14
„Holzmüller"-Problematik 236 ff

Insichgeschäfte 553
IP-Rechte 148 ff

Joint Venture(s)
– Begriff 1 ff
– Contractual Joint Venture 3
– Equity Joint Venture 3 f
– Holding 14
– inkorporierte 6
– Mischformen 15
– Nachteile von 9
– operative 13
– Vertriebs-Joint-Venture 165 ff
– Vorteile von 8

Kapitalerhaltungs- und Kapitalersatzrecht 624 ff
Kapitalertragsteuer 262, 724, 920
Kapitalgesellschaftsbeteiligung, Verkauf von 283, 387, 842 ff

Kartellverbot 506 ff
s. a. Fusionskontrolle
Körperschaftsteuer
– auf der Ebene ausländischer Holdinggesellschaften 724, 895
– deutscher Holdinggesellschaft 724
Konsortialvertrag 79 ff
s. a. Grundlagenvereinbarung
Kündigungsrecht, gesellschaftsrechtliches 735, 742 ff, 808 ff
Kündigungsschutz, arbeitsrechtlicher 470 ff

Länderstandortwahl 889 ff
Letter of Intent
s. Absichtserklärung
Letter of Understanding
s. Absichtserklärung
Liquidation, steuerliche Folgen der 884 ff
– von Kapitalgesellschaften 887 f
– von Personengesellschaften 885 f

Mehrmütterorganschaft 278, 715
Meldepflichten 249 ff
Memorandum of Understanding
s. Absichtserklärung
Minderheitenschutz 586 ff
Mitbestimmungsrecht 476
MoMiG 626 ff
MontanMitbestG 567, 569

Nebenabreden 129 f

Optionen (insbesondere Put- und Call-Optionen) 731, 756 ff, 766, 802 f, 834
– gekreuzte Put- und Call-Option 759, 836
– Wirtschaftliches Eigentum 830 ff
Organschaft 278, 354, 729
– Beendigung von 331

– gewerbesteuerliche 278
– körperschaftsteuerliche 710 ff
– Mehrmütterorganschaft 278, 715
– bei Zinsschranke 294
Öffnungsklauseln 663 ff

Patt-Situationen 676 ff
Put-Option 598, 731, 802, 820, 832, 836
s. a. Optionen

Quellensteuer
– ausländische 920
– deutsche 269, 272 f, 324

Realteilung einer Personengesellschaft 352 ff, 753
Rechtsformwahl, steuerliche 255 ff
s. a. Rechtsform
Rechtsform 64 ff
– GmbH 66
– GmbH & Co. KG 67 ff
– (kleine) Aktiengesellschaft 71 ff
– (reine) Personengesellschaft 75
– SE (Societas Europaea) 76
Refinanzierungskosten, Abzugsfähigkeit 291, 719, 894
Restrukturierungen bei Begründung eines Joint Ventures 136 ff, 314 ff, 352 ff
Risikobegrenzungsgesetz 253
Rücklizenzierungsvereinbarung 152 f
„Russian Roulette" 782 ff
s. a. Ausstiegsklauseln

Sacheinlage 139, 234, 393, 695 ff
Satzung
s. Gesellschaftsvertrag
Shareholders' Agreement
s. Grundlagenvereinbarung
Societas Europaea 76

Sonderbetriebsvermögen in Einbringungsfällen 377 ff, 394 ff
– Einbringung eines
– Betriebs, Teilbetriebs 377
– Mitunternehmeranteils 380
– Mitunternehmerteilanteil 381
Sonderkündigungsrecht 213
Spaltung 353 ff, 853 ff
s. a. Abspaltung
s. a. Aufspaltung
– bei Beendigung des Joint Ventures 853 ff
– einer Kapitalgesellschaft auf Kapitalgesellschaften 410, 865 ff
– Besteuerung der Gesellschafter 871
– Besteuerung der übernehmenden Körperschaft 870
– Besteuerung der übertragenden Körperschaft 867
– einer Kapitalgesellschaft auf Personengesellschaften 872 ff
– Besteuerung der Gesellschafter 877
– Besteuerung der übernehmenden Körperschaft 874
– Besteuerung der übertragenden Körperschaft 873
– einer Personengesellschaft 353 ff, 857 ff
– auf Kapitalgesellschaften 860 ff
– auf Personengesellschaften 353 ff, 857 ff
– von Betrieben, Teilbetrieben und Mitunternehmeranteilen 382
Standortwahl 889 ff
Steuerfreistellungen ausländischer Holdinggesellschaften 895
Stimmbindungsvereinbarungen 537 ff
Stimmverbote 544 ff

Streitbeilegungsmechanismen 675 ff
– Mehrheitsentscheidung 680 f
– Letztentscheidungsrecht 682 ff
Struktur des Joint Ventures, steuergünstige 255, 314
„Sympathieklauseln" 561

Tag-Along 776 f
Teilbetrieb
– in eine Kapitalgesellschaft 389 ff
– in eine Personengesellschaft 375
Teileinkünfteverfahren 262, 701, 724, 843 ff
Teilwertabschreibung
– auf Beteiligungen 279, 707 f
„Texan Shoot Out" 779 ff
s. a. Ausstiegsklauseln

Übergang von Arbeitsverhältnissen 431 ff
– Betriebsmitteln oder Betrieben 433 ff
– Anteilen 435 f
– bei Umwandlung 437 ff
Übernahmefolgegewinn 363, 408, 870 ff
Übernahmerecht 246
Übertragung von Anteilen an Kapitalgesellschaften
– durch Kapitalgesellschaften 283, 387, 842 ff, 860
– Grunderwerbsteuer 423
Übertragung von Personengesellschaftsanteilen
– Grunderwerbsteuer 423
Übertragung von Wirtschaftsgütern des Privatvermögens
– in eine Kapitalgesellschaft 402 ff
– in eine Personengesellschaft 371 ff

Übertragung von Wirtschaftsgütern,
bei Beendigung des Joint Ventures
838 ff, 843 ff
Übertragungen
– Grunderwerbsteuer 422 ff
– steuerliche Behandlung der
(Zusammenfassung) 411
– Umsatzsteuer 412 ff
Umsatzsteuer, bei Gründung eines
Joint Ventures 412
– Bemessungsgrundlagen 419
– Übertragender Rechtsträger
412
– Übertragungen 412 ff
– Vorsteuer 418
– Vorsteuererstattungsanspruch,
Abtretung des 419
Umstrukturierungen bei
Begründung 283, 314 ff
Unternehmensprüfung
s. Due Diligence

Veräußerungen von
– Kapitalgesellschaften 842 ff
– Personengesellschaften 845 ff
– Einzelwirtschaftsgüter, Teilbetriebe und Betriebe 838 ff
s. a. Veräußerungsgewinnbesteuerung
Veräußerungsgewinnbesteuerung
282 ff, 838 ff
– Anwendungsregelung des § 8b
Abs. 2 KStG 283 f, 387, 401 f,
842 ff
– bei ausländischen Gesellschaften 895
– bei inländischen Gesellschaften
282 ff
– Anteilen an KG durch Kapitalgesellschaften 287 ff
– sperrfristbehafteten Anteilen
352, 882
– Veräußerungsverluste 290, 842
Verluste, Besteuerung von
– Betriebsstättenverluste 281, 915

– einer Kapitalgesellschaft 290,
710 ff
– einer Personengesellschaft 713
– Mehrmütterorganschaft 278,
715
– Organschaft 278, 710 ff, 715
– Veräußerungsverluste 842
– Verlustvorträge 306, 328, 334
Verschmelzung einer Kapitalgesellschaft auf eine Kapitalgesellschaft
404
– der übernehmenden Körperschaft 408
– der übertragenden Körperschaft
406
– Anteile im Betriebsvermögen
409
– Anteile im Privatvermögen 409
– Gewährung von Gesellschaftsrechten 404
– Übernahmefolgegewinn 408
Verschmelzung einer Kapitalgesellschaft auf eine Personengesellschaft 359 ff
– Betriebsvermögen 365 ff
– Bewertungswahlrecht 362
– Ebene der übernehmenden
Personengesellschaft 363
– Ebene der übertragenden
Kapitalgesellschaft 362
– Gesellschafterebene 364
– Übernahmegewinn 366 ff
– Übernahmefolgegewinn 363
– Übertragungsgewinn 363
Verschmelzung einer Personengesellschaft
– auf eine Kapitalgesellschaft
388
– auf eine Personengesellschaft
372
Verträge, Einbringung von
Verträgen 159 ff
Verwässerungsschutz 595
Vollzugsverbot 505, 521
s. a. Fusionskontrolle

Vorerwerbsrechte 770 ff
  s. a. Andienungsrechte/-pflichten
Vorkaufsrechte 772 ff, 830 ff
  s. a. Andienungsrechte/-pflichten
- Wirtschaftliches Eigentum 830 ff

Wertermittlung 214 ff
- Discounted-Cash-Flow(DCF)-Verfahren 218
- Ertragswertmethode 218
- Substanzwertmethode 218

Wettbewerbsverbote, Ausgestaltung von 634 ff
- Befreiung 663 ff
- Erfassung in der Grundlagenvereinbarung 668 f
- Grenzen 645 ff
- Inhalt 642 f
- nachvertragliche 656 ff
- Öffnungsklausel 662 ff
- steuerliche Problematik 671 ff
- Treuepflicht 636 ff
- Vorteile 640 ff

Zinsen, Kapitalertragsteuer 262 ff, 308, 724, 918
Zinsschranke 291 ff, 718 ff
Zuzahlungen 384
Zweikontenmodell 722
Zustimmungen 44, 47 ff, 60 f
- interne 48 f
- externe 50 ff, 60 f